마지막
비밀요원

Originally published in the U.S.A.
Agents of the Apocalypse

Agents of the Apocalypse

마지막 비밀요원

David Jeremiah | 윤혜란 옮김

터치북스

서문

사실 나는 요한계시록에 대한 책을 써보라는 많은 사람들의 요청에 의해 『마지막 비밀요원』이라는 이 책을 쓰게 되었다. 우리는 지금 급변하는 세상을 살아가고 있으며, 많은 그리스도인들이 종말이 가까워 오고 있음을 감지하고 있다. 지난 한 세기 동안 여러 나라에서 유대인과 신실한 그리스도인들이 가혹한 박해를 겪어야 했다. 오늘날에도 하나님의 백성들은 중동이나 아프리카, 아시아 등지에서 끊임없이 죽음에 직면하고 있다. 심지어 서구 국가에서조차 기독교 신앙에 대한 탄압이 시작되었다. 역사에 비추어볼 때, 이 같은 억압은 점점 더 심해질 것이다.

나는 미래를 걱정하는 그리스도인들을 자주 만난다. 그들은 점점 더 심각해지는 반기독교적인 정서와 경제 위기, 사회적 불안감을 심히 우려하고 있다. 이런 때일수록 사람들은 요한계시록 같은 책을 절실히 찾는다. 왜냐하면 계시록은 그리스도인들에게 다른 어떤 책보다 생생한 소망과 위로, 격려를 주기 때문이다.

요한계시록의 메시지가 우리가 처한 현실과 깊이 연관되어 있기 때문에 나는 그 메시지를 더욱 정확하고 생생하게 전할 수 있는 책의 필요성을 절감하게 되었다. 하지만 그러한 책을 집필하는 것은 작가로서 커다란 도전이었다. 그때 내 마음에 자리 잡은 생각 하나가 있었는데, 그것은 예언들을 좀 더 사실적으로 표현하기 위해 드라마 형식을 취하는 것이었다. 물론 나는 그러한 도전이 쉽지 않다는 것을 알고 있었지만 우리 시대의 가장 영향력 있는 기독교 작가인 C.S.루이스의 저서들에서 용기를 얻었고, 진리를 전하는 방식으로서 이야기 형식이 얼마나 가치 있는지를 인정하게 되었다.

무신론자였던 청년 루이스는 어느 날 19세기 스코틀랜드 기독교 작가인 조지 맥도날드의 소설『공주와 고블린』을 읽게 되었다. 루이스는 최초의 판타지 소설인 이 책을 읽은 후 '나의 상상력은 어떤 의미에서 세례를 받았다.' 라고 적었다[미주1]. 몇 년 후, 루이스의 친한 친구인 J.R.R.톨킨은『반지의 제왕』이라는 책을 통해 고대 신화의 신들을 판타지 이야기 형식으로 서술하였는데, 사실 이 소설은 예수님의 십자가와 부활을 형상화한 것이었다. 그리고 루이스는 마침내 성경의 그리스도 이야기야말로 '참된 신화'라는 믿음을 갖게 되었다[미주2]

진리를 전달하는 이야기의 능력에 대해 의구심을 갖는 사람들에 대해 루이스는 '이성은 진리를 추구하고, 상상력은 의미를 추구한다.'고 설명했다[미주3]. 그는 이야기야말로 상상력을 통해 이성과 감성의 균형을 맞출 수 있다고 강조한다. 그럴 때 진리가 우리의 머리와 가슴에 균형 있게 파고들 수 있기 때문이다. 그러므로 나는 계시록의 메시지가 사람들의 가슴 속까지 파고들 수 있도록 이야기 형식을 활용했다. 요한계시록은 미래의 관점으로 서술되어 있기 때문에 그 내용이 세부적이지 않다. 미래를 예측하는 것이 계시록의 기록 목적이 아니기 때문이다. 그러나 계시록 안에 담겨있는 궁극적인 승리의 메시지는 현재를 살아가는 사람들에게는 많은 영향을 끼칠 수 있다. 더불어 이 책에 나오는 인물들은 모두 계시록을 근거로 설정되었음을 밝혀둔다.

중요한 인물들에 대한 면밀한 조사 과정을 거친 다음 나는 친구인 톰 윌리엄스에게 그 사실들을 이야기로 각색해 달라고 부탁했다. 그는 흔쾌히 허락해 주었고, 우리 두 사람은 함께 이 책을 완성할 수 있었다.

마지막으로 강조하고 싶은 것은 성경에 있는 어떤 내용도 임의로 바꾸지 않았다는 사실이다. 각색한 내용들은 모두 계시록을 근거로 하고 있으며, 계시록에 자세히 묘사되지 않은 빈 공간만 이야기로 더욱 풍성하게 만들었다. 성경에 자세히 기록되어 있지 않은 부분들까지 완전히 정확할 수는 없지만, 많은 가능성 있는 해석 중 하나임은 분명하다. 나의 소망은 이 책의 이야기가 교리가 아니라 곧 우리가 마주하게 될 현실임을 사람들이 자각하는 것이다.

이 책의 각 장은 두 부분으로 나누어져 있는데, 앞부분은 이야기로 각색이 되어 있고, 뒷부분은 '성경 속으로'라는 부분으로 각색된 이야기의 구체적인 성경적 근거들이 제시되어 있다. 부디 요한계시록의 진리가 당신의 생각과 가슴을 감동시켜 마지막 날에 당신이 그리스도 앞에 굳건히 서 있기를 진심으로 기도한다. 또한 이 책을 통해 많을 그리스도인들이 최후 승리를 마음속 깊이 확신하게 되기를 기도한다.

David Jeremiah

2015. 가을

CONTENTS

04 서문

11 chapter 01 유배

43 chapter 02 순교자

73 chapter 03 144,000

101 chapter 04 두 증인

127 chapter 05 용

157 chapter 06 바다에서 온 짐승

185 chapter 07 땅에서 나온 짐승

209 chapter 08 승리자

233 chapter 09 왕

263 chapter 10 심판

285 에필로그

293 미주

1
chapter

유배

Agents of the Apocalypse

이야기 속으로

기원후 1세기 어느 일요일 아침, 에베소 교회 교인들은 마르셀루스의 저택에 있는 널찍한 마당에 함께 모여 있었다. 부유한 로마인 마르셀루스는 회심한 그리스도인으로, 자신의 집을 모임 장소로 마음껏 사용하도록 허락했다. 하지만 그곳에 모인 교인들의 표정은 불안해 보였다. 늘 그랬던 것처럼 찬양을 부르며 모임이 시작되었다. 그러나 왠지 찬양 소리가 메마른 느낌이었다. 그들의 마음이 로마로부터 성큼성큼 다가오고 있는 불길한 소문에 사로잡혀 있는 탓이었다. 기도를 드리고 이사야를 낭독한 후 집사 중 한 사람인 타이치쿠스가 일어서서 회중에게 말하기 시작했다.

"사랑하는 형제자매 여러분, 교회의 지도자들이 저에게 나쁜 소식을 전해야 하는 무거운 임무를 주셨습니다. 로마 황제 도미티아누스가 위원회를 통해 '주인과 신'이라는 제목으로 조서를 내렸습니다. 조서에서 그는 로마 제국의 모든 백성은 황제에게 충성 맹세를 해야 한다는 명령을 내렸습니다. 더욱 염려스러운 것은 그가 특히 유대인과 그리스도인을 지목했다는 사실입니다."

교인들 사이에서 한 목소리가 들려왔다. "그 칙령이 벌써 몇몇 교회에서 시행되었다는 소문이 사실인가요?"

타이치쿠스 집사는 굳은 표정으로 고개를 끄덕였다.

"두 주 전에 로마 병사들이 버가모에 있는 그리스도인들의 가정을 찾아가서 도미티아누스 황제를 섬기겠노라는 충성 맹세를 강압적으로 요구했습니다."

"그래서 그들은 결국 충성 맹세를 했나요?" 또 다른 교인이 떨리는 목소리로 물었다. 타이치쿠스의 얼굴에 고통스러운 표정이 스쳐갔다. "그들 가운데 삼분의 이가 항복하여 충성 맹세를 했다고 합니다."

여기저기서 탄식하는 목소리가 들려왔다. "끝까지 저항한 사람들은 어떻게 되었죠?" 누군가가 물었다.

"안타깝게도 그들은 태형을 받거나 사형에 처해졌습니다. 그런 일이 곧 에베소에서도 벌어질 것입니다."

무거운 침묵이 흘렀다. 오랜 침묵을 깨고 누군가가 질문을 했다.

"우리가 할 수 있는 일이 무엇인가요?"

그때 한쪽 귀퉁이에 앉아있던 노인이 지팡이에 의지하여 자리에서 일어났다. 그곳에 있는 다른 사람들과 달리 그의 얼굴에서는 근심을 찾아볼 수 없었다. 그의 얼굴은 믿기 힘들 정도로 평온해 보였다. 사도 요한이 회중을 향해 말했다. "사랑하는 형제자매 여러분, 우리가 할 수 있는 일이 무엇이냐고 묻는다면 답은 한 가지뿐입니다." 아흔이 넘은 나이였지만, 그의 목소리는 또렷하고 힘이 있었다. 뿐만 아니라 그의 목소리에는 사람들의 긴장을 해소시켜 주는 따뜻함이 담겨 있었다.

"이제 예수 그리스도께서 우리에게 주신 것을 되돌려 드릴 기회가 왔습니다. 그분은 자신의 목숨을 버려 우리에게 생명을 주셨습니다. 그러므로 우리 또한 그분을 위해 그렇게 해야 합니다."

"당분간 모임을 중단해야 할 것 같습니다." 마르셀루스가 말했다. "모임을 계속한다면 그들에게 금세 발각될 겁니다."

“그렇더라도 모임을 계속해야 합니다.” 요한이 말했다. “우리는 다가올 고난을 믿음의 눈으로 바라보아야 합니다. 고난을 감내할 만큼 그분을 사랑하고 있습니까? 아니면 위대한 사랑의 선물을 주신 그분을 배신하고 돌아설 겁니까? 고난이 다가올수록 모임에 더욱 힘써야 합니다. 모임에 소홀하다보면 결국 혼자가 되고, 서로 일으켜 줄 힘을 잃어버리게 될 것입니다. 어떠한 핍박이 닥치더라도 결코 모임을 포기해서는 안 됩니다.”

“하지만 위협이 계속된다면 곳곳으로 흩어져 각자의 가정에서 모임을 가져야 한다고 생각합니다.” 타이치쿠스가 말했다. “그러면 로마인들이 우리를 찾아내지 못할 것입니다. 우리 가운데 일부는 환난을 피할 수 없겠지만, 그래도 에베소 교회는 사라지지 않고 버틸 수 있을 겁니다.”

“핍박을 당할 때 여러분이 더욱 강해지기를 소망합니다.” 요한이 말을 이어갔다. “핍박은 오히려 우리 모두를 더욱 견고하게 그리스도의 사랑에 붙들어 맬 것입니다.”

“왜 하나님은 이런 일들이 일어나게 내버려 두시는 겁니까?” 뒤편에서 누군가가 큰 소리로 말했다. “지금까지 우리는 충성스럽게 신앙생활을 해왔습니다. 그리스도의 이름으로 선한 일들도 많이 했고요. 하지만 우리가 선한 일을 하면 할수록 세상은 더욱 더 우리를 미워하는 것 같습니다.”

“사랑하는 형제자매들이여, 세상이 여러분을 미워한다고 부디 원망하지 마십시오.” 요한이 대답했다. “세상은 우리의 구원자이신 주님도 미워했습니다. 그러므로 우리는 다가올 고난을 도리어 큰 영광으로 여겨야 합니다. 그리스도의 십자가와 그분의 고귀한 희생을 함께 하도록 선택받았기 때문입니다. 그리스도를 위해 헌신한 이들은 모두 기쁨으로 고난을 감내하였지요. 그리스도의 죽음과 부활 이후 사도들은 모두 그리스도를 위해 목숨을 바쳤습니다. 가장 최근에 목숨을 바친 바울을 포함해서 말입니다. 그 영광에 이르지 못한 사도는 오직 저뿐입니다. 이제 저 또한 때가 다가오고 있음을 느낍니다. 저는 온 마음으로 기쁘게 그 때를 맞이할 것입니다. 사랑하는 형제자매들이여, 여러분께 간곡히 부탁드립니다. 어떤 대가를 치르더라도 하나님 앞에서 신실함을 굳게 지키십시오. 여러분의 희생은 장차 받을 하늘의 상에 비하면 하찮을 만큼 작은 것입니다."

요한은 지팡이에 의지하여 다시 자리에 앉았다. 찬송을 부르고, 기도를 드린 다음 예배는 끝이 났다. 예전처럼 교인들은 질문을 하거나 기도 부탁을 하기 위해 요한의 곁으로 모여들었다. 그 중에는 그저 그의 곁에 있는 것 자체가 좋은 사람들도 있었다. 그러나 오늘은 분위기가 달랐다. 마르셀루스가 연로한 사도 앞으로 다가왔다. 그의 얼굴은 포도주처럼 붉어 보였고, 눈은 분노로 이글거리고 있었다.

"어떻게 저에게 그런 요구를 하실 수 있습니까?" 그는 말했다. "저에게는 아내와 다섯 명의 어린 자녀가 있습니다. 그들이 고문당하고 처형될지도 모르는데 가장인 제가 이 집을 예배 장소로 내어주어야 합니까? 그럴 수 없습니다! 당신들은 다음 주 일요일에도 모여 예배를 드리면서 저 로마인들이 죽여주기만을 기다릴지 모르지만, 저는 아닙니다! 모임 장소를 다른 곳으로 정하십시오. 이번 환난이 지나갈 때까지 이곳을 예배 장소로 제공할 수 없습니다. 그리스도를 위해 정결한 삶을 살라고 한다면 얼마든지 그렇게 하겠습니다. 하지만 그분을 위해 죽으라는 것은 저에게 너무 지나친 요구입니다!"

분노에 찬 마르셀루스는 할 말을 다 하고는 나가버렸다. 곧 나머지 교인들도 뿔뿔이 흩어져 자신의 집으로 돌아갔다. 로마 병사들을 마주할 때 어떻게 대응해야 할까? 그들은 아무것도 확신할 수 없었다. 사도 요한처럼 용기 있게 맞설 것인가, 아니면 마르셀루스처럼 두려움으로 회피할 것인가?

다음 일요일이 되었을 때, 몇몇 가족이 요한의 집에 모여 함께 예배를 드렸다. 스물 세 명 중 다섯 명의 모습이 보이지 않았다. 그들에 대해서 누구도 언급하지 않았지만, 모든 교인들은 그들에게도 이 고난을 이겨낼 용기와 힘을 달라고 기도드렸다. 몇 곡의 찬송을 부르며 성경을 읽고, 기도를 드린 후에 요한이 자리에서 일어섰다.

그때 갑자기 문이 벌컥 열리더니 여덟 명의 로마 병사가 안으로 들이닥쳤다. 그들은 갑옷과 칼로 무장하고 있었다. 깜짝 놀란 교인들의 눈이 커졌고, 아이 엄마들은 자녀를 품에 꼭 안았다.

사령관으로 보이는 병사가 작은 두루마리를 펼치더니 황제의 명령을 읽어 내려가기 시작했다. "너희 신을 경배하는 일을 당장 멈추어라. 너희들이 경배할 유일한 대상은 도미티아누스 황제뿐이다."

두루마리에 적힌 조서를 읽은 후에 병사 중 한 사람이 청동으로 만든 조각을 그들 앞에 놓았다. 약 30센티미터 크기의 동상에는 황제의 얼굴이 새겨져 있었다. 사령관은 두루마리를 되감으며 말했다. "도미티아누스 황제께서는 그분의 신상 앞에 절을 함으로써 황제에 대한 충성심을 보이라고 명하셨다. 명령에 거역하는 자에게는 오직 죽음뿐이다."

그 자리에 있던 교인들은 미동조차 하지 않았다. 긴장된 순간이었다. 그들 가운데 한 명이라도 신상에 절을 한다면, 다른 사람들도 용기를 잃고 동조하게 될 것이다. 팽팽한 긴장감이 흐르는 가운데 사령관이 부하에게 신호를 보내자 일제히 칼을 꺼내 들었다. 그때 앞자리에 있던 한 여인이 신상 앞에 무릎을 꿇고 충성을 맹세했고, 그녀의 남편 또한 서둘러 아내 뒤를 따랐다. 그러자 다른 네 사람이 동조했다. 그러나 나머지 교인들은 굳건히 자리를 지켰고, 그들 가운데 몇 사람은 조용히 기도를 드리고 있었다.

"너희 여섯 명은 목숨을 건졌다."

사령관의 말이 끝나자 여섯 명이 허둥지둥 문 밖으로 사라졌다. 사령관은 요한 앞으로 성큼 다가왔다. "사람들이 사도 요한이라고 부르는 사람이 바로 당신이군."

"네, 접니다." 요한이 대답했다.

사령관은 병사들을 돌아보며 말했다. "마침내 소아시아 교회들의 우두머리를 찾아냈군. 이 자는 로마의 권위를 부인하고 십자가에 처형당한 죄인을 섬기는 반역자들의 수장이다."

사령관은 요한을 향해 다시 고개를 돌렸다. "당신의 반역적인 행위는 황제의 귀에까지 들어갔소. 당신에게는 특별한 형벌이 준비되어 있소. 황제께서는 당신을 단숨에 처형하는 대신 죽을 만큼 고통스럽게 하기 원하시오. 그 소식은 로마 전역에서 헛되이 저항하고 있는 당신의 제자들에게 전해질 테니까."

사령관은 요한을 체포하여 문 밖으로 끌어냈고, 다른 병사들은 나머지 교인들을 집에 가둔 채 횃불을 던져 불을 질렀다. 로마 병사들에게 끌려가면서 요한은 그 집이 불타는 모습을 바라보았다. 쉰 걸음 쯤 걸어갔을까. 사령관은 가던 길을 멈추고, 불타고 있는 집을 향해 고개를 돌리며 물었다. "이게 무슨 소리지?"

"노랫소리지요." 요한이 대답했다.

"우리 신실한 형제자매들이 참된 구원자, 예수 그리스도를 향해 찬양을 드리고 있네요. 그들은 곧 그분을 뵙겠군요."

요한은 지팡이에 의지한 채 호흡조차 힘겨워했지만, 병사들은 아랑곳하지 않고 그를 끌고 갔다. 요새에 다다랐을 때 그는 간수에게 인도되었고, 간수는 쇠사슬로 요한의 손목을 결박하고는 마당으로 끌고 나갔다. 병사들은 그의 옷을 허리까지 벗기고 징이 박힌 채찍으로 내리치기 시작했다. 한참을 친 후에 그들은 음침하고 악취가 나는 감옥에 요한을 가두었다. 요한은 며칠 동안 사경을 헤매야 했다.

그러나 오물덩어리로 뒤범벅된 더러운 감옥에서 빈약한 음식을 제공 받으면서도 요한은 어떤 원망도 하지 않았다. 요한의 온유함에 감동받은 간수가 그에게 음식을 덤으로 얹어주곤 했다. 몇 주 후, 요한은 겨우 감옥 주변을 설뚝거리며 걸어 다닐 만큼 회복되었다. 어느 날 간수가 그를 가까이 불렀다.

"당신이 앞으로 어떻게 될지 군인들에게 들었습니다." 그는 작은 목소리로 속삭이듯 말했다. "당신은 밧모섬으로 유배를 갈 거예요. 거기서 여생을 보내게 될 겁니다."

"밧모섬이요?" 요한이 되물었다. 요한 또한 로마의 정치범들이 유배되어 가는 그 섬에 대해 잘 알고 있었다. "언제 그곳으로 보내지게 될 것 같소?"

"이틀 후에요. 배를 타고 섬으로 가는 동안 제대로 된 음식을 먹지 못할 겁니다. 그 섬에 도착해도 먹을 것이 없기는 마찬가지고요. 내가 빵과 포도주를 조금 싸줄 테니 옷 속에 잘 감춰 두었다가 배 안에서 몰래 드십시오."

"고맙습니다. 하지만 제게 자비를 베풀기 원하신다면 양피지 한 묶음과 잉크 한 병이 더 요긴할 것 같습니다."

"가능하다면 그것도 준비해 드리지요."

이틀 후에 요한은 에베소 항구에서 밧모 섬까지, 삼 일간의 뱃길에 올랐다. 그는 양피지와 잉크가 담긴 작은 보따리를 옷속 깊이 감춰 두었다.

로마의 무역선을 개조한 배는 횡범선으로, 갑판 아래 마흔 개의 노를 사용하여 움직이는데 유배를 가는 사람들이 그 노를 저어야 했다. 그러나 팔목이 쇠사슬로 결박되어 있던 요한과 노쇠함과 장애 때문에 노 젓기가 불가능한 세 사람은 제외되어 뱃머리 가까이에 있는 갑판에 머물렀다.

배가 밧모 섬 항구에 다다랐을 때 요한은 섬을 올려다보았다. 황량한 언덕과 모래와 소금으로 된 척박한 땅에 있는 거라곤 험준한 바위와 가시덤불, 제대로 자라지 못한 나무들뿐이었다. 간수들은 사흘 분량의 말린 고기와 생선을 나누어 주었다. "당신들이 받을 수 있는 것은 그게 전부요." 간수장이 말했다. "그것을 다 먹은 후에는 스스로 먹을 것을 구해야 합니다."

죄수들은 각자 먹을 것을 찾고, 거처할 곳을 물색해야 했다. 거주민들의 주거지가 두세 군데 있기는 했지만, 그 딱한 주민들조차 죄수들로부터 스스로를 지키며 살아남아야 했다.

죄수들이 그 섬에서 거처할 곳을 만드는 방법은 동굴을 찾거나 바위 또는 죽은 나무를 활용하여 오두막을 짓는 것뿐이었다. 배에 오르기 전 요한은 밧모 섬 건너편에 그나마 사람이 적게 산다는 이야기를 전해 들었었다. 요한은 음식과 거처할 곳을 더 쉽게 구할 수 있을 것 같은 반대편의 오지로 향했다.

나이가 많고 쇠약했던 요한이 인적이 없는 동굴에 겨우 들어섰을 때, 그는 이미 기진맥진해 있었다. 동굴 아래로는 바다가 내려다보였고, 근처에는 작은 하천이 흐르고 있었다. 요한은 원래 어부로 나고 자란 사람이었다. 그는 질긴 포도 줄기들을 모아 그물을 만들었다. 그런 다음 다리를 절뚝거리며 밖으로 나가 바위로 둘러싸인 언덕으로 올라갔다. 거기에서 그는 그물을 던지고 기다렸다. 두 시간 후에 그가 만든 그물에는 커다란 게 세 마리와 은빛 물고기 두 마리가 들어 있었다.

세월이 흘러갔다. 날마다 똑같은 일상을 반복하면서 요한은 자신의 인생이 쓸모없는 것처럼 느껴지기 시작했다. 남은 시간들도 이렇게 목적 없이 보내야 하는 건가? 탄식과 낙담이 점점 더 커져갔다. 때로 그는 왜 다른 사도들처럼 순교하지 못했을까 의구심이 들기도 했다.

어느 화창한 일요일, 그는 아침 예배를 드린 다음 물고기와 포도로 식사를 했다. 식사를 마친 후에는 불편한 다리를 절뚝거리면서 바다가 내려다보이는 길을 따라 자신이 가장 좋아하는 곳으로 산책을 나갔다. 늘 그랬듯이 그는 높다란 돌산이 만들어 준 그늘진 바위에 앉아 푸른 물결을 바라보면서, 무릎 위에 양피지를 올려놓고 편지를 쓰기 위해 깃펜을 꺼냈다.

그때였다. 그의 뒤에서 우렁찬 목소리가 들려왔다.

"나는 알파와 오메가요, 처음과 마지막이니라." 그 목소리는 천둥소리처럼 하늘을 뚫고 힘차게 울려 퍼졌다. 놀란 요한은 깃펜을 떨어뜨렸다. 두려움으로 몸이 마비가 될 지경이었다. 그는 차마 목소리가 들려오는 곳을 바라볼 수 없었다. 그러다 마침내 목소리의 강한 호소력에 이끌려 뒤를 돌아보았다.

그의 앞에는 고귀하고 장엄한 모습의 한 남자가 서 있었는데, 그의 얼굴은 햇빛처럼 밝게 빛났고 그의 머리카락은 생기 있고 반짝이는 순백색이었다. 그의 눈빛은 이글거리는 불꽃처럼 요한의 영을 태울 듯했고, 그의 손에는 일곱 개의 밝은 별이 있었다. 말을 할 때 그의 혀는 마치 파도처럼 움직였다. 그의 모든 것이 완벽한 아름다움과 영광을 드러내고 있었기 때문에 요한은 순식간에 압도되고 말았다. 요한은 죽은 사람처럼 땅에 넙죽 엎드러졌다. 그러나 곧 어깨에 닿은 부드러운 손길로 인해 깨어났다.

"두려워 말라." 그의 목소리가 너무도 따뜻하고 다정해서 햇살에 밀랍이 녹듯 순식간에 두려움이 사라졌다.

"나는 처음이요 마지막이라." 그는 말을 이어갔다. "나는 죽었다가 살아났고, 앞으로도 영원히 존재할 것이다. 또한 나는 죽음의 열쇠를 가졌노라."

요한은 사모하는 주님의 현존을 대하고 있다는 사실을 깨닫고는 예기치 못한 기쁨에 사로잡혔다. 그러한 요한에게 주님은 깃펜을 들고 앞으로 일어날 기이한 일들에 대해 기록하라고 말씀하셨다. 요한은 기대감으로 충만하여 양피지를 무릎에 올려놓고 깃펜을 손에 들었다.

"네가 본 바를 기록하라…"

곧바로 주님은 요한에게 일곱 교회에 대한 환상을 보여주시면서 그 교회들에 대한 경고와 책망, 칭찬을 받아 적게 하셨다. 요한이 교회들에게 보내는 마지막 편지를 완성하자 그리스도의 환상은 사라졌고, 그분의 목소리가 어딘가에서 들려왔다. "이리 오라, 내가 너에게 이후에 반드시 일어날 일들을 보여주리라."

그 순간 낯익은 밧모 섬의 광경은 사라지고 요한은 예전에 본적 있는 천국의 하늘 보좌를 경이롭게 바라보고 있었다. 환상은 계속 이어졌다. 어떤 환상들은 소름끼칠 정도로 무시무시했고, 어떤 환상들은 상상할 수 없을 만큼 장엄했다. 마지막 환상이 사라지자 사도는 마지막 말을 들을 수 있었다. "내가 곧 오리라!"

요한은 순식간에 자신이 앉아있던 바위산에 돌아와 있었다. 그가 본 환상은 앞으로 그리스도의 교회에 끔찍한 핍박이 가해질지라도 그리스도께서 궁극적으로 승리하실 것이라는 분명한 사실을 전 세계의 모든 교회에게 알리기 위한 메시지였다.

"네, 주님. 어서 오시옵소서." 두루마리를 감으며 그는 말했다.

성경 속으로

밧모 섬에서 위대한 성경을 저술한 사도 요한은 열악한 상황 가운데서도 자신의 임무를 해낸 귀한 종들 가운데 한 사람이 되었다. 모세는 광야에서 모세 오경을 썼다. 다윗은 자신을 죽으려 뒤쫓던 사울 왕을 피해 다니면서 시편에 수록된 수많은 시를 지었다. 이사야는 조국의 몰락을 눈으로 목격하면서 이사야서를 저술했고, 에스겔은 바벨론에 포로로 잡혀 있는 동안 에스겔서를 저술했다. 예레미야의 삶 역시 고난과 핍박의 연속이었다. 베드로는 순교하기 직전에 두 개의 서신을 썼고, 바울은 매 맞고, 파선하고, 돌에 맞고, 강도 당하고, 굶주림과 목마름과 추위와 헐벗음과 비방 등 인간이 당할 수 있는 모든 고난과 역경 속에서 바울 서신을 써내려갔다고후 11:24-28.

마지막으로 요한은 에게 해에 있는 작은 바위섬, 밧모 섬에서 유배 중에 환상을 보고 신약에서 가장 방대한 계시록을 집필했다. 그는 세상과는 단절되어 있었지만, 하나님을 향해서는 열려있었기에 고립된 섬에서도 예수 그리스도의 계시를 우리에게 전해 줄 수 있었다.

하나님은 요한을 철저하게 고립된 상황에 처하게 하시어 하나님과 독대하게 하셨고, 미래에 대한 엄청난 환상을 보여주셨다. 우리를 통해 일하시는 하나님은 때로 우리를 일상적인 상황에서 벗어나게 하신다. 아브라함을 부르신 것도, 요셉의 노예 생활도, 모세를 애굽에서 떠나보내신 것도, 다니엘이 포로로 잡혀간 것도 모두 이에 해당된다.

요한계시록을 펼치자마자 우리는 아주 중요한 의미를 담고 있는 문장을 보게 된다. 계시록의 메시지는 다니엘이나 에스겔, 마태복음의 예언들과 비슷한 점이 많지만 좀 더 특이한 점이 있다. 계시록의 첫 번째 문장에서 우리는 그것을 쉽게 짐작할 수 있다.

예언서

> 예수 그리스도의 계시라 이는 하나님이 그에게 주사 반드시 속히 일어날 일들을 그 종들에게 보이시려고 그의 천사를 그 종 요한에게 보내어 알게 하신 것이라(요한계시록 1:1)

이 구절은 하나의 문장으로 요한이 기록한 책의 본질을 분명히 드러내고 있다. 가장 핵심적인 단어는 '계시'로서, 이는 헬라어 '아포칼립시스'apokalypsis 또는 '아포칼립스'를 번역한 말이다.

이 말을 들으면 우리는 즉각 지구의 멸망이나 끔찍한 재난들을 떠올린다. 그러나 헬라어에서 이 단어는 '뚜껑을 열다, 베일을 벗기다, 징후가 나타나다.'는 의미를 담고 있다. 요한계시록에 마지막 때의 모습이 묘사되어 있는 것은 사실이지만, 계시록의 본래 목적은 예수 그리스도의 존엄과 능력을 드러내고 밝히는 것이다. 따라서 계시록은 수수께끼 같은 이야기책이 아니라, 예수 그리스도가 누구신지를 분명하게 드러내는 책이다.

1절의 핵심 단어인 계시는 '속히 일어날 일들'에 관한 것으로, 이는 계시가 갑자기 이루어질 것임을 의미한다. 즉, 어떤 현상이 일단 시작된 후에는 빠른 속도로 진행될 것이라는 말이다. 다시 말해 계시가 머지않아 이루어질 것이라는 뜻이 아니라 '갑자기, 반드시' 일어날 것이라는 뜻이다.

개인적인 책

> 요한은 하나님의 말씀과 예수 그리스도의 증거 곧 자기가 본 것을 다 증언하였느니라(요한계시록 1:1-2)

계시록은 그 범위가 아주 방대하고 넓지만, 매우 개인적인 책이기도 하다. 사도 요한이 주님으로부터 개인적으로 받은 메시지이기 때문이다. 요한은 자신을 "형제요 고난에 동참하는 자"로 지칭하며 가까운 사람들에게 편지를 쓰는 형식으로 계시록을 이어가고 있다계 1:9.

먼저 그리스도는 요한에게 "네가 보는 것을 두루마리에 써서 에베소, 서머나, 버가모, 두아디라, 사데, 빌라델비아, 라오디게아 등 일곱 교회에 보내라"고 말씀하셨다계 1:11. 그러므로 2장과 3장에 쓰여진 일곱 개의 서신은 AD 1세기 말에 소아시아지금의 터키의 교인들에게 쓰여진 실제 편지였다.

신학자 존 스토트 목사는 이렇게 설명하고 있다. '일정한 규칙 없이 언급되어 있는 것처럼 보이는 일곱 교회는 실제로 그 편지를 전하는 사람이 있었다면, 그가 방문하게 될 교회의 순서였다. 밧모 섬에서 배를 타고 나와… 그는 먼저 에베소에 도착하게 되었을 것이다. 그리고 서머나와 버가모를 방문하고, 남동쪽의 두아디라와 사데, 빌라델비아, 그리고 마지막으로 라오디게아를 방문하게 되었을 것이다'[미주1].

각각의 편지들은 "내가 알고", "내가 아노니" 또는 "내가 알거니와"라는 말로 시작되고, “이기는 자”에 대한 약속을 포함하고 있다. 그러나 이런 구절들이 공통적으로 사용되고 있음에도 편지에는 각각의 교회에게 맞는 메시지가 담겨 있다. 그래서 편지들은 그 상황에 맞게 적용되어야 했다.

물론 오늘날 우리가 적용해야 할 부분도 있다. 요한은 초대교회를 마음에 두고 그 편지를 썼지만, 모든 시대의 교회와 그리스도인의 유형을 정확하게 반영하고 있다. 그 편지를 읽는 사람은 누구나 사도 요한이 묘사한 교회와 그리스도인의 모습을 통해 자신의 모습이나 자신의 교회를 떠올릴 수 있을 것이다. 따라서 나는 주님이 언급하신 일곱 교회에 관한 말씀을 적용한다면 현대 교회가 직면해 있는 모든 문제를 해결할 수 있을 것이라고 믿는다. 더불어 이 편지들이 동일한 양피지에 수록되어 있었다는 사실로 미루어 보아 각각의 교회들은 다른 교회에게 쓴 편지들까지 함께 읽어야 했을 것이다.

그림 같은 묘사가 있는 책

> 이는 하나님이 그에게 주사 반드시 속히 일어날 일들을 그 종들에게 보이시려고 그의 천사를 그 종 요한에게 보내어 알게 하신 것이라 요한은 하나님의 말씀과 예수 그리스도의 증거 곧 자기가 본 것을 다 증언하였느니라(요한계시록 1:1-2)

요한은 자신이 본 것을 기록하였다는 말을 서른아홉 번 반복하고 있는데, 그의 언어는 인상적인 상징과 이미지를 통해 미래에 있을 일들을 그림처럼 생생하게 표현하고 있다.

성경 전체에서 상징은 하나님의 계시를 기록할 때 자주 사용되는 기법이지만, 요한계시록은 다른 어떤 책보다 상징적인 표현 방식이 많이 사용되고 있다. 때로 상징으로 사람의 모습을 표현할 때도 있는데, 예를 들어 1장에서 예수님은 입에 날선 검을 지니고 계신 모습으로 묘사되어 있고, 13장에서 적그리스도는 바다에서 나오는 짐승으로, 거짓 선지자는 땅에서 올라오는 짐승으로 표현되어 있다.

그렇다면 계시록에는 왜 이렇게 많은 비유가 사용되고 있는 것일까? 가장 중요한 이유는 비유적인 표현은 시간이 흘러도 그 의미가 퇴색되지 않기 때문이다. 잘 표현된 상징들은 고대의 독자들뿐만 아니라 지금 이 시대, 나아가 미래의 독자들까지도 쉽게 핵심을 이해하고 적용할 수 있도록 도와준다. 그러므로 이런 비유적인 표현들은 여러 세대를 거치면서 핍박과 고난을 당하는 성도들에게 용기와 격려를 주어왔다.

또한 비유와 상징은 전달하면서 감동을 불러일으킬 수 있다. 예를 들어 독재자를 난폭한 짐승에 비유할 때, 짐승에 대한 묘사는 단순히 독재자라는 말이 채울 수 없는 원초적인 두려움을 생생하게 전달해 줄 수 있다. 또 세속적이고 타락한 세상을 바벨론 제국에 비유할 때 다른 어떤 진부한 표현보다 더 풍부하게 의미를 이해할 수 있다.

유진 피터슨 목사는 계시록의 비유에 대해 이렇게 적고 있다. '복음의 진리는 예수 그리스도로 말미암아 이미 완전하다. 따라서 복음에 대해서는 새로운 것을 이야기할 필요가 없다. 하지만 나는 새로운 정보를 얻기 위해서가 아니라 내 상상력을 되살리기 위해 계시록을 읽곤 한다. 요한은 과감한 표현으로 진부함을 불식시키고, 생생하고 감동적인 비유들을 통해 생동감 있는 장면들을 연출한다'[미주2].

마지막으로 아주 중요한 이유가 있다. 이러한 비유들은 외부인이 아닌 신자들에게 영적인 암호처럼 사용되기도 했다. 요한계시록은 도미티아누스 황제AD 81-96가 재임하는 동안 배포되었다. 만일 직접적이고 단순한 용어로 기술되었다면, 이 책과 연관된 모든 사람이 로마 군인의 손에 처형당했을 것이다. 역사학자 에텔베르트 슈타우프는 이렇게 적고 있다. '도미티아누스는 본격적으로 그리스도인을 핍박한 첫 번째 황제였고, 교회는 그리스도의 마지막 사도인 요한의 주도하에 저항하고 있었다… 도미티아누스는 예수라는 불가사의한 인물로 대표되는 기독교 물결이 로마 황제의 권위를 위협할 것임을 직감했던 첫 번째 왕이었다. 그래서 그는 처음으로 예수라는 인물에 대해 전쟁을 선포했는데, 어찌 보면 앞으로 다가올 상황을 제대로 판단한 셈이었다'[미주3].

유익한 책

요한계시록은 그 책을 읽고 순종하는 사람에게 복을 약속해 줌으로써 읽는 사람들에게 동기를 부여하는데, 이러한 약속은 시작과 마지막에 명시되어 있다.

> 이 예언의 말씀을 읽는 자와 듣는 자와 그 가운데에 기록한 것을 지키는 자는 복이 있나니 때가 가까움이라(요한계시록 1:3)

> 보라 내가 속히 오리니 이 두루마리의 예언의 말씀을 지키는 자는 복이 있으리라 하더라(요한계시록 22:7)

'복이 있다'는 말은 '즐거운, 행복한, 기쁨이 넘치는'이라는 의미이다. 하지만 요한계시록에서 펼쳐지는 무시무시한 장면들은 그런 말과는 동떨어진 것처럼 느껴지는 것이 사실이다. 마틴 로이드 존스 목사는 계시록을 읽는 사람들이 기쁨으로 반응해야 하는 이유에 대해 논리적으로 설명해 주고 있다. '계시록은 끔찍한 핍박과 역경을 인내해야 하는 하나님의 사람들이 기쁨을 잃지 않게 하기 위해 기록된 책이다. 이 책은 그리스도가 사탄과 다른 모든 악한 세력들을 물리치시고 궁극적으로 승리하시는 모습을 그들에게 보여주고 있다… 계시록은 고난 가운데 처해 있던 그리스도인들을 위해 기록되었고, 그들뿐만 아니라 그로부터 2,000년 후에 있을 그리스도인들을 위해서도 기록되었다… 그러므로 계시록을 읽은 후에도 기쁨을 얻지 못한다면 계시록을 잘못 이해하고 있는 것이다'[미주4].

개인적으로 적용하기에 유익하다.

요한은 이 책을 읽게 될 독자들의 상상력을 자극하는 것에만 관심을 두었던 것이 아니다. 그의 목적은 그들의 인생에 영향을 끼쳐 살아가는 방식을 바꾸는 것이었다. 계시록을 읽으면서 우리는 "귀 있는 자는 들을지어다."라는 말을 일곱 번 듣게 된다계 2:7, 11, 17, 29, 3:6, 13, 22. 이 말씀대로 귀 있는 우리는 요한의 목소리에 귀를 기울여야 할 것이다.

사실 오늘의 행동은 내일에 대한 우리의 예측에 영향을 받는다. 그래서 계시록은 우리의 미래에 대한 하나님의 계획을 보여줌으로써 우리가 승자의 편에 서 있다는 확신을 심어준다. 때로는 악이 승리하는 것처럼 보이지만, 계시록은 모든 것을 장기적인 관점으로 바라보게 한다. 사탄은 현재의 작은 전투에서는 이기는 것처럼 보이지만 사실 전쟁의 승패는 이미 결정나있다. 사탄도 이 사실을 잘 알고 있다. 우리가 미래의 승리를 확신하게 된다면 현재의 고난을 이겨낼 용기를 얻게 될 것이다. 조난을 당했을 때 지도가 가르쳐 주는 방향으로 노를 저어야 하는 것처럼 환난을 당할 때 우리는 우리의 미래가 어디를 향하고 있는지를 알아야 한다.

사탄이 이렇게 경이로운 계시록을 읽지 못하게 막는 이유가 바로 여기에 있다. '사탄은 성경 중에서 유독 계시록만은 읽지 못하도록 방해 공작을 펼치고 있다. 그는 자신이 천국 밖으로 쫓겨나 바닥이 없는 무저갱에 빠져 결국은 영원한 불못에 던져질 존재임을 누구에게도 들키고 싶지 않을 것이다. 뿐만 아니라 자신의 대적인 예수 그리스도가 이미 궁극적인 승리를 얻었음을 우리가 알게 될까봐 몹시 초조해 하고 있다. 계시록을 공부하면 할수록 왜 사탄이 하나님의 사람들을 이 책에 접근하지 못하도록 막고 있는지 이해할 수 있다'[미주5].

공적인 예배에 유익하다.

이 장의 도입부분은 초대교회 지도자였던 순교자 유스티누스AD 100-165의 저서에서 유추한 초대교회의 예배 모습을 그리고 있다. 그는 자신이 쓴 책『최초의 유감』에서 그 시대의 예배 모습에 대해 이렇게 묘사하고 있다. '일요일이라고 불리는 날에 도시나 시골에 살고 있는 사람들이 한 곳에서 모임을 갖는다. 사도들의 회고록이나 선지자들의 글을 시간이 허락되는 한 오래 읽는다. 읽는 사람이 낭독을 마쳤을 때 그 모임의 가장 높은 사람이 나와서 회중이 낭독한 말씀을 따라 읽게 한다'[미주6].

요한계시록의 칠복

1. 이 예언의 말씀을 읽는 자와 듣는 자와 그 가운데에 기록한 것을 지키는 자는 복이 있도다(계 1:3)
2. 지금 이후로 주 안에서 죽는 자들은 복이 있도다(계 14:13)
3. 누구든지 깨어 자기 옷을 지켜 벌거벗고 다니지 아니하며 자기의 부끄러움을 보이지 아니하는 자는 복이 있도다(계 16:15)
4. 어린 양의 혼인 잔치에 청함을 받은 자들은 복이 있도다(계 19:9)
5. 이 첫째 부활에 참여하는 자들은 복이 있고 거룩하도다. 둘째 사망이 그들을 다스릴 권세가 없고 도리어 그들이 하나님과 그리스도의 제사장이 되어 천 년 동안 그리스도와 더불어 왕 노릇 하리라(계 20:6)
6. 이 두루마리의 예언의 말씀을 지키는 자는 복이 있으리라(계 22:7)
7. 자기 두루마기를 빠는 자들은 복이 있으니 이는 그들이 생명나무에 나아가며 문들을 통하여 성에 들어갈 권세를 받으려 함이로다(계 22:14)

함께 말씀을 읽고 듣는 것과 서로를 권면하는 것은 초대교회 예배의 필수요소였다. 바울도 젊은 디모데에게 "내가 이를 때까지 읽는 것과 권하는 것과 가르치는 것에 전념하라."딤전 4:13고 말했다. 또한 요한계시록 1장 3절은 계시록을 함께 읽고 듣는 것이 하나님께 특별한 복을 받는 것이라고 말하고 있다.

재림을 기다리는 데 유익하다.

요한계시록의 첫 번째 장은 "때가 가까움이라"(1:3)는 말씀으로 마무리되며, 마지막 장은 "때가 가까우니라"22:10는 말씀으로 끝난다. 많은 사람이 이 말씀을 예언의 성취가 바로 눈앞에 왔다는 뜻으로 해석해 휴거와 대환난, 천년왕국과 예수 그리스도의 재림의 시기에 대해 무모하고 경솔하게 예단하곤 했다.

그러나 "때가 가까움이라"는 표현은 그 일들이 당장 일어날 것이라는 의미가 아니라 자체적인 시간표에 따라 예언적인 계시의 성취가 점점 가까워지고 있음을 의미한다. 즉 '때가 가까움'이라고 말하는 것은 예언된 일들이 그 시간표에 따라 순차적으로 일어날 것이라는 의미이다. 그런 관점에서 보면 요한이 예언을 기록했을 때보다 그 사건들은 오늘날 훨씬 더 가까이 다가왔다. 그러므로 계시록의 예언은 우리로 하여금 다가올 일들에 마음과 생각을 준비하게 하시는 하나님의 경고이다.

실제적인 책

백 년도 훨씬 전에 윌리엄 블랙스톤은 『예수님이 오고 계신다: 불안한 세상을 향한 하나님의 소망』이라는 책을 썼는데, 그 책은 세계 기독교계에 막대한 영향을 끼쳤을 뿐만 아니라 오늘날에도 예언서를 연구하는 사람들에게 많은 관심을 받고 있다. 그 책에서 블랙스톤은 예언서를 공부하는 것이 얼마나 실제적인 유익을 주는지에 관해 한 장 전체를 할애해 설명한다. 그는 이렇게 적고 있다. '성경을 통틀어 예언서만큼 육신이 십자가에 못 박히시고, 영이 하나님과 분리되신 예수님의 사역을 심오하게 설명한 책은 없다. 또한 예언서는 우리의 소망과 기쁨에 대해서도 가장 합당하게 설명한다'[미주7].

블랙스톤은 예언서를 공부하는 사람들을 위해 예언서의 40가지 유익을 목록으로 작성했다. 40가지 유익을 전부 수록하기에는 지면이 부족하므로 나는 여기서 특히 요한계시록을 공부함으로써 얻을 수 있는 세 가지 유익에 대해 나누고자 한다.

예언서를 공부하면 풍성한 삶을 살게 된다.

어떤 사람들은 그리스도의 재림을 기다리는 것은 어리석은 최면에 빠져 하늘만 올려다보면서 세월을 허송하는 것이라고 생각한다. 그러나 사실은 정반대이다. 재림에 대한 가장 유명한 설교는 마태복음 24-25장에 나오는 예수님의 산상수훈이다. 예수님은 '그때의 표적'을 열거하시며 재림이 가까워졌을 때의 징후들에 대해 자세히 설명해 주셨다. 뿐만 아니라 재림을 위해 준비된 삶의 중요성과 풍성함에 대해서도 여러 가지 비유를 들어 가르쳐 주셨다. "주인이 올 때에 그 종이 이렇게 하는 것을 보면 그 종이 복이 있으리로다"마 24:46.

북아일랜드 벨패스트에 있는 침례교회 목사 데니스 라일은 그리스도의 재림에 대해 스위스 해변의 멋진 별장으로 여행을 간 어떤 사람의 이야기를 인용해 설명했다.

> 별장은 아름다운 정원으로 둘러싸여 있었는데, 잡초 하나 없이 잘 정돈되어 있었다. "이 정원 관리자로 얼마나 오랫동안 일하셨습니까?" 방문객이 정원사에게 물었다. "이십 년 동안 일했지요."
> "그럼 그동안 이 별장의 주인은 얼마나 자주 이곳을 방문했습니까?"
> 정원사는 웃으며 말했다. "지금까지 겨우 네 번밖에 오시지 않았습니다."
> "그게 사실인가요?" 방문객이 깜짝 놀라며 물었다. "그렇다면 그 오랜 세월 동

안 당신은 이 정원을 마치 내일 주인이 방문할 것처럼 관리해 오셨군요!"

"아뇨, 그렇지 않습니다." 정원사가 대답했다. "저는 당장 오늘 주인이 오실 것이라고 생각하며 이곳을 관리하고 있답니다"[미주8].

예수님은 다시 오신다. 반드시 오신다. 그리고 그때가 바로 오늘일지도 모른다. 성경에 기록되어 있는 예수님의 마지막 말씀을 기억하라. "내가 진실로 속히 오리라"계 22:20.

예언서를 공부하면 긍정적인 삶을 살게 된다.

요한계시록은 긍정적인 마음가짐을 갖게 해준다. 계시록을 공부하다 보면 지금 이 세계가 어디로 향하고 있는지를 깨닫게 된다. 계시록을 통해 우리는 이 세상을 주관하시는 하나님의 주권적인 손을 보게 되며, 통제 불능처럼 보이는 이 세상도 하나님의 통치 아래 있음을 깨닫게 된다.

요한은 "땅의 임금들의 머리가 되신 예수 그리스도"계 1:5라고 선포하고 있다. 이는 그리스도의 미래의 주권이 아닌 현재의 주권에 대한 설명이다. 예수님은 분명 왕이 될 분이시다. 그러나 그것은 먼 미래에만 적용되는 선포가 아니다. 그분은 이미 이 땅의 임금들의 왕이 되셨고, 지금도 그러하시다. 버나드 엘러는 이 사실에 대해 이렇게 말한다. '요한의 메시지의 핵심은 세상은 보이는 것이 전부가 아니라는 것이다! 대부분의 사람은 '땅의 임금들'이 모든 것을 움직이고 있다고 생각한다. 그들이 세상에 영향력을 끼치며 역사를 결정해 가고 있다고 믿는다. 그러나 실상은 그렇지 않다. 세상은 보이는 것이 전부가 아니다! 과도하게 포장된 그들의 명성과는 달리 땅의 임금들은 역사의 통제권을 쥐고 있지 않다. 이에 대해 요한은 자신이 목격한 대로 세상의 왕들을 지배하고 있는 또 다른 통치자가 계심을 분명히 선포한다. 그분은 이미 승리하셨고 지금도 세상을 향한 통치력을 행사하고 계신다.… 이 세상에서 하나님의 능력은 무력한 것처럼 감추어져 있는 반면 사탄은 매우 유능해 보인다. 하지만 실상은 그 반대이다. 예수님은 세상의 구주이시며, 이는 그분을 그리스도로 받아들인 사람에게만 해당되는 것이 아니라 이 세상의 모든 사람들, 즉 땅의 임금들에게도 해당된다'미주9.

예수님은 우리에게 점점 더 심각해져 가는 세상의 타락을 보며 낙심하거나 혼란스러워하지 말라고 말씀하신다. 오히려 구원이 가까이 왔음을 기대하며 고개를 들어야 한다고 말씀하신다눅 21:28. 사도 바울은 데살로니가 교인들에게 그리스도의 재림에 대해 설명하면서 "이러한 말로 서로 위로하라"살전 4:18고 권면하고 있다.

우리가 살고 있는 세상은 우울함으로 가득 차 있다. 항우울제의 소비는 과거 어느 때보다 증가하고 있다. 보고서에 따르면 최근 수십 년 동안 항우울제의 사용양이 급상승하였다고 한다. 현재 미국 국민 열 명 가운데 한 명이 항우울제를 복용하고 있으며, 사오십 대 여성의 경우 네 명 가운데 한 명이 복용한다는 통계도 있다미주10.

이런 자료들을 보고 있노라면 나는 잠언 12장 25절의 말씀을 떠올리게 된다. "근심이 사람의 마음에 있으면 그것으로 번뇌하게 되나 선한 말은 그것을 즐겁게 하느니라" 지금이야말로 약물복용medication이 아니라 말씀묵상meditation이 필요한 시대이다. 계시록을 펼치면 가장 먼저 만나게 되는 말씀이 이것이다. "볼지어다 그가 구름을 타고 오시리라 각 사람의 눈이 그를 보겠고"계 1:7. 주님의 재림을 마음속으로 생생하게 떠올리면서 우리는 '선한 말'로 우리의 영을 다스려야 한다.

예언서를 공부하면 순전한 삶을 살게 된다.

계시록의 유익은 우리 마음의 정결함을 지켜준다는 사실이다. 몇 년 전, J.C.메시라는 목사는 한 쇼를 보러 갔다가 곧 자리를 박차고 나와 버렸다. 그의 친구들이 뒤따라 나오며 이유를 묻자 메시 목사는 이렇게 말했다. '예수님이 언제 오실지 모르는데 이런 곳에서 뵙게 될지도 모르다고 생각하니 소름이 끼치더라고'[미주11].

> 사랑하는 자들아 우리가 지금은 하나님의 자녀라 장래에 어떻게 될지는 아직 나타나지 아니하였으나 그가 나타나시면 우리가 그와 같을 줄을 아는 것은 그의 참모습 그대로 볼 것이기 때문이니 사랑하는 자들아 우리가 지금은 하나님의 자녀라 장래에 어떻게 될지는 아직 나타나지 아니하였으나 그가 나타나시면 우리가 그와 같을 줄을 아는 것은 그의 참모습 그대로 볼 것이기 때문이니 주를 향하여 이 소망을 가진 자마다 그의 깨끗하심과 같이 자기를 깨끗하게 하느니라(요일 3:2-3).

계시록을 공부하는 것은 '예언광'이나 '재림박사'가 되기 위함이 아니다. 계시록의 목적은 예수님을 사랑하는 모든 그리스도인이 그분의 재림을 고대하게 하는 데 있다. 계시록은 알기 쉽고 명료하며, 호소력이 있기 때문에 우리의 삶을 능히 변화시킬 수 있다. 뿐만 아니라 우리 삶에 실제적인 유익을 주는 매우 실용적인 책이다. 그러므로 계시록을 읽고 공부해서 더 행복하고, 더 거룩하고, 더 건강한 그리스도인이 되자.

목적이 있는 책

계시록 1장 7-8절은 계시록의 두 가지 목적에 대해 말해준다. 하나는 그리스도의 재림에 대한 확신이고, 다른 하나는 이 세상을 통치하시는 주님의 궁극적인 주권이다.

왕의 귀환

> 볼지어다 그가 구름을 타고 오시리라 각 사람의 눈이 그를 보겠고 그를 찌른 자들도 볼 것이요 땅에 있는 모든 족속이 그로 말미암아 애곡하리니 그러하리라 아멘(요한계시록 1:7)

성경은 대부분 헬라어 '파로우시아'parousia라는 단어를 사용하여 그리스도의 재림을 묘사하고 있다. 이 말은 '출현' 또는 '강림'을 뜻하는 헬라어이지만 어떤 대상이 원래 존재하던 상황을 갑자기 변화시키면서 등장할 때 주로 사용된다.

담임선생님이 교실에 갑자기 들어오는 장면을 상상해 보자. 선생님이 없는 교실은 학생들이 마구 뛰어다니고 책이 여기저기 날아다니는 난장판이었는데 선생님이 교실 문을 열고 들어오는 순간 모든 것이 달라진다. 선생님이 '파로우시아'하시면 학생들은 순식간에 조용히 자기 자리에 앉고, 교실의 질서는 한순간에 회복된다. 왕이 귀환하실 때의 모습도 이와 같다. 하루아침에 사탄은 감금될 것이고, 이 땅의 질서가 회복되면서 정의가 지배하게 될 것이다.

요한계시록 1장 7절은 재림에 관한 말씀이 서로 일맥상통함을 보여준다. 다니엘은 메시아가 구름을 타고 오실 것이라고 예언했다. "내가 또 밤 환상 중에 보니 인자 같은 이가 하늘 구름을 타고 와서 옛적부터 항상 계신 이에게 나아가 그 앞으로 인도되매"단 7:13. 감람산 설교에서 예수님도 이와 비슷한 말씀을 하셨다. "그 때에 인자의 징조가 하늘에서 보이겠고 그 때에 땅의 모든 족속들이 통곡하며 그들이 인자가 구름을 타고 능력과 큰 영광으로 오는 것을 보리라"마 24:30.

요한은 모든 사람이 그분의 재림을 보게 될 것이라고 말한다. 왕이 귀환하실 때 "각 사람의 눈이 그를 볼 것이다"계 1:7. 그때에 그분을 바라보는 우리의 눈은 기쁨과 감사의 눈물로 가득 차거나 두려움과 공포의 눈물로 가득 차게 될 것이다.

왕의 통치

> 주 하나님이 이르시되 나는 알파와 오메가라 이제도 있고 전에도 있었고 장차 올 자요 전능한 자라 하시더라(요한계시록 1:8)

알파와 오메가는 헬라어 알파벳의 처음과 마지막 글자로서 그리스도의 영원함과 무한한 능력을 가리킨다. 창세기를 통해 우리는 사탄이 어떻게 첫 번째 인류를 장악하여 '이 세상의 임금'요 12:31이라는 지위를 빼앗아 갔는지를 보게 된다. 그 이후 인류는 C.S.루이스가 '적에게 점령된 세계'라고 표현한 이 땅에 살게 되었다. 그렇지만 하나님은 당장은 사탄의 손에서 이 세상을 빼앗지 않으실 것이다.

그것은 그분의 힘이 부족해서가 아니라 시기의 문제이다엡 1:10. 알파와 오메가이신 하나님은 시간의 제약보다 위대한 분이시다. 그분은 이 세상을 만든 창조주로서 인류의 마지막 날까지 살아계실 것이다. 그분은 영원하시고 전지전능하신 하나님이시기 때문이다. 그리고 정한 때가 도래하면 예수님께서 이 땅을 올바르게 통치하시기 위해 군사작전을 펼치실 것이다. 계시록은 그 군사작전에 관한 설명으로 보좌에 계신 아버지 하나님과 이에 대적하는 사탄의 전쟁에서 하나님께서 어떻게 최종적으로 승리하시며 자기 백성을 구원하시는지에 관한 이야기이다.

그리스도가 승리하심으로 인해 하나님의 백성은 승리자가 된다. 요한계시록의 처음 세 장에서 그리스도는 "이기는 자"들에게 일곱 가지 약속을 주시는데, 그와 유사한 내용이 계시록에서만 다섯 번 반복되고 있다. '이긴다'는 말의 가장 단순한 의미는 '정복하다' 또는 '승리하다'이다. 우리는 확실한 승리에 종지부를 찍기 위해 왕의 귀환을 기다리는 것이다.

선지자 다니엘은 요한이 보았던 최종 승리의 모습을 다음과 같이 기록하였다. "내가 또 밤 환상 중에 보니 인자 같은 이가 하늘 구름을 타고 와서 옛적부터 항상 계신 이에게 나아가 그 앞으로 인도되매 그에게 권세와 영광과 나라를 주고 모든 백성과 나라들과 다른 언어를 말하는 모든 자들이 그를 섬기게 하였으니 그의 권세는 소멸되지 아니하는 영원한 권세요 그의 나라는 멸망하지 아니할 것이니라"단 7:13-14.

이렇듯 성경은 그리스도의 궁극적인 승리에 대해 한 치의 의심도 없다. "이것들을 증언하신 이가 이르시되 내가 진실로 속히 오리라 하시거늘 아멘 주 예수여 오시옵소서"계 22:20. 우리는 요한이 본 것처럼 하나님께서 두루마리의 내용을 성취하실 때, 모든 옛 성도들과 함께 마음껏 그날을 기뻐할 것이다. "주 예수여 어서 오시옵소서!"

'우리는 지금 요한이 말했던 환난의 때를 살아가고 있다.… 요한이 예수님께 받은 계시는 오늘날의 세상에 대해서 확실한 해답을 준다.… 그러므로 우리는 요한계시록과 거기에 담겨 있는 소망의 메시지를 재발견해야 한다. 지금 우리가 살고 있는 세계에서 매년 십만 명 이상의 그리스도인이 순교를 당하고 있다. 우리에게도 예수님이 요한에게 주셨던 계시가 필요하다. 지금도 세계 어딘가에서 교회는 끔찍하게 파괴되고 있고, 교회가 문을 닫고 교회 건물은 나이트클럽이나 식당, 모스크 사원으로 바뀌고 있다. 우리에게는 예수님이 요한에게 주셨던 계시가 절실히 필요하다. 계시록은 지금도 하나님께서 보좌에 앉아 계시며 천국의 사령탑에서 그분의 전략대로 일하고 계시다고 가르쳐주기 때문이다'[미주12].

2

chapter

순교자

Agents of the Apocalypse

이야기 속으로

다니엘 골드만이 일어난 시각은 일요일 아침 열시가 조금 넘어서였다. 그는 이탈리아 토리노에 있는 로펌에서 근무하는 전도유망한 변호사였다. 잠을 깨기 위해 커피 한 잔을 들고 소파에 앉아 TV를 켰다. 레이첼이 교회에서 돌아오기 전까지는 아무것도 하지 않을 참이었다. 그녀가 교회에서 돌아오면, 두 사람은 함께 좋아하는 식당으로 가 점심을 먹곤 했다.

레이첼 엘론, 다니엘은 그녀의 이름을 떠올리는 것만으로도 마음이 따뜻해지는 것 같았다. 그는 다섯 달 전에 유대인 성인식인 바르미츠바에서 검은 머리칼의 미인을 만났다. 첫 만남에서부터 그들은 서로에게 호감을 느꼈고 사랑에 빠졌다. 그즈음 레이첼은 회사 동료를 따라 그리스도인 모임에 나갔는데, 얼마 후에는 그리스도인이 되었다. 오늘은 레이첼이 두 번째로 교회에 출석하는 날이었다.

그녀의 회심이 다니엘을 불편하게 하지는 않았다. 그가 아는 한 종교는 사람에게 아무런 영향도 주지 않았다. 그는 대학을 다니기 위해 집을 떠난 날부터 회당에 나가지 않았다.

그 순간 뉴스 속보가 다니엘의 회상을 멈추게 했다. 전 세계적으로 잇따르는 긴급 뉴스에 의하면 수많은 사람이 동시에 사라졌다는 것이다. 사람들은 직장이나 집, 지하철, 자동차, 비행기, 배, 군부대 등에서 순식간에 사라졌다. 갑자기 사라진 사람들로 인해 도로에서는 교통사고가 일어났고, 비행기는 추락했다. 곳곳에서 주유소가 폭발하고, 수많은 도시가 정전으로 어둠에 잠겼다. 다니엘은 수만 명의 피해자가 집계되고 있는 뉴스를 믿을 수 없다는 듯이 바라보고 있었다.

곧 뉴스 앵커가 놀라운 소식을 전해 왔다. "지금까지 사라진 사람들은 전부 그리스도인이라고 합니다. 이곳 스튜디오에 은퇴한 목회자이신 마르코 콘티 목사님이 나와 계십니다." 전직 목사는 '휴거'라는 사건에 대해 설명했다. 휴거로 천국으로 들려 올라간 그리스도인들은 예수 그리스도의 재림에 앞서 나타날 정치적, 자연적 대격변을 피할 수 있게 되었다고 말했다.

"그렇다면 이제 성경에서 말한 대격변이 일어나겠군요?" 앵커가 물었다.

"물론 저는 믿지 않습니다." 마르코는 웃으면서 고개를 흔들었다. "그리스도인은 성경에서 말하는 기적을 믿지요. 예를 들면 동정녀 탄생이나 부활 같은 것들입니다."

"그럼 모든 그리스도인이 사라진 것이 아닙니까?"

"글쎄요, 전부는 아닐 겁니다." 목사는 웃으며 말했다.

"저는 아직 여기 있으니까요."

다니엘은 시계를 보았다. 레이첼이 교회에서 올 시간이었다. 그는 불안한 마음으로 레이첼에게 전화를 걸었지만 받지 않았다. 30분 동안 계속해서 전화를 걸어도 받지 않자 레이첼이 다니는 작은 교회로 차를 몰았다.

주차장에는 자동차가 많이 있었는데, 그중에 레이첼의 차도 보였다. 그는 서둘러 교회 안으로 들어갔다. 교회 긴 의자들은 비어있었고, 삼삼오오 모여 있는 사람들은 당황스런 눈빛으로 서로를 바라보고 있었다.

"무슨 일이죠?" 다니엘이 물었다.

"의자들을 보세요." 한 여인이 침묵을 깨며 말했다.

긴 의자에는 성경과 지갑과 가방이 놓여 있었다. 다니엘은 그 가운데서 레이첼이 가지고 다니던 라벤더 색의 성경을 발견하고는 바닥에 털썩 주저앉고 말았다.

다니엘은 며칠 동안 넋을 놓고 살았다. 로펌에서도 평소와 다르게 기계적으로 움직일 뿐이었다. 회사는 회사대로 충격에 빠져 있었다. 쉰 명 남짓한 직원 가운데 열네 명이 감쪽같이 사라져 버렸기 때문이었다. 그 사건 이후 남아있는 변호사들과 직원들의 업무량은 현저히 늘어났다. 다니엘은 오히려 일에 치여 정신없이 보내는 것이 고맙게 느껴졌다.

가장 먼저 평정을 찾은 나라는 영국이었는데, 유능한 총리인 유다 크리스토퍼 덕분이었다. 그는 시급한 일들부터 처리해 나갔는데, 도시 복원에 필요한 일꾼들을 모집하며 주요 공석을 다른 인물들로 채워 나갔다. 국민들은 여전히 갈피를 잡지 못하는 상태였지만, 영국 사회는 서서히 안정되어 갔다. 그에 반해 다른 유럽 국가들은 여전히 혼란에 빠져 허둥거렸다. 유럽의 지도자들은 영국에게 도움을 요청했고, 크리스토퍼 총리는 기꺼이 그들의 요청에 응답했다.

퇴근 후 다니엘은 일을 하면서 전 세계 사람들의 휴거 후유증에 관한 뉴스를 시청하고 있었다. 최근 영국 총리가 자주 뉴스에 등장했는데, 그는 휴거 이후 국가 재건에 대한 자신감을 드러내고 있었다. 그의 모습을 보면서 다니엘은 어쩐지 마음이 이상했다. 사실 총리는 어려움에 처한 국민들을 돕는 것보다 다른 무언가에 더 초점을 맞추고 있었다. 여러 경로를 통해 다니엘은 크리스토퍼 총리가 복구를 필요로 하는 나라들을 돕는 대가로 그 나라들의 통제권을 요구하고 있다는 사실을 알게 되었다.

어느 날 그가 회사에서 일을 하고 있을 때 전화벨이 울렸다.

"내 방으로 좀 와 주게." 로펌의 대표였다.

대표실에 들어섰을 때 대표는 다니엘의 눈을 제대로 쳐다보지도 않은 채 손가락으로 볼펜만 만지작거리고 있었다.

"다니엘, 자네가 회사에서 떠나주어야 할 것 같네." 그는 여전히 시선을 회피하며 말했다. 어안이 벙벙했지만 다니엘은 간신히 흥분을 가라앉히며 말했다. "이유가 뭡니까? 제가 무슨 잘못이라도 했습니까?"

"자네는 아무것도 잘못하지 않았네. 자네가 성실하고 능력 있는 변호사라는 걸 잘 알고 있지. 항상 고맙게 생각하고 있다네."

"그런데 왜 그러시죠? 사람들이 사라진 뒤로 인력이 부족해서 허덕이고 있지 않습니까? 대표님도 새로운 변호사를 구하기 위해 사방팔방으로 쫓아다니신다고 들었습니다. 이런 상황에서 왜 저를 해고하시는 겁니까?"

"미안하지만 자네에게 일일이 설명할 수 없다네. 제발 부탁이니 더 이상 질문하지 말아주게. 퇴직금은 이미 자네 계좌로 입금을 마친 상태라네."

다니엘은 망연자실한 채 자신의 책상으로 돌아와 짐을 싸기 시작했다. 어이가 없었지만 바로 다른 직장을 찾을 수 있을 것 같았다. 토리노에 있는 모든 로펌이 그 사건 이후로 변호사를 구하고 있었기 때문이다. 그러나 다니엘은 모든 로펌에서 거절당하고 말았다.

막다른 길에 몰려 있는 느낌으로 몇 달을 보내고 난 뒤 어느 날 저녁, 그는 앞으로 어떻게 살아야 할지를 고민하며 소파에 몸을 묻었다. 그때 전화벨이 울렸다. "다니엘 골드만?" 전화기를 통해 들려오는 목소리는 매우 친근했지만, 다니엘은 그가 누구인지 금방 떠오르지 않았다. "매튜 펄만이네."

"내 친구 매튜란 말인가? 이게 얼마만이야? 그래, 자네는 어떻게 지내고 있나?"

"그럭저럭 살고 있네. 자네가 해고당했다는 소식을 들었네. 나와 같은 신세가 되었군." 두 사람 사이에는 잠시 어색한 침묵이 흘렀다.

"커피 한 잔 어떤가? 직접 만나서 이야기를 해야 할 것 같네."

두 사람은 동네 카페에서 만나 사람들과 떨어진 곳에 자리를 잡았다. 매튜는 단도직입적으로 말했다. "유다 크리스토퍼가 한 짓이네. 그가 반유대주의 인물이라는 사실을 동료들로부터 전해 들었네. 이태리에서 유대인들을 쓸어버리라고 겁쟁이 수상을 강하게 몰아세우고 있다더군."

"하지만 왜 그런 짓을?"

"우리가 해고당한 것이 첫 단계인 셈이지. 다른 도시의 유대인들도 아무도 모르게 체포되어 기차에 실려 갔다는 말이 들리더라고. 그들이 어디로 잡혀갔는지 모르지만, 돌아온 사람은 없다더군. 토리노가 다음 차례라는 소문이 돌고 있어."

"도대체 자네는 그런 정보를 어디에서 듣는 건가?"

"위기에 처한 유대인을 돕는 지하 조직이 있다네."

매튜는 다니엘 쪽으로 가까이 다가가 말했다. "버려진 공장 건물 지하에 비밀 본부가 있는데, 그 조직의 이름은 '익스체인지'라네. 다른 도시에 있는 익스체인지와 네트워크 되어 정보를 수집하고 있지. 자네도 우리 조직에 함께했으면 하네."

매튜는 다니엘의 눈을 응시하며 말했다.

"오늘밤이야. 시간이 그리 많지 않을 것 같아."

그날 밤, 다니엘은 익스체인지로 갔다. 주차를 하고 주변을 살핀 후 골목 모퉁이에 있는 낡은 공장으로 들어갔다. 그리고는 건물 계단을 통해 지하로 내려가서 철문을 조심스럽게 두드렸다.

문이 열리자 매튜가 활짝 웃으며 반겨주었다. 열여덟 명에서 스무 명 정도 되는 남녀가 앉아 있었다. 매튜는 사람들에게 다니엘을 소개한 다음 바로 본론으로 들어갔다.

"조금 전에 말씀 드렸듯이 우리는 유다 크리스토퍼의 유대인 숙청 작업에서 유대인들을 구해내기 위한 지하 조직원들입니다. 또한 우리는 모두 예수 그리스도를 구세주로 믿는 유대인들입니다. 다시 말해 그리스도인이지요."

"그리스도인이라고?" 다니엘은 도저히 못 믿겠다는 표정을 지었다. "지금까지 자네는 확고한 유대교 신자이지 않았나!"

"자네 말이 맞네. 하지만 사람들이 한꺼번에 사라지고 난 다음 나는 심각한 고민에 빠졌다네. 그리고 회심을 하게 되었지. 이후 여기 있는 형제자매들을 만나게 되었다네. 우리는 유대인들의 육적 생명뿐만 아니라 영적 생명까지 구하는 일에 혼신을 다하고 있어."

"자네가 정말 그리스도인이 된 건가?"

"사실 이전에는 기독교라는 종교에 대해 잘 몰랐네. 하지만 대대적인 실종 사건이 일어났을 때 오직 그리스도인들만 들림을 받았다는 사실에 주목했지. 거기에 아주 중요한 의미가 담겨 있다는 걸 알아차렸거든. 그때부터 나는 성경을 읽으면서 예언들을 공부했네. 성경을 깊이 배우면 배울수록 기독교야말로 진정 유대교를 완성한 진리라는 사실을 깨닫게 되었지. 또 그 과정을 통해 메시아가 십자가에 달리시고 부활하셨다는 사실을 믿게 되었다네."

"여기 있는 다른 사람들도 마찬가지인가?" 다니엘이 물었다.

"맞네. 대부분 대대적인 실종 사건 이후 기독교에 마음을 열었네. 함께 성경을 공부하면서 메시아를 믿게 되었지."

매튜의 얼굴은 마음속에 일어난 불꽃으로 인해 환하게 빛나고 있었다.

"자네 정말 푹 빠져있군." 다니엘이 말했다.

"맞네. 내가 144,000명의 유대인을 위한 복음전도자 가운데 한 명이라는 사실을 확신하고 있거든. 우리는 예수 그리스도가 메시아임을 유대인에게 전파해야 할 책임이 있다네."

다니엘은 눈을 크게 뜨면서 물었다.

"아니, 그 모든 것을 어떻게 알 수 있는가?"

매튜는 그 질문에 대한 답이 준비되어 있었다. 그는 성경을 펼쳐서 예수님이 구약성경의 수백 가지 예언을 어떻게 성취하셨는지를 조목조목 설명해 주었다. 이어서 신약성경을 펴서 현재 일어나고 있는 받아들이기 힘든 사건들까지 설명했다.

그는 진지한 표정으로 "다니엘, 메시아의 죽음과 부활뿐만 아니라 지금 우리가 경험하고 있는 일들까지 모두 이 책에 예언되어 있다는 사실이 놀랍지 않은가. 나는 자네에게 두 가지를 당부하고 싶네."

"잘 듣고 있으니 말해보게."

"먼저 너무 늦기 전에 메시아께로 돌아오기를 간곡히 부탁하네. 두 번째, 자네는 서둘러 이태리를 탈출해야 하네."

다니엘은 두 가지 모두 준비되어 있었다. 매튜는 그를 옆방으로 데려가 로마서를 펼친 다음 복음을 더 깊이 설명해 주었다. 다니엘은 자신이 치러야 할 대가가 가혹하더라도 그리스도를 따르겠노라고 고백했다. 그리스도가 자신을 위해 치르신 희생을 알게 되자 그는 모든 것을 기꺼이 내려놓을 수 있었다. 필요하다면 목숨까지도 말이다.

매튜는 아침에 일어나자마자 가장 먼저 해야 할 일을 다니엘에게 설명해 주었다. 먼저 다니엘은 은행에 가서 저축한 돈을 전부 인출해야 했다. 집으로 돌아오면 트럭 한 대가 그를 태우러 올 것이다. 그는 가방 하나에 모든 짐을 넣고 다른 유대인들과 함께 프랑스 그르노블에 있는 익스체인지로 가게 될 것이다.

그러나 다음날 은행에 갔을 때 다니엘은 경악을 금치 못했다. 정부가 이미 그가 저축해 놓은 유로화를 전부 몰수해 버렸기 때문이었다. 상황은 훨씬 더 심각하게 돌아가고 있었다. 그는 급히 집으로 돌아와 문과 창문을 모두 잠가 버렸다.

가방을 싸고 있을 때 누군가가 거칠게 문을 두드렸다. 블라인드를 살짝 제쳐서 내다보니 다섯 명의 이태리 무장 군인이 문 앞에 서 있는 것이 아닌가. 다시 문을 두드리는 소리가 들렸다. 그 소리가 어찌나 컸던지 창문까지 덜컹거릴 정도였다. 다니엘은 가방 손잡이를 움켜쥐고는 뒷문을 통해 빠져나갔다. 곧 유리창 깨지는 소리가 들리더니 군화의 무거운 발자국 소리가 집안에서 들려왔다. 그러더니 이내 뒷문을 향해 고함을 지르는 것이었다. 다니엘은 지하로 연결되는 계단으로 급히 내려갔다. 사람들이 뒤쫓아 오자 다니엘은 가방은 내버려 둔 채 외부로 통하는 작은 창문으로 빠져나왔다.

다니엘은 좁은 골목길을 있는 힘껏 달리고 또 달렸다. 얼마 지나지 않아 숨이 목 끝까지 차올랐고 무릎이 휘청거렸다. 걸음을 멈춘 그는 다급히 쓰레기통 안으로 들어가 뚜껑을 닫았다. 잠시 후에 군인들이 온갖 욕설과 저주를 퍼부으며 그를 찾고 있는 소리가 들렸다. 온 몸에 전율이 흘렀고 심장이 요동쳤다. 군인들이 사라진 후 다니엘은 한 시간이 넘게 숨어 있다가 용기를 내어 매튜에게 전화를 걸었다.

“여기로 오면 절대 안 될 것 같네.” 매튜의 목소리 또한 긴장감으로 떨리고 있었다. “그들이 우리를 찾아낸 것 같아. 그래서 우리도 전부 흩어지고 있는 중이라네. 전국 각지에서 유대인들이 가스실로 실려 가고 있다더군. 옛날 아우슈비츠처럼 말이야. 우리 생명이 위험에 처해 있다네. 자네는 지금 당장 프랑스로 넘어가야 해. 밤에 시골길을 걸어서 국경을 넘어야 하네.”

해가 기울자미지 다니엘 골드만은 프랑스로 향하는 서쪽 시골길로 이동했다. 어둠에 몸을 숨기고 숲을 기어서 갔다. 허기에 지쳐 밭에 있는 옥수수와 과일들을 닥치는 대로 먹었다. 나흘 밤이 지난 후 그는 알프스를 넘어 드디어 프랑스에 도착했다. 그곳에 도착하자마자 그는 메튜가 가르쳐 준 익스체인지 지부를 찾았다.

그르노블 익스체인지는 그가 새로운 로펌을 찾아 정착할 때까지 숙식을 제공해 주었다. 3년 동안 그는 안전하게 일을 하면서 급여의 많은 부분을 익스체인지에 기부했고, 저녁에는 그곳에서 자원봉사를 했다. 그리고 익스체인지의 동료들과 만나 성경을 깊이 공부하면서 어떻게 말씀을 삶에 적용할 수 있는지를 나누었다. 덕분에 다니엘의 신앙은 확고해져갔다.

매튜가 자신의 성경을 보여주며 짚어주었던 예언들이 실제로 하나씩 이루어지고 있었다. 전 세계가 기근과 물의 오염과 전염병을 견뎌내야 했다. 그뿐 아니라 엄청난 지진이 여러 나라에서 일어나 수백만 명의 생명을 앗아갔다. 정치에도 불길한 징후가 나타났다. 유럽 국가들이 정부와 군사력을 통합했는데, 이는 프랑스가 더 이상 유대인에게 안전한 나라가 아님을 의미했다. 다니엘은 또다시 해고당했지만, 이번에는 은행이 아닌 아파트에 돈을 모아 두었다.

다니엘은 일자리를 찾는 것이 의미 없는 시도임을 알고 있었기에 그랑노블에 있는 유대인 지하 조직에 합류했다. 어느 나라도 탄압으로부터 자유로울 수 없었다. 국경을 몰래 넘어가는 것도 이제는 소용없는 일이었다. 그러나 익스체인지는 유대인을 돕는 임무를 계속했다. 그들은 유대인의 회심과 지하 교회 설립에 총력을 집중했다.

시간이 갈수록 전 세계에 말세의 징후들이 뚜렷이 나타났다. 곡식을 재배하는 일이 불가능해졌고, 전염병이 걷잡을 수 없이 확산되었다. 음식을 구하기 어려워지자 세계 곳곳에서 먹을 것을 구하려는 사람들의 폭동이 난무했다. 세계 각국에서 사람들이 기근으로 죽어갔다. 그러나 한 가지 긍정적인 변화가 나타나기 시작했다. 다니엘과 익스체인지의 회심한 유대인들이 간절히 하늘의 소망을 품게 된 것이다.

유다 크리스토퍼의 철권 정치는 모든 문명 세계를 지배하게 되었다. 그는 유럽 연합의 지도자가 되자 자신을 신으로 섬길 것을 요구했다. 이 명령에 따르지 않으면 어떤 상품도 사거나 팔 수 없게 만들었다. 크리스토퍼를 섬기지 않는 사람은 음식도, 옷도, 집도 사거나 팔 수 없게 되었다.

그 법령이 시행된 다음날 저녁, 그랑노블 익스체인지에 온 유대인들은 새로운 소식을 전했다. "적그리스도 유다 크리스토퍼가 유일신 하나님을 믿는 모든 사람에게 사형을 언도하였다고 합니다." 어떤 회원이 말했다.

"이제 우리는 어떻게 해야 하는 거죠?" 다른 회원이 물었다.

"무슨 일이 있더라도, 그를 섬길 수는 없습니다. 그건 곧 영원한 죽음을 의미하니까요." 다니엘이 대답했다.

"맞습니다. 그럼 우리 모두는 죽음을 피할 수 없게 되었군요."

"꼭 그렇지만은 않아요. 크리스토퍼의 폭정에 진절머리가 난 사람들이 늘어나고 있습니다. 그들이 우리에게 은신처를 제공해 줄지도 모릅니다."

유다 크리스토퍼에게 충성을 맹세하지 않는 사람은 사형에 처한다는 법령은 이제 놀라운 일도 아니었다. 유대인 그리스도인들은 발각되면 체포되어 사형에 처해졌다. 그러나 대량학살이 벌어지는 가운데에서도 익스체인지는 복음을 전파하며 음식을 나누고, 궁지에 몰린 유대인에게 은신처를 제공해 주는 일을 계속했다.

어느 날 밤, 다니엘은 스무 명의 익스체인지 리더들과 함께 커다란 테이블에 앉아 회의를 하고 있었다. 그런데 갑자기 문이 벌컥 열리더니 밖에서 망을 보던 회원이 급히 안으로 뛰어 들어와 문을 잠갔다.

"그들이 왔어요! 우리를 찾아낸 것 같아요!"

사람들은 비상 터널을 향해 도망쳤고 곧 크리스토퍼의 군대가 들이닥쳤다. 비상 터널로 달아난 유대인들은 근처에 있는 숲으로 뿔뿔이 흩어졌다. 그러나 실랑이를 벌이다가 총으로 머리를 세게 얻어맞은 다니엘은 흙더미 위에 쓰러져 정신을 잃고 말았다.

다니엘은 더러운 감옥에서 눈을 떴다. 머리가 지끈거리며 아파왔다. 감옥은 스무 명 남짓한 죄수들로 빼곡히 채워져 있었는데, 그의 옆에는 익스체인지 회원 세 명이 앉아있었다. "다른 사람들은 몸을 피했나요?" 그가 중얼거리듯 물었다.

"두 명은 무사히 달아났습니다. 레아와 벤, 사이몬은 그 자리에서 즉사했고, 나머지는 여기 있습니다."

"우리 믿음이 끝까지 변함없기를…"

다니엘의 눈에서 뜨거운 눈물이 솟구쳐 올랐다.

잠시 후 제복을 입은 간수들이 감옥 문을 열고 다섯 명의 죄수를 데리고 갔다. 한 시간 후에 그들은 돌아와서 다시 다섯 명을 데리고 갔다. 다음에는 다니엘과 그의 세 동료가 다른 죄수 한 명과 함께 끌려 나왔다. 간수들은 그들을 어두침침한 방으로 데리고 갔는데, 그 방에는 으스스한 물건들이 한가득 놓여 있었다.

다니엘은 그것들이 어떤 용도인지 금세 알아보았다. 몸을 묶는 형틀과 고문을 가하는 기구들, 피범벅인 책상. 간수가 다니엘을 붙들어 옷을 벗긴 다음 쇠사슬로 기둥에 묶었다. 그리고는 징이 붙어 있는 채찍으로 때리기 시작했다. 그들은 뼈가 드러날 때까지 채찍질을 멈추지 않았다. 이번에는 다른 죄수를 데려와서 틀에 손과 발을 묶은 다음 관절이 끊어질 때까지 인정사정없이 잡아 당겼다. 그들은 고통으로 비명을 질렀고, 나머지 세 사람은 쇠사슬에 묶여 그 모습을 바라보며 자기 차례를 기다려야 했다. 제대로 서 있을 수조차 없게 되어 다니엘과 세 동료들은 사방이 막혀있는 뜰로 끌려 나갔다. 그곳에는 사형집행인이 손에 도끼를 들고 기다리고 있었다. 그 남자의 한쪽 발은 적갈색 핏빛으로 물든 단두대 위에 놓여 있었다.

단두대에 다다랐을 때 다니엘은 노래를 부르기 시작했다. 처음에는 속삭이듯 작게 불렀지만 목소리가 점점 더 커졌다. 익스체인지 동료들에게서 배웠던 오래된 노래였다.

예수 안에서 승리하리.

나의 구원자여, 영원히

그는 무릎을 꿇은 채 단두대에 머리를 올려놓고는 사형집행자가 도끼를 들어 올릴 때까지 기도를 드렸다.

잠시 후에, 다니엘은 무릎을 펴고 일어났는데 어떤 아픔도 느껴지지 않았다. 주위를 둘러본 다니엘은 놀라움을 금치 못했다. 그는 거대한 제단 옆에서 있었는데, 그것은 반짝이는 순금으로 세워진 솔로몬 성전의 그것과 비슷했다. 순교당한 많은 유대인 그리스도인이 그와 나란히 서 있었고, 익스체인지에서 달아날 때 죽임을 당했던 회원들도 함께 있었다. 그가 놀란 눈으로 주변을 둘러보는 동안 감옥에 함께 있던 세 명의 동료들도 그곳에 도착해서 건강하고 온전한 모습으로 그의 옆에 섰다.

영광을 만끽하면서도 다니엘은 아직도 땅에서 고통당하고 있을 그리스도인들을 떠올리자 칼로 찌르는 듯 마음이 아파왔다.

다니엘은 함께 있는 순교자들과 함께 한 목소리로 외쳤다.

"거룩하고 참되신 대주재여, 땅에 거하는 자들을 심판하여 우리 피를 갚아주지 아니하시기를 어느 때까지 하시려 하나이까."

그때 천둥처럼 아름답고 멋지게 울리는 한 목소리가 대답했다.

"잠시 동안 쉬면서 기다리라. 그들의 고통은 곧 끝날 것이다."

성경 속으로

구원의 역사는 우리가 방금 읽은 이야기에 나오는 다니엘 같은 수많은 순교자의 피로 기록되어 왔다. 구약성경에서 우리는 바로의 광기로 인해 히브리 여인들이 낳은 남자아이들이 죽임을 당하는 이야기를 보게 된다. 페르시아 제국의 사악한 하만은 나라 안의 모든 유대인을 죽이라고 아하수에로 왕에게 요청하기도 했고, 그리스도가 오시기 이백 년 전 안티오코스 에피파네스는 예루살렘을 정복하여 제우스에게 절하지 않는 유대인들을 학살하기도 했다. 또한 헤롯은 아기 예수를 없애기 위해 베들레헴의 모든 남자아기들을 죽이라는 명령을 내리기도 했다.

초대교회 순교 역사의 첫 장을 장식하는 스데반은 돌에 맞아 죽었고행 7장, 사도 야고보는 헤롯에게 처형당했다행 12:1-2. 서머나의 주교였던 폴리캅은 로마 황제를 섬기지 않았다는 이유로 화형을 당했고, 요한계시록 2장 13절에 나오는 안디바는 버가모 교회의 성도로서 순교 당했다. 또한 폭군 도미티아누스 황제의 통치하에서는 수많은 그리스도인이 죽임을 당했다.

그리스도인들은 로마의 원형경기장에서 죽어갔으며, 중세의 성도들은 종교재판을 받아야만 했다. 종교개혁 시기에 위그노 교도들과 개신교 신자들은 대량학살을 당하거나 유배를 가야 했고, 중국에서는 의화단에 의해 수백 명의 그리스도인이 목숨을 잃었으며, 구소련 시절 그리스도인들은 강제수용소나 시베리아로 잡혀갔다.

역사적으로 택함을 받은 성도는 고난을 받았다. 유럽에서 오랫동안 진행된 히틀러의 유대인 학살로, 유럽의 유대인 인구가 모세의 지도하에 이집트를 탈출한 유대인 인구만큼 감소했다고 한다[미주1]. 1938년 독일에서는 수백 개의 유대인 회당이 불과 몇 일만에 폐쇄되었고, 유대인 소유의 수천 개의 상점은 공격을 받았다. 아우슈비츠 수용소에서 매일 수천 명의 유대인이 처형당했고, 트레블링카 수용소에서는 몇 년 동안 백만 명이 넘는 유대인이 학살당했다.

유명한 나치 친위대장 아돌프 아이히만은 유대인에 대한 증오심을 이렇게 표현했다. '내겐 아무것도 뉘우칠 것이 없다. 나는 웃으면서 무덤에 들어갈 것이다. 내 양심에 따라 오백만 명의 사람을 처단한 것에 대단히 만족한다'[미주2].

사실 유대인의 고난은 모세의 예언이 역사적으로 그대로 성취된 것이다.

> 여호와께서 너를 땅 이 끝에서 저 끝까지 만민 중에 흩으시리니 네가 그 곳에서 너와 네 조상들이 알지 못하던 목석 우상을 섬길 것이라 그 여러 민족 중에서 네가 평안함을 얻지 못하며 네 발바닥이 쉴 곳도 얻지 못하고 여호와께서 거기에서 네 마음을 떨게 하고 눈을 쇠하게 하고 정신을 산란하게 하시리니 네 생명이 위험에 처하고 주야로 두려워하며 네 생명을 확신할 수 없을 것이라 네 마음의 두려움과 눈이 보는 것으로 말미암아 아침에는 이르기를 아하 저녁이 되었으면 좋겠다 할 것이요 저녁에는 이르기를 아하 아침이 되었으면 좋겠다 하리라(신명기 28:64-67)

요한은 이 모든 것의 끝이 아직 도래하지 않았으며 미래에 더 많은 순교자가 있을 것이라고 말한다. "다섯째 인을 떼실 때에 내가 보니 하나님의 말씀과 그들이 가진 증거로 말미암아 죽임을 당한 영혼들이 제단 아래에 있어 큰 소리로 불러 이르되 거룩하고 참되신 대주재여 땅에 거하는 자들을 심판하여 우리 피를 갚아 주지 아니하시기를 어느 때까지 하시려 하나이까 하니"계 6:9-10. 제단 아래 있는 영혼들의 간청은 대환난 동안 일어날 말할 수 없는 고통과 박해에 대해 설명해준다.

순교의 배경

> 다섯째 인을 떼실 때에 내가 보니 하나님의 말씀과 그들이 가진 증거로 말미암아 죽임을 당한 영혼들이 제단 아래에 있어(요한계시록 6:9)

이 말씀에 나오는 순교자들은 누구인가? 요한은 이 말씀이 미래, 즉 예수 그리스도의 교회가 휴거되고 그리스도 안에서 죽은 자들이 부활한 이후에 있을 일이라는 암시를 준다. 다시 말해, 이 말씀에 나오는 순교자들은 지금 우리가 살고 있는 교회시대의 순교자들은 아니다. 그런데 이 순교자들이 이 땅의 압제자들에 대한 심판을 요구하고 있는 모습에서 미루어 볼 때 압제자들이 여전히 살아있음을 알 수 있다. 이러한 정황들로 본다면 여기에 등장하는 순교자들은 대환난 동안 죽임을 당한 그리스도인들이라고 추론할 수 있다.

교회가 들림을 받은 후에 하나님은 이스라엘에 다시 한 번 주목하실 것이고, 칠 년 대환난 동안 위의 이야기 속 다니엘 골드만처럼 많은 유대인이 하나님께로 돌아올 것이다. 바울이 기록한 로마서가 이것을 뒷받침해 주고 있다. "형제들아 너희가 스스로 지혜 있다 하면서 이 신비를 너희가 모르기를 내가 원하지 아니하노니 이 신비는 이방인의 충만한 수가 들어오기까지 이스라엘의 더러는 우둔하게 된 것이라 그리하여 온 이스라엘이 구원을 받으리라 기록된 바 구원자가 시온에서 오사 야곱에게서 경건하지 않은 것을 돌이키시겠고"롬 11:25-26.

이 말씀은 이스라엘 민족이 구원받게 될 것임을 말해준다. 이스라엘 민족의 가려진 눈이 벗어질 것이고, 대환난이 일어나는 동안 많은 유대인이 하나님께로 돌아와 적그리스도에게 대항할 것이다. 이로 인해 유대인은 적그리스도에게 순교당할 것이고, 그들의 피가 강물처럼 흐르게 될 것이다. 칠 년 대환난이 시작되는 때에 믿는 자들이 이 땅에 하나도 남아있지 않다면 유대인은 어떻게 구원받을 수 있을까? 하나님은 두 명의 증인을 이 땅을 보내어 예언하게 하시고, 엄청난 기적을 베풀게 하실 것이다. 그때 하나님의 역사를 위해 인침을 받은 144,000명의 유대인 복음전도자가 나타나게 될 것이다계 7:4. 또 다른 가능성도 있다. 헨리 모리스 박사는 '침묵의 증인'에 대해 이렇게 주장한 바 있다.

'전 세계의 여러 언어로 번역된 수많은 성경이 있다. 성경은 세계 구석구석 배포되어 있다.… 휴거가 일어나 이 땅에서 믿는 자가 모두 사라진다 해도 성경은 사라지지 않을 것이다. 틀림없이 성경은 금지당하겠지만, 성경은 침묵의 증인으로서 그 역할을 감당해 낼 것이다.… 이로 인해 사람들은 창조주와 구원자께로 돌아올 것이다. 그리고 그들은 기꺼이 하나님의 말씀에 대한 증인이 될 것이다.… 그들은 이 고통과 재앙들이 주님께로부터 온 심판임을 세상을 향해 전파할 것이다'[미주3].

지금은 순교가 매우 드물다는 사실이 당연하게 여겨지지만, 대환난 시대에는 순교가 일상적인 일이 될 것이다. 그때가 되면 하나님을 믿는 사람들은 목숨을 걸고 그들의 믿음을 증명해야 하기 때문이다. "또 우리 형제들이 어린 양의 피와 자기들이 증언하는 말씀으로써 그를 이겼으니 그들은 죽기까지 자기들의 생명을 아끼지 아니하였도다"계 12:11.

그 기간 동안 성도들은 극심한 핍박을 받을 것이다. 시편 기자는 순교에 대해 이렇게 묘사하고 있다. "우리가 종일 주를 위하여 죽임을 당하게 되며 도살할 양 같이 여김을 받았나이다"시 44:22. 이스라엘이 바벨론에서 포로생활을 하던 때에 세 명의 유대 젊은이들은 바벨론의 금 신상에 절하지 않고 위협에 맞서 당당하게 대답했다. "왕이여 우리가 섬기는 하나님이 계시다면 우리를 맹렬히 타는 풀무불 가운데에서 능히 건져내시겠고 왕의 손에서도 건져내시리이다 그렇게 하지 아니하실지라도 왕이여 우리가 왕의 신들을 섬기지도 아니하고 왕이 세우신 금 신상에게 절하지도 아니할 줄을 아옵소서"단 3:17-18.

스가랴 선지자는 환난 날에 유대인의 삼분의 이가 죽임을 당할 것이라고 예언했다. 하지만 하나님은 회복의 약속도 함께 주셨다. "여호와가 말하노라 이 온 땅에서 삼분의 이는 멸망하고 삼분의 일은 거기 남으리니 내가 그 삼분의 일을 불 가운데에 던져 은 같이 연단하며 금 같이 시험할 것이라 그들이 내 이름을 부르리니 내가 들을 것이며 나는 말하기를 이는 내 백성이라 할 것이요 그들은 말하기를 여호와는 내 하나님이시라 하리라"슥 13:8-9.

요한계시록은 하나님의 원수를 하나님의 백성의 피를 흘리게 할 자로 묘사하고 있다계 16:6, 17:6, 18:24, 19:2. 예수님 또한 감람산에서 다가올 미래의 엄청난 고난에 대해 설교하신 바 있다. "이 모든 것은 재난의 시작이니라 그 때에 사람들이 너희를 환난에 넘겨 주겠으며 너희를 죽이리니 너희가 내 이름 때문에 모든 민족에게 미움을 받으리라"마 24:8-10.

성경학자 리차드 보컴은 대환난 동안의 순교에 대해 이렇게 설명하고 있다. '계시록은 모든 그리스도인이 순교를 당하게 될 미래를 그리고 있다.… 모든 그리스도인이 죽임을 당하게 될 것이라는 예언은 문자적인 예언이 아니다. 그러므로 신실한 그리스도인은 반드시 죽음에 준비되어 있어야 한다'[미주4].

순교당하는 이유

다섯째 인을 떼실 때에 내가 보니 하나님의 말씀과 그들이 가진 증거로 말미암아 죽임을 당한 영혼들이 제단 아래에 있어(요한계시록 6:9)

요한계시록 6장에서 순교자들이 죽임을 당한 이유는 요한이 유배를 가게 된 이유와 동일하다. "나 요한은 너희 형제요 예수의 환난과 나라와 참음에 동참하는 자라 하나님의 말씀과 예수를 증언하였음으로 말미암아 밧모라 하는 섬에 있었더니"계 1:9. 그들 역시 예배자로서 말씀의 증인이었다. 그러나 우리는 휴거 때 성령의 구속하심이 이 땅에서 거두어질 것이라는 사실을 반드시 기억해야 한다. 대환난 시대의 지배자는 그리스도를 믿는 성도들을 하나님께 대적하는 분노를 쏟아낼 목표물로 삼을 것이다.

'그들이 가진 증거'는 환난 중에 믿음을 지키는 성도들이 전하게 될 심판과 깊은 연관이 있는 듯하다. 대환난의 핍박이 극심해질수록 그들은 다가올 심판에 대하여 훨씬 강력한 경고를 보낼 것이다. 그리고 회개와 심판을 강조하는 그들의 메시지로 인해 그들은 죽임을 당할 것이다.

이처럼 대환난의 설교자들은 자기 세대의 악함에 대항하여 목소리를 높였던 용기 있는 선지자들과 맥락을 같이 하고 있다.

- 사무엘은 사악한 두 아들 홉니와 비느하스로 인해 하나님의 심판이 그 가정에 임하게 될 것이라고 예언했다(사무엘상 3장).
- 엘리야는 이스라엘의 바알 예언자들을 강하게 비난함으로써 생명을 위협 받게 되었다(열왕기상 18장).
- 이사야는 유다 백성들이 그들의 불경함으로 인해 포로로 잡혀갈 것이며 성전과 예루살렘 성이 모두 무너질 것이라고 예언했다(이사야 64장).
- 예레미야의 예언은 상대방에게는 너무 모욕적이라 사슬로 결박당하고 말았다(예레미야 40장).
- 요나는 니느웨 백성들을 향해 회개하지 않으면 사십 일 후에 그들의 도시가 멸망하게 될 것이라는 하나님의 메시지를 전하였다(요나 3장).
- 예수님 자신도 감람산에서 심판을 예언하셨다(마태복음 24장).

W.A.크리스웰은 예언자의 중요한 역할 가운데 하나가 심판을 선포하는 것이라고 역설하고 있다. '하나님의 진실한 예언자는 어느 곳에서든 심판을 선포했다. 요즘에는 소위 하나님의 사자라고 불리는 사람들이 좋은 것만 이야기하려 한다.… 지옥도 없고 사탄도 없고 하나님의 심판도 없다.… 우리는 예수 그리스도의 사랑과 평화 같은 아름답고 좋은 것들만 말하고 있다. 그러나 성경은 좋은 것뿐만 아니라 나쁜 것에 대해서도 말해준다. 즉 천국에 대해 설명해 주는 계시록에는 지옥에 대한 이야기도 함께 기록되어 있다. 우리의 구원자이신 예수님이 묘사되어 있는 성경에는 우리의 원수 사탄도 함께 묘사되어 있다. 이 두 가지는 함께 가는 것이다. 구원받아야 할 지옥이 없다면 지옥에서 구원해 주실 분도 필요하지 않을 테니 말이다'[미주5].

계속되는 순교

다섯째 인을 떼실 때에 내가 보니 하나님의 말씀과 그들이 가진 증거로 말미암아 죽임을 당한 영혼들이 제단 아래에 있어(요한계시록 6:9)

요한의 시선은 땅에서 하늘로 옮겨져 믿음 때문에 순교 당하게 될 사람들에 대한 환상을 본다. 그들은 '제단 아래'에 있는데, 그 제단은 구약시대에 희생제사의 피가 있던 자리였다출 29:12.

그런데 대환난 때의 순교자들의 죽음을 묘사한 단어가 독특하다. 그 단어는 '죽임'slain으로 번역되어 있지만 '학살'slaughtered로 번역될 수도 있기 때문이다. 학살이라는 단어는 희생제사와도 연관이 있어 보인다. '세상은 그들을 멸망시켰지만, 하나님은 그들을 희생 제물로 받으셨다. 그들은 주님을 위해 자신의 생명을 드렸고, 주님은 그들을 그분의 생명으로 높여주셨다. 그들은 하나님의 순교자들이다'[미주6].

순교자들의 외침

큰 소리로 불러 이르되 거룩하고 참되신 대주재여 땅에 거하는 자들을 심판하여 우리 피를 갚아 주지 아니하시기를 어느 때까지 하시려 하나이까 하니(요한계시록 6:10)

원수를 갚아 달라는 순교자들의 외침은 그들이 교회시대의 희생자들이 아님을 증명해 주는 또 하나의 단서이다. 교회시대의 외침은 초대교회의 첫 번째 순교자였던 스데반의 외침이었다. "무릎을 꿇고 크게 불러 이르되 주여 이 죄를 그들에게 돌리지 마옵소서 이 말을 하고 자니라"행 7:60. 그러나 대환난 동안 핍박당한 사람들은 은혜의 시대가 끝이 났기 때문에 하나님의 완전한 심판만을 간구할 수 있을 뿐이다. 마지막 심판의 날 말이다.

루이스 타봇은 이렇게 말하고 있다. '인간은 하나님이 이 세상을 향해 취하고 계신 태도에 따라 기도할 수밖에 없다. 지금은 은혜의 시대이기 때문에 하나님은 가장 악한 인간을 향해서도 자비를 베푸신다. 그래서 지금 우리는 우리를 저주하는 사람들을 위해서도 기도해야 한다. 하지만 대환난 시대에 하나님은 이 땅에서 그분의 자비를 거두시고 채찍을 내리치실 것이다'(미주7).

순교자의 위로

> 각각 그들에게 흰 두루마기를 주시며 이르시되 아직 잠시 동안 쉬되 그들의 동무 종들과 형제들도 자기처럼 죽임을 당하여 그 수가 차기까지 하라 하시더라
> (요한계시록 6:11)

주님은 순교한 영혼에게 다섯 가지 위로를 베풀어 주신다.

1. 피난과 보호

제단 아래 있는 신실한 종들에 관한 환상은 하나님께서 그들을 구원하시고 보호하실 것을 의미한다. 도널드 그레이 번하우스는 이에 대해 이렇게 설명한다. '요한이 받은 제단 아래 있는 영혼들에 관한 환상을 표면적으로 읽어서는 안 된다. 구약성경에서 제단은 피의 희생제사를 위한 장소였다. '제단 아

래' 있다는 것은 예수 그리스도가 십자가에 죽으심으로써 부여해 주신 성도의 특권을 소유하고 있음을 가리킨다. 즉 순교한 증인들은 주 예수 그리스도의 사역에 의해 보호받고 있는 것이다'[미주8].

2. 두루마기

사랑과 은혜가 충만하신 하나님은 모든 순교자에게 하얀 두루마기를 상으로 내리시는데, 이 선물은 재미있는 상상력을 갖게 한다. 두루마기를 걸칠 수 있는 상태라면 순교자들은 어떤 형태의 육체를 소유하고 있다는 말인가? 그런데 성경은 대환난 동안 순교당한 성도들은 대환난이 끝날 때까지 부활의 몸을 받지 못할 것이라고 분명히 밝히고 있다계 20:4-6.

사실 학자들의 의견도 두 가지로 나뉜다. 순교한 성도들이 부활의 육체를 받기 전까지 천국에 적합한 육체를 일시적으로 받게 된다는 학설과 대환난이 끝날 때까지 천국에서 영적으로 존재할 것이라는 학설이 있다. 이에 대해 존 월부르드 박사는 계시록의 말씀을 근거로 한 가지 타당한 해답을 제시하고 있다. '여기에서 묘사하고 있는 순교한 성도들은 죽은 자들 가운데서 들림을 받지도 않았고 부활한 육체를 받지도 않았다. 그러나… 그들은 두루마기를 받는다. 두루마기를 받는다는 것은 그들이 어떤 종류이든 육체를 소유하고 있음을 의미한다. 두루마기는 무형의 영혼에게는 걸쳐질 수 없는 것이기 때문이다. 하지만 그 육체는 이 땅에서 소유하고 있는 종류의 몸이 아니요, 그리스도가 부활하신 이후에 가지시고 우리도 갖게 될 살과 뼈가 있는 부활의 몸도 아니다. 그 육체는 천국에 적합한 일시적인 몸으로서 그리스도가 다시 오실 때에 영원한 부활의 몸으로 대체될 것이다'[미주9].

3. 쉼

순교자들이 자신들의 죽음에 대한 응징을 언제까지 기다려야 하는지를 묻자 하나님은 '잠시 동안'이라는 답을 주셨다계 6:11. 다섯째 인이 떼어지는 시기는 대환난을 두 기간으로 나눌 때, 첫 번째 기간에 속하기 때문에 믿는 자들의 고난과 순교는 계속될 것이다. 아직 그 수가 차지 않았기 때문에 주님은 심판을 원하는 그들의 간구에 응답하지 않으신다. 그들의 '동역자'와 '형제자매들'은 그동안 죽음의 고통을 감내해야 한다. 순교자들의 두 번째 무리가 죽임을 당할 때 하나님의 심판이 내려질 것이다. 그동안 순교자들은 원수를 물리칠 순간을 기다리며 쉴 수 있다.

> 또 내가 들으니 하늘에서 음성이 나서 이르되 기록하라 지금 이후로 주 안에서 죽는 자들은 복이 있도다 하시매 성령이 이르시되 그러하다 그들이 수고를 그치고 쉬리니 이는 그들의 행한 일이 따름이라 하시더라(요한계시록 14:13)

4. 심판

순교자들이 외치던 천국 제단에서 한 천사가 예리한 낫을 들고 나타날 것이다계 14:18. 그 천사는 그들의 원수를 갚아주기 위해 보내심을 받은 심판의 천사이다. 천사는 "낫을 땅에 휘둘러 땅의 포도를 거두어 들일 것"인데19절, 이는 인간의 악한 행실에 대한 심판을 상징한다. 그런 다음 그는 "하나님의 진노의 큰 포도주 틀"에 거둬들인 포도를 던질 것이다19절. 이 예언은 이렇게 마무리된다. "성 밖에서 그 틀이 밟히니 틀에서 피가 나서 말 굴레에까지 닿았고 천육백 스다디온에 퍼졌더라"20절.

이 말씀은 성경에서 인간의 악한 행실에 대한 하나님의 분노를 가장 생생하게 표현하고 있다. 하나님이 사악한 자를 짓밟고 포도주 틀에서 흘러나오는 액처럼 그들의 피가 멀리 퍼져감으로써 순교자들의 기도는 응답받게 된다.

5. 보상

순교한 성도들은 천국에서 영원한 영광을 누리겠지만, 그 전에 천 년 동안 이 땅에서 영광을 받게 될 것이다. "또 내가 보좌들을 보니 거기에 앉은 자들이 있어 심판하는 권세를 받았더라 또 내가 보니 예수를 증언함과 하나님의 말씀 때문에 목 베임을 당한 자들의 영혼들과 또 짐승과 그의 우상에게 경배하지 아니하고 그들의 이마와 손에 그의 표를 받지 아니한 자들이 살아서 그리스도와 더불어 천 년 동안 왕 노릇 하니"계 20:4. 천 년 동안 성도들은 그들이 세상에 살면서 누릴 수 없었던 공의와 평화를 경험하게 될 것이다. 그들은 부활을 체험한 후에 그리스도의 정의롭고, 거룩하고, 기쁨이 넘치는 왕국에서 그분과 더불어 왕국을 다스리게 될 것이다.

순교자의 용기

서기 203년, 비비아 페르페두아는 카르타고 귀족 출신의 스물두 살 난 아름다운 여인이었다. 그녀는 엄마의 손길이 필요한 어린 아들을 두고 있었다. 세티미우스 세베루스 황제가 유대교와 기독교에 대한 금지령을 내렸을 때 그녀는 성경을 배우고 있었다. 결국 기독교 금지령을 무시한 채 세례를 받았는데, 이틀 후 개종으로 인해 고발당했고 투옥되어 사형을 언도 받았다.

페르페두아의 아버지는 그녀의 아들을 안고 감옥으로 찾아와서 그리스도를 부인하고 목숨을 구하라고 간곡히 부탁했다. 아버지는 말했다. "이 늙은 아비를 불쌍히 여겨다오. 아비에게 가혹한 고통을 안기지 말아다오. 가족들을 생각해 보렴. 또 너 없이는 살 수 없는 이 작은 생명을 보렴. 부디, 우리 모두를 죽게 하지 말아다오."

페르페두아는 슬퍼하는 아버지의 모습에 눈물을 흘리며 위로했다. "아버지, 이 주전자가 보이시죠? 이것이 주전자가 틀림없는데도 아버지는 다른 이름으로 부르실 수 있겠어요? 저도 마찬가지예요. 제가 그리스도인인데 어떻게 다른 이름으로 제 자신을 부르겠어요? 이번 재판에서 하나님의 뜻이 이루어지겠지요. 모든 것이 우리의 뜻이 아닌 하나님의 뜻대로 이루어질 거예요." 그녀의 아버지는 슬피 울며 돌아갔다.

3월 7일, 페르페두아와 또 다른 그리스도인 여인이 원형경기장으로 끌려갔다. 채찍에 맞은 후 그들은 사나운 야생 소의 공격을 받았다. 페르페두아는 소의 공격을 받아 쓰러졌고, 몸이 으스러지도록 짓밟혔지만 목숨이 끊어지지 않았다. 그러자 검투사가 나와 그녀를 칼로 찔러 죽였다[미주10].

그리스도인들의 순교를 생각할 때, 우리는 페르페두아의 이야기와 같은 옛 증인들의 이야기를 떠올린다. 그러나 생명을 불사한 순교는 옛 이야기가 아니다. 오늘날에도 전 세계에서 수많은 그리스도인이 순교를 당하고 있다.

2005년 여름, 스물한 살의 리피알 마란디와 스물일곱 살의 타판 쿠마 로이라는 방글라데시의 두 청년은 자신의 집에서 손님들에게 예수님에 대한 영화를 상영하고 있었다. 그 일을 그만두지 않으면 목숨을 잃게 될 것이라는 협박이 계속되었지만, 그들은 뜻을 꺾지 않았다. 결국 살인자들이 집으로 잠입하여 그들을 살해했다[미주11].

이런 이야기는 드물지 않다. 통계 자료를 보면 오늘날 전 세계에서 오 분마다 네 명의 그리스도인이 순교를 당하고 있다고 한다. 그 사례들은 다음과 같다.

- 20세기에 순교한 그리스도인의 숫자가 그 전 세기에 순교한 그리스도인의 수를 합친 숫자보다 많다.
- 북한은 기독교가 금지되어 있기 때문에 현재 오만 명의 그리스도인이 강제 수용소에 감금되어 있다.
- 세계 193개 국가 가운데 65개 이상의 국가에서 그리스도인들이 핍박을 받고 있다.
- 2013년 나이지리아에서는 약 300개의 교회가 폐쇄되었고, 612명의 그리스도인이 죽임을 당했다.
- 2010년 이후로 이란에서는 예배를 감시하고 기독교로 개종한 사람들을 체포하고 있다.
- 인도에서는 반개종법이 다섯 개 주에서 채택되었는데, 이 법은 예배를 방해하고 그리스도인들을 공격하는 구실로 사용되고 있다. 목회자들이 구타를 당하거나 살해되고, 교회 건물이 파괴되며, 개종자들은 고향으로 쫓겨나는 일이 빈번하게 발생한다.
- 이라크에서는 사담 후세인의 몰락 이후 백오십만 명의 그리스도인 가운데 백만 명 이상이 거세지는 핍박으로 인해 나라를 떠나야 했다.
- 2013년 8월, 이집트에서는 그리스도인을 공격하는 폭력의 증가로 인해 38개의 교회가 불에 타서 전소되었고, 23개의 교회가 피해를 받았다[미주12].

역사뿐만 아니라 현재 일어나고 있는 사건들을 보아도 핍박과 순교는 그리스도인의 증거가 된다. 요한계시록 6장에서 보듯이 미래에도 그러할 것이다. 이 세상의 타락하고 사악한 군주가 선하고 거룩한 모든 것을 소멸시키고자 하는 계획을 방해하는 그리스도인들을 참고 있을 리가 만무하기 때문이다.

3
chapter

144,000

Agents of the Apocalypse

이야기 속으로

엘리 야곱은 머리를 숙이고 어깨를 축 늘어뜨린 채 회당을 나와 집으로 터벅터벅 걸어갔다. 정통 유대학자인 그는 쉰여섯 살인 자신의 나이보다 더 늙어 보였다.

엘리는 의기소침해 있었다. 이스라엘 하데라에 있는 신자들의 숫자가 언젠가부터 가뭄에 물 마르듯 줄어들어 열두 명이 되었다. 더 이상 랍비를 지원할 수 없게 되자 신도들은 한때 예루살렘 히브리 대학의 종교학 교수였던 엘리에게 민간 지도자가 되어 달라고 부탁했다. 가정을 책임지지 않아도 되는 엘리는 딱히 거절할 이유가 없었다. 그는 학문에 깊이 심취해 결혼도 하지 않았기 때문이다.

유대교에 일생을 바쳤음에도 엘리는 가끔 자신이 믿는 종교가 잘못된 길로 가고 있다는 생각을 했었다. 이스라엘에 있는 대부분의 유대인들은 시오니스트였지만 세속적인 면이 강했다. 사실 이제 와서 메시아가 오실 거라고 기대하는 사람도 거의 없었다. 종교에 헌신하고 있으면서도 그 역시 아무 감정이나 생각 없이 기계적으로 임무를 수행할 때가 많았다.

어느 날 저녁, 엘리는 피곤한 중에도 집에서 공부를 하고 있었다. 그의 라디오는 평소처럼 텔아비브의 클래식 채널에 맞춰져 있었다. 그는 책상 위에 펼쳐진 토라를 응시하고 있었는데, 때마침 라디오에서 흘러나오는 합창곡이 그의 마음을 사로잡았다.

그 노래의 가사는 이렇다. 지쳐있던 작곡가가 오르간에 앉아 무심하게 건반을 치고 있었는데, 자신도 모르게 훌륭한 화음을 만들어 내고 있었다. 작곡가는 그 화음을 다시 떠올리기 위해 안간힘을 썼지만 실패했다. 결국 그는 오직 천국에서만 그 화음을 다시 들을 수 있음을 깨달으며 마음을 접는다.

"이 노래는 마치 내 이야기 같아." 엘리는 중얼거렸다. "종종 표현하기 힘든 무언가가 떠오르는데, 그것을 정확하게 알고 싶어 다시 떠올리려고 해도 생각이 나지 않거든." 그는 토라를 덮고 잠이 들었다.

다음날 아침 엘리는 여느 때와 같이 단골 식당에 가서 항상 먹던 음식을 주문했다. 그런데 잠시 후 스코틀랜드 억양이 섞인 굵직한 목소리가 자신의 이름을 부르는 소리를 들었다. 고개를 들어보니 육십 대 정도 되어 보이는 백발의 남자가 서 있었다.

"야곱 교수님?" 그 남자가 물었다.

엘리는 고개를 끄덕였다.

"저는 윌리스 던컨이라고 합니다. 에딘버러에 있는 선교회에서 이곳 하데라로 파송받은 개신교 목사입니다. 실례지만 잠시 앉아도 될까요?"

엘리는 또 다시 고개를 끄덕였다.

"오래전부터 교수님을 뵙고 싶었습니다." 던컨은 말했다.

"교수님과 저는 이 도시에서 유일하게 비무슬림 종교지도자일 테니까요. 비록 종교는 다르지만, 사역을 시작하면서 방향을 제대로 잡을 수 있도록 교수님의 도움을 구하고 싶습니다."

목사는 자신의 사역에 대해 설명하기 시작했다. 현재 하데라에는 일흔 다섯 명 정도의 그리스도인이 있는데, 그들이 선교회에 목회자를 보내 달라고 오랫동안 간청해 왔다는 것이다. 그래서 그는 뿔뿔이 흩어져 있는 가정교회를 하나로 통합하라는 임무를 받고 이곳에 파송되었다.

"그 말을 들으니 하데라에는 헌신된 유대인보다 헌신된 그리스도인이 더 많은 것 같군요." 엘리가 고개를 흔들며 말했다.

이야기가 계속될수록 두 사람은 서로에게 공통점이 아주 많다는 사실을 알게 되었다. 그들은 비슷한 책과 음악을 좋아했고, 미국 야구의 열렬한 팬이었다. 한 시간 쯤 지나 헤어지면서 그들은 다음 금요일에도 다시 만나기로 약속했다.

삼 주 연속으로 두 사람은 금요일마다 함께 아침 식사를 했고, 둘 사이의 우정은 점점 더 깊어졌다. 현재 유럽의 혼란으로 인해 막강해지는 영국 수상 유다 크리스토퍼의 영향력에 대해 이야기를 나누었다. "유럽 연합이 정치 체제를 하나로 통합하고, 크리스토퍼를 수상으로 삼으려 한다는 소문이 들리더군요." 엘리가 말했다.

"그 현상은 전 세계적으로 일어날 엄청난 격변에 비하면 작은 미진에 불과합니다. 당신은 타나크라고 부르고, 그리스도인들은 구약이라고 부르는 책에 이미 자세히 예언되어 있지요. 그리고 그중 일부는 신약에도 기록되어 있습니다." 던컨이 대답했다.

침묵을 지키고 있던 엘리의 미간 주름이 더욱 깊어지는 듯했다.

"교수님의 표정은 무얼 의미하는 거죠?" 던컨이 물었다.

던컨에게는 상대방이 쉽게 마음을 털어놓게 만드는 신비한 힘이 있었다. 엘리는 인생을 송두리째 바쳐왔던 자신의 신앙에 대한 의문들을 마구 쏟아냈고, 이야기를 끝낸 후에는 씁쓸한 미소를 지었다. "나는 내 자신이 진정으로 유대교를 믿고 있는지 의심스러운 정통파 유대인입니다."

던컨은 잠시 동안 아무 말도 하지 않고 있다가 조심스레 질문했다.

"엘리, 기독교에 대해 많이 알고 있습니까?"

"주워들어 알고 있는 것뿐입니다. 제대로 공부해 본 적은 없으니까요."

"당신이 제 말을 공격적으로 듣지 않았으면 좋겠군요. 타나크의 예언 대부분이 기독교에서 어떻게 성취되었는지 궁금하지 않으세요?"

"네, 들을 준비가 되어 있습니다." 그런 대답을 하고 있는 자신에 대해 엘리는 놀라움을 금치 못했다.

"좋습니다. 그럼 다음 금요일 아침부터 시작해 봅시다."

다음 금요일 아침, 던컨 목사를 만나기 위해 식당으로 들어오는 순간부터 엘리는 이상한 느낌을 받았다. 목사 친구는 그곳에 없었고, 카페 손님들과 종업원들이 TV 주변에 모여 웅성거리고 있었다.

"무슨 일입니까?" 그가 물었다.

여종업원 한 사람이 TV에서 눈을 떼지 못한 채 대답했다. "이스라엘에서 수천 명의 사람이 한순간에 사라졌다는군요. 지구에서 흔적도 없이 증발했대요. 하데라에서는 일흔 다섯 명이 사라졌다고 하더군요."

"전 세계적으로 따지면 사라진 사람이 몇 백만 명이라고 합니다." 손님 한 명이 거들었다. "세계 곳곳에서 재난이 일어났고, 텔아비브에서만도 두 건의 비행기 사고가 있었대요."

그 목사 역시 사라진 사람들 가운데 한 명일까? 엘리는 의문이 들었다.

음식을 먹다 말고 집으로 돌아온 엘리는 서둘러 뉴스를 켰다. 모든 채널에서 재난에 대한 소식을 전하고 있었다. 어느 날 갑자기 수많은 사람이 동시에 사라져 버렸다. 그런데 뉴스를 보다가 사라진 사람이 모두 그리스도인이고,

미국과 영국 목사들 가운데 사분의 일 정도는 남겨졌다는 사실을 알게 되었다. "그리스도인들만 사라졌다고?" 그 순간 생각이 복잡해졌다. 엘리는 머리를 흔들며 혼자 중얼거렸다. "이게 무슨 의미지? 우선 기독교에 대해 알아봐야겠어."

다음 몇 주 동안 그는 회당의 신자들과 함께 타나크의 예언들에 대해 공부하기 시작했다. 하지만 사도행전에 나오는 에디오피아의 환관처럼 자신들이 읽고 있는 것에 대해 설명해 주는 사람이 없어 허우적거릴 뿐이었다. 엘리는 실망을 금치 못했다.

"자칭 예언자들이 예루살렘에 혼란을 초래하다." 텔아비브 신문의 헤드라인이었다. 그 기사를 읽는 내내 엘리의 심장은 빠르게 뛰기 시작했다. 자신들을 증인이라고 지칭하는 이름을 알 수 없는 두 명의 목사가 거리에서 유대인들을 향해 죄를 회개하고, 랍비 예수를 참되신 메시아로 인정하며 거룩한 민족으로 택함 받은 옛 부르심으로 되돌아가야 한다고 외치고 있었다.

엘리는 그만 신문을 떨어뜨리고 말았다. "내가 가진 의문들에 답을 줄 수 있는 적임자를 찾았어! 그는 예루살렘으로 가는 버스에 올라탔다.

그곳에 도착했을 때 엘리는 '두 증인'이라고 불리는 두 명의 남자가 예루살렘의 공원에서 자주 설교를 한다는 이야기를 듣게 되었다. 그는 택시를 타고 바로 그곳으로 향했다. 공원은 산책하는 커플들과 조깅하는 사람들, 소풍 나온 가족들로 붐비고 있었다. 그런데 멀리서 이상한 소리가 들려왔다. 욕설과 고성이 뒤섞인 소음이었다. 그 소리를 따라가 멀찍이 서서 보니 성난 군중이 벤치에 서 있는 두 남성에게 썩은 과일과 상한 계란을 던지고 있었다. 얼마 지나지 않아 경찰들이 나타나 군중을 해산시켰다.

검은색의 낡은 옷을 입고 있던 두 사람은 수돗가를 향해 성큼성큼 걸어갔다. 그들이 더러워진 옷을 물로 씻고 있을 때, 엘리는 두 사람에게 가까이 다가갔다. 둘 중 더 키가 큰 사람이 엘리를 보더니 말을 걸어왔다.

"안녕하십니까, 엘리 야곱 교수님."

깜짝 놀란 엘리는 입을 다물지 못했다. "네? 저를 아시죠?"

"하나님이 알려 주셨거든요. 저희는 당신이 하데라를 떠나 이곳으로 오고 있다는 사실도 이미 알고 있었습니다."

엘리는 믿을 수가 없었다. "대체 당신들은 누구십니까?"

"저희는 하나님의 예언자들입니다. 이쪽으로 오세요. 편하게 이야기를 나눌 만한 곳을 찾아봅시다."

그들은 삼나무 그늘이 있는 공원 벤치로 그를 안내했다. 그곳에서 엘리는 자꾸만 커져가는 유대교에 대한 의문과 타나크의 예언이 현재 일어나고 있는 일들과 무슨 상관이 있는지를 알아내기 위해 애를 썼지만 헛된 시도였다는 사실까지 모두 털어놓았다.

"기독교의 신약성경인 요한계시록을 읽어보신 적이 있는지요?" 키가 작은 남자가 물었다. 읽어본 적이 없다고 말하자 그는 말했다. "그렇다면 우리와 함께 계시록을 읽어봅시다. 내일 당신의 타나크를 가져오세요. 우리는 성경을 가져오겠습니다. 당신이 한 번도 의심해 본 적 없던 진리에 대해 눈을 뜨게 될 것입니다."

며칠 동안 두 증인은 다니엘이나 에스겔 같은 유대인의 예언서가 어떻게 요한계시록과 짝을 이루고 있는지를 엘리에게 설명해 주었다. 또 그 예언들과 현재 세상에서 일어나고 있는 사건들을 비교해 보기도 했다. 특히 휴거가 일어난 후 혼란을 수습하는 과정에서 유럽에서 영향력을 넓혀가는 유다 크리스토퍼에 대해 강조하여 말했다. "이런 사건들은 우리가 공부하고 있는 책에 예언된 재난에 비하면 그림자에 지나지 않습니다."

엘리는 모든 것을 받아들이기 위해 애를 쓰면서 고개를 끄덕였다.

"우리가 무엇을 할 수 있는지 알고 싶군요."

"하나님은 그분의 택하신 백성인 유대인들을 그분께로 돌아오게 하기 위해 복음을 전할 그리스도인들을 택하셨습니다. 사실 당신을 우리에게 보내신 분은 하나님이시지요. 왜냐하면 당신에게 그 역할을 맡기셨기 때문입니다. 당신은 모든 유대인에게 복음을 전해야 합니다."

"하지만 나는 평범한 사람입니다. 어떻게 내가…"

"아닙니다. 당신은 평범한 사람이 아니에요. 아합 왕 시대의 엘리야 그 이상입니다. 바알에게 절하지 않았던 칠천 명의 이스라엘 백성을 하나님이 지켜보고 계셨듯이 그분은 당신처럼 전 세계에 복음을 전할 유대인 지도자들을 선택해 놓으셨습니다. 그들 모두 휴거 이후 회심한 사람들입니다."

"당신도 알겠지만 당신은 하나님이 보내신 첫 번째 전도자가 아닙니다." 다른 남자가 말했다. "당신과 같은 사람들이 곧 144,000명이 될 것입니다. 이스라엘 각 지파에서 12,000명씩, 그들이 그리스도가 다시 오실 때까지 세계 복음화 운동을 주도하게 될 것입니다."

"하지만 저는 그리스도인이 아닙니다."

"아직 준비가 되어 있지 않은 겁니까?"

"아니요. 실은 준비되었습니다." 엘리의 목소리는 침착했지만 기쁨이 담겨 있었다. "나는 예수 그리스도가 하나님의 아들이심을 믿습니다."

그는 그 고백이 자신의 내면 깊이 스며들어오는 느낌을 받았다. "이제 무엇을 하지요?" "내일 다시 오세요. 그러면 알려드리겠습니다."

그날 밤 호텔에서 그는 너무나 아름다운 합창이 멀리서 희미하게 들려오는 꿈을 꾸었다. 하지만 노래가 끝났을 때 마음이 아파오기 시작했다. 불가사의한 일들이 멀지 않은 곳에서 닥쳐오는 느낌이 들었기 때문이다.

오후에 엘리가 공원에 도착했을 때 두 증인을 둘러싼 군중의 소요는 어제보다 훨씬 더 거칠었다. 무리가 두 사람에게 돌을 던지는 모습을 보자 화가 치밀어 오른 엘리는 그만두라고 소리를 지르며 군중을 향해 달려갔다. 그러나 가까이 다가갔을 때 그는 주춤할 수밖에 없었다. 두 증인에게 날아온 돌들은 공중에 물수제비처럼 떠다닐 뿐 두 사람을 해치지 못했다. 허탈해진 군중은 결국 포기한 채 자리를 떠났다. "도대체 어떻게 된 일이죠?" 엘리가 소리쳤다.

"이 돌들이 당신들을 해하지 못하는군요. 어떻게 이런 일이 있을 수 있는 겁니까?"

"우리의 임무가 완성될 때까지 하나님께서 모든 공격으로부터 우리를 지켜주기로 약속하셨습니다." 그들 가운데 한 사람이 말했다.

세 사람은 벤치에 앉아 다시 이야기를 나누었다. 한 증인이 엘리에게 말했다. "엘리, 당신과 다른 전도자들이 세상으로 나가 복음을 전할 때 많은 사람이 당신의 메시지를 받아들이지 않을 것입니다. 방금 보았듯이 당신에게 욕설을 퍼붓는 사람들이 있더라고 잘 견뎌내야 합니다. 기근과 전염병, 지진과 오염 등 이 땅에 대한 하나님의 경고가 세상을 뒤덮을 때 사람들은 당신을 공격하고 자신들의 분노를 당신에게 풀려고 할 것입니다."

엘리가 말했다. "하지만 배신한 우리 민족이 본래의 부르심대로 돌이킬 수만 있다면 가치 있는 일이겠지요."

"바로 그겁니다!" 키가 큰 증인이 말했다. "한 가지 좋은 소식도 알려드려야겠군요. 하나님은 그 목적을 성취하기 위해 당신을 보호해 주실 겁니다."

하데라로 돌아온 엘리는 용기와 자신감으로 가득 차 있었다. 돌아오는 안식일에 그는 열두 명의 유대교 교인에게 자신이 경험했던 일들을 증거 하였다. 또 타나크가 신약의 예언과 어떻게 연관되어 있는지, 그 예언들이 그리스도인들이 사라진 사건을 어떻게 설명하고 있는지, 앞으로 세상에서 일어나게 될 사건들을 어떻게 예언하고 있는지에 대해서도 이야기해 주었다. 그들 가운데 세 명의 젊은이가 그의 이야기를 듣고 그 자리에서 그리스도인이 되었다. 나머지 사람들은 회당을 나가면서 수군거렸다. "어떻게 하루아침에 우리의 전통과 유산을 배신할 수 있지?"

엘리와 세 명의 새신자는 십만 명이 살고 있는 이 도시에서 자신들이 유일한 그리스도인이라는 사실을 알고 있었다. 그들은 오후에 엘리의 집에서 다시 만났다.

엘리는 그들에게 앞으로 직면할 일들을 설명해 주었다. "예언에 따르면 끔찍한 핍박이 이스라엘과 전 세계의 유대인들에게 가해질 것입니다. 우리는 우리 민족에게 부활하신 예수님이 참 메시아이심을 전파하여 그들이 죄를 자백하고, 하나님의 거룩한 백성으로서의 역할을 다시 감당할 수 있도록 설득해야 합니다."

놀랍게도 세 청년 모두 주님의 다급한 부르심을 느꼈고, 기꺼이 복음 전파에 헌신할 준비가 되어 있었다. 한 사람은 영국으로, 한 사람은 뉴욕으로, 나머지 한 사람은 독일로 출발했다.

엘리는 이스라엘에 남아 사도 바울이 했던 것처럼 지방 곳곳의 회당을 찾아다니면서 복음을 선포하였다. 대부분의 회당 랍비들은 그의 설교가 채 끝나기도 전에 그를 쫓아냈다. 그러나 많은 사람이 그의 메시지에 반응했다. 참석자의 삼분의 일 또는 사분의 일 정도가 말씀을 듣고 복음을 받아들였다. 게다가 그들 가운데 서너 명은 전도자로서의 부르심을 깨닫고 복음 전파에 헌신했다. 엘리는 그 사실에 감동받았다.

오래지 않아 전 세계적으로 복음을 전하는 유대인 전도자가 144,000명에 달하게 되었다. 두 증인이 예언했던 재난들이 끝까지 회개하지 않는 세상에 임하기 시작하자 사람들은 그 재앙의 책임을 회심한 유대인들에게 돌리기 시작했다. 전도자들이 두 증인이 받았던 모욕과 욕설, 분노를 받는 데는 오랜 시간이 걸리지 않았다.

사람들은 그들을 미워했다. 그들이 전하는 메시지뿐만 아니라 자신들의 추악함을 드러내는 그들의 거룩하고 정결한 삶조차도 싫어했다. 사람들은 복음을 전하는 전도자들을 욕하고 저주하며 공격했다. 그러나 주님의 보호하심으로 전도자들은 어떤 해나 상처도 입지 않았다.

휴거가 일어난 후 삼 년 반 동안 세상은 새로운 충격으로 동요되고 있었다. 유다 크리스토퍼가 기근과 자연재해 같은 대재앙을 근거로 예루살렘 성전을 모독했고, 전례 없는 반유대주의의 공포 정치를 시행했다.

크리스토퍼는 악랄하고 잔인무도했다. 그는 유럽 연합의 수장으로 선출된 후 막강한 경제적, 군사적 힘으로 나머지 나라들을 자신의 발아래 두었다. 전 세계적으로 자연재해가 기하급수적으로 늘어났기 때문에 어느 나라를 막론하고 사상 초유의 죽음과 참상을 겪어야 했다.

엘리와 144,000명의 전도자는 남은 시간이 얼마 남지 않았음을 느끼며 참회를 촉구하는 외침을 하루하루 이어갔다. 그들의 외침에 대한 반응은 감동적인 회심과 극렬한 거부가 혼재되어 있었다. 하지만 전도자들은 사랑과 정결함의 모범을 보이며 마지막까지 빛의 사명을 감당하고 있었다.

한편 크리스토퍼의 폭정으로 인해 전 세계에서 반란과 소요가 일어났다. 크리스토퍼는 유대인에 대한 증오심을 조장하여 이스라엘을 완전히 파괴하려는 군사작전을 계획하고 있었다.

엘리 야곱은 하데라에 있는 오두막에서 폭탄 터지는 소리와 미사일 소리, 비행기 소리를 들었다. 크리스토퍼의 군대와 그에 대항하는 반란군의 전쟁이 이스라엘 전역으로 퍼져나갔다. 엘리는 라디오를 통해 엄청난 숫자의 중국 군대가 유프라테스 강을 건너 크리스토퍼와 싸우기 위해 전진하고 있다는 소식을 들었다. 대환난의 끝이 가까이 다가오고 있었다. 그 사실을 확신하자 그의 마음은 평화로워졌다.

그날 밤 그는 실제와 구별할 수 없을 만큼 생생한 꿈을 꾸었다. 그는 상상 이상의 화려한 곳에 서 있었는데, 그 앞에는 보석 같이 영롱한 빛깔의 빛나는 무지개에 둘러싸인 커다란 보좌가 놓여 있었고, 그 보좌 앞에는 유리처럼 맑고 부드러운 바다가 펼쳐져 있었다. 또한 그 바다에는 멋진 생물들이 노닐고 있었다.

그는 자신 앞에 펼쳐져 있는 장엄한 광경에 완전히 매료되었다. 그러다가 문득 자신이 혼자가 아님을 깨달았다. 그의 옆에는 자신이 영국으로 파송했던 청년 전도자가 있었고, 놀란 눈으로 주변을 살펴보니 메시아를 전파하기 위해 보내심을 받은 144,000명이 그와 함께 서 있었다.

그때 엘리 야곱은 사람들과 함께 노래를 부르기 시작했다.

"바로 이 노래야!" 그는 환호성을 질렀다.

그 노래는 꿈에서 깨면 늘 기억이 날듯 말듯했던 바로 그 곡조였다.

그는 한 번도 경험하지 못했던 기쁨으로 목소리를 높였다. 하나님을 찬양하면서 그는 이것이 꿈이 아님을 깨달았다. 그는 천국 보좌 앞에 서 있었다.

성경 속으로

대환난이 일어나는 동안 적그리스도는 예루살렘에 있는 지성소에서 자신의 능력을 극대화하고, 자기 자신을 높이기 위한 작전을 도모할 것이다. 그러나 그가 자신의 모습대로 만든 신상에 절하지 않는 사람들을 핍박하는 동안 영적인 대각성이 일어날 것인데, 그 영적 각성은 유대인 전도자로 인침을 받은 144,000명의 사역을 통해 이루어질 것이다.

그들에 관한 이야기는 시련과 환난 가운데서도 하나님은 그분의 백성을 친히 돌보아 주신다는 사실과 로마서의 "하나님이 그 미리 아신 자기 백성을 버리지 아니하셨나니"롬 11:2라는 말씀을 증명해 준다.

대환난 기간에도 주님을 신실하게 섬겨왔던 144,000명에 관한 이야기는 요한계시록 7장 1-8절과 14장 1-5절을 근거로 구성했다. 이제 이 부분에 대해 성경이 우리에게 말해 주고 있는 바를 좀 더 살펴보자.

그들은 이스라엘 열두 지파에서 선택 받는다

내가 인침을 받은 자의 수를 들으니 이스라엘 자손의 각 지파 중에서 인침을 받은 자들이 십사만 사천이니(요한계시록 7:4)

성경에 이처럼 확실하게 명시되어 있음에도 불구하고 어떤 학자들은 여전히 144,000명의 증인이 예수 그리스도의 교회의 대표라고 주장한다. 분명히 말하지만 144,000명의 증인은 교회를 대표하는 사람들이 아니다. 먼저 들림을 받은 장로들이 이미 천국에 있는 것과 같이, 교회도 요한계시록 3장과 4장에서 기록된 것처럼 이미 들림을 받았다. 게다가 요한계시록 14장에서 144,000명과 장로들은 천국에서 별개의 그룹으로 자리하고 있다. J.A.세이스의 주장처럼 '이스라엘을 교회로, 유대 민족을 그리스도인으로 해석하는 시도가 성경을 너무 모호하게 만들어 사람들의 믿음을 어지럽힌다'[미주1].

한편, 인침을 받은 증인들은 요한계시록 7장 4-8절에 자세히 나와 있듯이 이스라엘 각 지파에 속한 유대인들이다. 성경 전체에서 열둘 이라는 숫자는 이스라엘과 연관되어 있다. 대제사장은 열두 개의 귀한 보석이 달린 흉배를 입었고, 무교병이 놓인 상에는 열두 덩어리의 떡이 놓여 있었으며, 하나님의 도시에는 열두 개의 문이 있었다. 이 모든 것이 이스라엘의 열두 지파를 상징한다. 또한 마태복음 19장 28절은 예수님이 보좌에 앉으실 때 열두 사도가 "열두 보좌에 앉아 이스라엘 열두 지파를 심판하리라"고 말한다.

그들은 이마에 인치심을 받는다

> 또 보매 다른 천사가 살아 계신 하나님의 인을 가지고 해 돋는 데로부터 올라와서 땅과 바다를 해롭게 할 권세를 받은 네 천사를 향하여 큰 소리로 외쳐 이르되 우리가 우리 하나님의 종들의 이마에 인치기까지 땅이나 바다나 나무들을 해하지 말라 하더라(요한계시록 7:2-3)

위의 말씀에서는 "살아계신 하나님의 인"이 이 땅에서 하나님의 종들을 어떤 방법으로 보호해 주는 지에 대해서 특별한 정보를 주지 않는다. 하지만 요한계시록 14장은 이에 대해 "그들의 이마에는 어린 양의 이름과 그 아버지의 이름을 쓴 것이 있더라"1절고 구체적으로 명시하고 있다. 하나님의 인치심을 받은 백성이 환난과 거룩한 분노로부터 구원을 받은 경우를 우리는 성경 곳곳에서 찾아볼 수 있다.

- 하나님이 이 땅에 홍수를 내리실 때 노아와 그의 가족은 인침을 받아 물이 그들을 상하지 못하게 하셨다(창세기 6-8장).
- 하나님은 롯과 그의 가족이 소돔을 떠나게 하셔서 불과 유황의 심판으로부터 그들을 인치셨다(창세기 19장).
- 이스라엘 백성이 애굽에 있을 때 하나님은 집 앞 문설주에 양의 피를 바르게 하심으로써 모든 유대 가정의 장자를 인치셨다(출애굽기 12장).
- 여리고 성이 무너질 때 하나님은 라합과 그의 식솔들을 자색 실을 통해 인치셨다(여호수아 2, 6장).
- 엘리야는 알아차리지 못했지만, 하나님은 바알에게 절하지 아니한 칠천 명의 이스라엘 백성을 인치셨다(열왕기상 19장).

그들은 살아계신 하나님의 종이다

이르되 우리가 우리 하나님의 종들의 이마에 인치기까지 땅이나 바다나 나무들을 해하지 말라 하더라(요한계시록 7:3)

하나님의 인치심은 외적인 표시가 아니라 도덕적인 증표이다. 이 증인들은 "하나님의 종들"로 묘사되어 있는데, 그들은 적그리스도에게 절하지 않고 전심을 다해 하나님께 헌신한 사람들이다. 예수님이 인치심에 관해 말씀하셨을 때요 6:27, 그것은 성령이 그에게 임하셔서 하나님의 사역을 행하도록 능력을 주시는 것을 가리켰다. 요한계시록 7장에서 말하는 인치심도 아래에 바울이 언급했던 인치심과 같은 의미일 것이다.

> 우리를 너희와 함께 그리스도 안에서 굳건하게 하시고 우리에게 기름을 부으신 이는 하나님이시니 그가 또한 우리에게 인치시고 보증으로 우리 마음에 성령을 주셨느니라(고린도후서 1:21-22)

> 그 안에서 너희도 진리의 말씀 곧 너희의 구원의 복음을 듣고 그 안에서 또한 믿어 약속의 성령으로 인치심을 받았으니(에베소서 1:13)

> 하나님의 성령을 근심하게 하지 말라 그 안에서 너희가 구원의 날까지 인치심을 받았느니라(에베소서 4:30)

요엘 선지자는 마지막 때에 일어날 강력한 사역을 성령의 역사와 연관 지어 말했다.

> 그 후에 내가 내 영을 만민에게 부어 주리니 너희 자녀들이 장래 일을 말할 것이며 너희 늙은이는 꿈을 꾸며 너희 젊은이는 이상을 볼 것이며 그 때에 내가 또 내 영을 남종과 여종에게 부어 줄 것이며 내가 이적을 하늘과 땅에 베풀리

니 곧 피와 불과 연기 기둥이라 여호와의 크고 두려운 날이 이르기 전에 해가 어두워지고 달이 핏빛 같이 변하려니와 누구든지 여호와의 이름을 부르는 자는 구원을 얻으리니 이는 나 여호와의 말대로 시온 산과 예루살렘에서 피할 자가 있을 것임이요 남은 자 중에 나 여호와의 부름을 받을 자가 있을 것임이니라(요엘 2:28-32)

요엘 선지자가 묘사하고 있는 것처럼 144,000명이 성령의 능력에 사로잡혀 대환난이 일어나는 동안 기적에 참여하게 될 것이다.

그들은 구별되었다

이 사람들은 여자와 더불어 더럽히지 아니하고 순결한 자라(요한계시록 14:4)

이 말씀은 주석가들 사이에서 다양하게 해석되고 있다. 많은 학자들은 "여자와 더불어 더럽히지 아니하고"라는 말의 뜻을 영적인 간음을 저지르지 않았다는 의미로 해석한다고후 11:2, 약 4:4. 나도 한때 그렇게 이해했었다. 하지만 그런 해석보다는 하나님의 인치심을 받은 종들이 남자이며 독신일거라고 추정하는 것이 합당해 보인다.

대환난을 이해한다면 144,000명의 전도자가 가정을 갖기 어려웠을 거라는 상황을 충분히 짐작할 수 있다. 바울 또한 고린도전서 7장에서 독신으로 사는 것에 대해 이렇게 말한 바 있다. "형제들아 내가 이 말을 하노니 그 때가 단축하여진 고로 이 후부터 아내 있는 자들은 없는 자 같이 하며… 너희가 염려 없기를 원하노라 장가가지 않은 자는 주의 일을 염려하여 어찌하여야 주를 기쁘시게 할까 하되 장가 간 자는 세상 일을 염려하여 어찌하여야 아내를 기쁘게 할까 하여… 오직 너희로 하여금 이치에 합당하게 하여 흐트러짐이 없이 주를 섬기게 하려 함이라"29, 32-33, 35절.

흐트러짐 없이 하나님을 섬겨야 할 때가 있다면 대환난 때가 아니겠는가!

그들의 믿음은 강하다

> 어린 양이 어디로 인도하든지 따라가는 자며 사람 가운데에서 속량함을 받아 처음 익은 열매로 하나님과 어린 양에게 속한 자들이니 그 입에 거짓말이 없고 흠이 없는 자들이더라(요한계시록 14:4-5)

대환난 때에 유대인 증인들은 훌륭한 인격과 삶의 모범을 통해 이스라엘에 대부흥을 일으킬 것이다. 이러한 증인들의 진실하고 충성된 복음 선포로 수백만 명이 그리스도께로 돌아올 것이다. 이는 놀라운 일이 아니다. 세상의 죄악에 물들지 않고 생각과 말이 정결한 144,000명의 전도자가 얼마나 큰 영적 능력을 발휘하게 될지 상상해 보라!

그들은 다가올 심판으로부터 해를 입지 않는다

> 이 일 후에 내가 네 천사가 땅 네 모퉁이에 선 것을 보니 땅의 사방의 바람을 붙잡아 바람으로 하여금 땅에나 바다에나 각종 나무에 불지 못하게 하더라 또 보매 다른 천사가 살아 계신 하나님의 인을 가지고 해 돋는 데로부터 올라와서 땅과 바다를 해롭게 할 권세를 받은 네 천사를 향하여 큰 소리로 외쳐 이르되

우리가 우리 하나님의 종들의 이마에 인치기까지 땅이나 바다나 나무들을 해하지 말라 하더라(요한계시록 7:1-3)

요한계시록 6장의 마지막 절은 중요한 질문을 던지고 있다.

그들의 진노의 큰 날이 이르렀으니 누가 능히 서리요(17절)

이어서 7장은 요한의 환상을 통해 이 질문에 대한 답을 제시해 준다. 그는 "천사가 네 모퉁이에 선 것"을 보았는데, 천사들은 마치 사냥꾼이 사나운 개들의 목줄을 잡고 있는 것처럼 끔찍한 하나님의 심판의 바람을 붙잡고 있었다. '네 모퉁이'라는 말은 네모난 땅을 의미하는 것이 아니라 나침반의 사분면을 나타낸다. 즉 요한은 사방에서 강하게 불어와 땅을 더럽히는 파괴적인 바람이 천사들에 의해 저지되고 있다고 말한다. "우리가 우리 하나님의 종들의 이마에 인치기까지 땅이나 바다나 나무들을 해하지 말라 하더라"3절. 이 천사는 신실한 144,000명의 전도자를 하나님의 심판으로부터 안전하게 지켜줄 것이다.

그들은 대환난 가운데서도 안전하다

또 내가 보니 보라 어린 양이 시온 산에 섰고 그와 함께 십사만 사천이 서 있는데 그들의 이마에는 어린 양의 이름과 그 아버지의 이름을 쓴 것이 있더라(요한계시록 14:1)

느부갓네살 왕의 풀무불에서 살아남은 세 명의 히브리인처럼 144,000명의 인침 받은 유대인은 대환난 기간 동안 적그리스도로부터 보호받을 것이다. 마크 히치콕은 승리의 장면을 이렇게 그리고 있다. '요한계시록 14장 1-5절에서 요한은 대환난이 끝날 때 144,000명이 당당히 예루살렘의 시온산에 서 있는 모습을 보게 된다. 그의 눈에 보이는 사람은 143,999명이 아니었다. 우리 주님은 144,000명 모두를 거룩한 모습으로 지켜 주셨다. 어느 한 사람도 간과되지 않았다'[미주2]

그들은 훌륭하게 자신의 사역을 완수한다

> 이 일 후에 내가 보니 각 나라와 족속과 백성과 방언에서 아무도 능히 셀 수 없는 큰 무리가 나와 흰 옷을 입고 손에 종려 가지를 들고 보좌 앞과 어린 양 앞에 서서 주님께 거룩한 모습으로(요한계시록 7:9)

그리스도의 재림 전에 이 땅에서 대대적인 회복운동이 일어날 것이라는 이야기를 들어 본 적이 있을 것이다. 나는 이 주장이 사실이기를 소망할 뿐이다. 그러나 데살로니가후서 2장에서 볼 수 있듯이 오히려 '배교하는 일'이 많아질 것이다3절.

대대적인 각성은 휴거가 일어난 이후인 대환난 기간 동안 있을 것이고, 144,000명의 인침 받은 유대인 전도자들이 그 회복운동을 이끌 것이다. 그들은 세상에 복음을 전파할 능력을 입게 될 것이고, 그 결과는 세상이 지금까지 경험하지 못했던 부흥으로 나타날 것이다. 두 증인의 영향력과 전 세계적인 재앙의 파급력으로 말미암아계 11장 144,000명의 유대인 전도자는 예수 그리스도의 복음으로 세상을 뒤덮을 것이고, 수백만 명이 구원을 얻게 될 것이다.

요한은 새로이 구원받은 자들을 "아무도 능히 셀 수 없는 큰 무리"계 7:9라고 표현하고 있는데, "각 족속과 방언과 백성과 나라"5:9; 11:9, 13:7, 14:6 참고로부터 그들을 부를 것이라고 분명히 말하고 있다. 이 방대한 복음 사역은 예수님의 감람산 설교를 완성시킬 것이다. "이 천국 복음이 모든 민족에게 증언되기 위하여 온 세상에 전파되리니 그제야 끝이 오리라"마 24:14

그들은 하나님 나라에서 구별될 것이다

> 내가 말하기를 내 주여 당신이 아시나이다 하니 그가 나에게 이르되 이는 큰 환난에서 나오는 자들인데 어린 양의 피에 그 옷을 씻어 희게 하였느니라(요한계시록 7:14)

144,000명의 유대인 전도자는 7년 간의 큰 환난이 일어나는 동안에도 특별한 보호를 받게 될 것이고, 새천년이 시작될 때 그리스도와 그분의 영화로운 교회와 더불어 하나님의 왕국을 다스리게 될 것이다. 이는 선지자 에스겔과 스바냐를 통해 약속하신 언약이 성취되는 장면이다.

에스겔 48장에 따르면 새천년에 열두 지파는 각 지파마다 이미 정해져 있는 땅을 소유하게 될 것이다. 스바냐 선지자는 남은 자들에 대해 이렇게 묘사하고 있다. "이스라엘의 남은 자는 악을 행하지 아니하며 거짓을 말하지 아니하며 입에 거짓된 혀가 없으며 먹고 누울지라도 그들을 두렵게 할 자가 없으리라"습 3:13

그들은 천국에서 새 노래를 부를 것이다

> 또 내가 보니 보라 어린 양이 시온 산에 섰고 그와 함께 십사만 사천이 서 있는데 그들의 이마에는 어린 양의 이름과 그 아버지의 이름을 쓴 것이 있더라 내가 하늘에서 나는 소리를 들으니 많은 물 소리와도 같고 큰 우렛소리와도 같은데 내가 들은 소리는 거문고 타는 자들이 그 거문고를 타는 것 같더라 그들이 보좌 앞과 네 생물과 장로들 앞에서 새 노래를 부르니 땅에서 속량함을 받은 십사만 사천 밖에는 능히 이 노래를 배울 자가 없더라(요한계시록 14:1-3)

성경의 역사를 살펴보면, 하나님의 백성은 하나님이 주신 승리를 기념할 때마다 노래를 지어 불렀다. 모세는 홍해를 건너 따라오는 애굽 군대를 무찔러 주신 하나님께 찬양을 올려드렸다. "내가 여호와를 찬송하리니 그는 높고 영화로우심이요 말과 그 탄 자를 바다에 던지셨음이로다"출 15:1. 이뿐 아니라 사사기 5장에는 드보라의 노래가, 사무엘하 22장과 시편 18장에는 다윗의 승리의 노래가 기록되어 있다. 이처럼 성경에는 하나님의 승리를 기념하는 찬양들이 많이 있다.

요한이 승리하고 시온 산에 서 있는 어린 양을 보았을 때 하늘로부터 거문고 소리와 함께 들려오는, 보좌 앞에서 새 노래를 부르는 소리를 들었다. 그것은 요한이 전에 들었던 노래와 달리 144,000명 보다 더 많은 사람이 부르는 노래였다. "그 수가 만만이요 천천이라 큰 음성으로 이르되 죽임을 당하신 어린 양은 능력과 부와 지혜와 힘과 존귀와 영광과 찬송을 받으시기에 합당하도다 하더라"계 5:11-12.

그러나 이제 요한은 좀 더 적은 수의 무리가 부르는 합창 소리를 듣게 되었는데144,000명을 적은 수라고 할 수 있다면 말이다, 그들은 그 누구도 배울 수 없는 노래를 부르고 있었다. 그들은 대환난의 참상과 엄청난 학살을 목격하며 고통을 경험한 사람들이었다. 그 누구도 이 증인들과 같은 경험을 해 본 적이 없을 것이다. 뿐만 아니라 그들은 많은 사람이 자신들의 사역을 통해 그리스도께로 돌아오는 것을 직접 목격한 사람들이었다. 그래서 그들은 특별한 경험에서 우러나오는 특별한 찬양을 소유하게 된 것이다.

달라스 신학교 학생이었을 때 가장 기억에 남는 순간은 채플에 참석했던 첫 날이었다. 채플이 시작되면서 목사님은 "제군들, 일어나서 함께 찬양합시다!"라고 말씀하셨다. 그 순간을 나는 영원히 잊지 못할 것이다. 오백 명의 남자들이 목소리 높여 하나님을 찬양하기 시작하자 나는 눈물을 주체하지 못했다. 오백 명의 남자들이 부르는 찬양의 감동을 경험하지 못했다면, 144,000명이 어린 양을 찬양하는 소리가 어떨지 상상할 수 없을 것이다.

144,000명이 노래할 때 하프거문고나 수금 또는 비파로 번역되어 있음-역주가 연주되고 있음을 주목해 보자. 구약성경에서 하프가 오십 번 이상 언급되어 있다는 사실을 알고 있는가? 각각의 예를 살펴보면 하프는 기쁨과 연관되어 있다. 다시 말해 하프는 슬프거나 애통해 해야 할 때는 절대 연주되지 않는다. 이스라엘이 포로로 잡혀갔을 때를 회상하면서 시편 기자는 이렇게 쓰고 있다. "우리가 바벨론의 여러 강변 거기에 앉아서 시온을 기억하며 울었도다 그 중의 버드나무에 우리가 우리의 수금을 걸었나니"시 137:1-2.

다시 말해, 유대인은 전통적으로 하나님이 자기 백성을 구원하셨을 때 하프로 새 노래를 올려드렸다. "하나님이여 내가 주께 새 노래로 노래하며 열 줄 비파로 주를 찬양하리이다 주는 왕들에게 구원을 베푸시는 자시요 그의 종 다윗을 그 해하려는 칼에서 구하시는 자시니이다"시 144:9-10.

이처럼 찬양은 이스라엘 백성에게 영적인 역할을 해왔다. 영적 대각성이 일어날 때 조나단 에드워드는 메사추세츠의 노스햄프턴에서 찬양이 회중의 예배에 얼마나 심오한 영향력을 끼치는지에 대해 역설하였다. '우리의 공적 찬양은 활기를 되찾았고, 하나님은 경건하고 아름다운 우리의 찬송을 받으셨습니다. 어떤 부분에서도 부족함이 없는 멋진 예배였습니다. 하나님을 찬양하면서 성도들은 은혜를 경험했고, 그들의 심령은 무척이나 뜨거워졌습니다' 미주3.

조나단 에드워드는 '종말에 대한 느낌'이라는 그의 설교에서 음악의 영적인 힘이 얼마나 큰지에 대해 강조하면서 제레미 베그비 교수가 가난한 남아프리카의 교회에서 한 설교를 인용했다.

"'설교하기에 앞서 저는 교회 근처에 있는 집 한 채가 갑자기 불에 타서 무너져 내렸다는 소식을 접하게 되었습니다. 그 집에 살고 있던 사람이 도둑으로 의심 받았기 때문이라더군요. 일주일 전에는 토네이도가 마을 전체를 망가뜨렸다는 이야기도 들었습니다. 오십 개의 가옥이 산산조각 나고 다섯 명이 목숨을 잃었습니다. 그리고 어젯밤에는 어떤 갱단의 일원이 열네 살짜리 아이가 주일학교에 다닌다는 이유로 살해했다는 소식을 들었습니다." 목사는 기도하기 시작했다. "하나님, 당신은 창조주시요 이 세상의 통치자이십니다. 그런데 왜 태풍이 일어나 가옥을 날려버리는 겁니까? 왜 강도는 우리 아이의 생명을 빼앗아가는 겁니까? 우리가 사는 세상에는 이런 일들이 비일비재합니다. 주님, 저희는 지금 사망 가운데 있습니다." 그의 기도를 들은 회중 사이에서 한숨과 탄식이 흘러나왔다. 그런데 기도를 마치자마자 아주 천천히 회중 전체가 찬양을 부르기 시작했다. 처음에는 아주 작게 시작했는데 노랫소리는 점점 더 커져갔다. 그들은 찬송하고 또 찬송했다. 하나의 찬송이 끝나면 또 다른 찬송이 이어졌다. 모든 상상을 뛰어넘는 종말의 약속을 가르쳐 주시기 위해 가장 비참한 상황에 처하게 하신 하나님을 찬양했다. 그 노래는 회중에게 종말의 그림자를 느끼게 해주었다'[미주4].

분명한 것은 대환난이라는 끔찍한 기간에도 하나님이 이 땅에서 그분의 손을 거두지 않으신다는 사실이다. 144,000명의 인침 받은 유대인 전도자들은 하나님이 여전히 세상을 주관하시며 그분의 계획에 따라 궁극적으로 승리하실 것이라는 사실에 대한 보증인 셈이다.

4
chapter

두 증인

Agents of the
Apocalypse

이야기 속으로

이스라엘 수상인 예후디 아브람은 영국의 수상 유다 크리스토퍼와 포즈를 취하며 활짝 웃었다. 텔아비브의 군중은 두 사람이 단 위에 올라 카메라 세례를 받자 아낌없는 갈채를 보냈다.

"친애하는 이스라엘 국민 여러분." 아브람의 목소리는 자신감에 차있었다. "저는 오늘 영국의 유다 크리스토퍼 총리와 지금까지 유례가 없던 조약에 서명하게 된 것을 큰 기쁨으로 생각합니다. 크리스토퍼 총리는 앞으로 칠 년 동안 이스라엘과 이슬람 국가들 간의 평화를 보장하며, 이스라엘을 다른 나라들로부터 보호해 주겠다고 약속하셨습니다. 합의문에 따라 이스라엘 전역에 영국 군대가 파견될 것이며 게다가…" 아브람은 감정에 북받쳐 잠시 말을 잇지 못했다. "크리스토퍼 총리께서 우리가 거룩한 성전을 재건할 때까지 자금을 지원하고 군사적인 원조도 아끼지 않겠다고 약속하셨습니다."

크리스토퍼가 마이크 앞에 서자 환호와 갈채가 터져 나왔다.

"제가 중재자가 되어 마침내 중동에 평화가 오게 된 것을 기쁘게 생각합니다. 1948년에 이스라엘 건설에 앞장섰던 우리 대영제국은 여러분의 믿음직한 친구이자 협력자가 될 것입니다."

예루살렘 시장인 모쉬 멘델은 사무실에서 방송을 통해 그 현장을 지켜보고 있었다. "이스라엘의 하나님 감사합니다."

아론과 동거 중인 세포라는 조금 일찍 저녁을 먹는 편이었다. 그들은 주로 저녁 손님들이 몰려오기 전 조용한 시간에 예루살렘의 고급 식당을 찾았다. 어느 날 저녁 두 사람이 식사를 하고 있을 때, 식당 지배인의 목소리가 식당 입구 쪽에서 크게 들려왔다. "어머나, 저 사람들 좀 봐!" 세포라가 말했다.

퇴짜 맞은 손님들은 얼룩지고 군데군데 색이 바랜 검은 옷을 입고 있었다. 게다가 옷은 다 해어지고 끝단이 너덜거렸다. 두 남자는 모두 모자를 쓰고 있었는데, 한 사람은 검정색 페도라를 다른 한 사람은 영국식 경마 모자를 쓰고 있었다. 두 사람 모두 행색은 남루했지만 깨끗해 보였다.

저녁을 먹은 후 아론과 세포라는 공원으로 산책을 갔다. 공원은 사람들로 북적였는데, 그들이 공원 벤치에 앉았을 때 사람들의 웅성거리는 소리가 들려왔다.아론이 그쪽을 가리키며 말했다. "저기에 무슨 일이 있나봐." 두 사람은 의아해 하며 그곳으로 다가갔다. "아니, 저 사람은 아까 식당에서 거절당한 손님 아니야?"

그들은 맨 뒤에 서서 두 사람 가운데 키가 큰 남자가 분명하고 강한 어조로 하는 말을 들었다. "이스라엘의 형제자매 여러분, 여러분은 모든 나라 가운데 거룩하신 하나님의 선택을 받은 특별한 민족입니다. 그러나 우리는 메시아를 죽였고, 다른 민족들은 오히려 메시아를 믿고 받아들였습니다."

그의 목소리는 점점 더 진지해졌다. "저는 여러분께 분명히 말씀드립니다. 여러분이 저주했던 메시아가 그분의 의로운 보좌에서 내려와 여러분을 다스리기 위해 재림하실 것입니다. 죄악을 참회하지 않는다면 여러분은 영원히 멸망 받을 것입니다."

군중 속에서 한 목소리가 들려왔다. "당신들, 도대체 누구야?"

그러자 두 사람 중 다른 사람이 벤치 위로 올라갔다. "우리는 하나님의 보내심을 받은 증인입니다." "두 증인이라고?" 군중은 두 사람을 비웃었다.

그때 아론이 세포라의 손을 끌어당겼다. "저런 이상한 사람들의 말을 듣고 있는 시간이 아깝군." 그는 말했다.

"하지만 저 사람들의 경고가 사실이면 어떡하죠? 우리가 정말 메시아를 죽였고 그분이 우리를 심판하러 다시 오신다면…"

몇 개월 동안 두 증인은 예루살렘 방방곳곳을 돌아다녔다. 공원, 광장, 시장, 대로변 등 사람들이 있는 곳이면 어디든 마다하지 않았다. 저녁에는 강당을 빌려서 말씀을 전하기도 했는데, 어김없이 경찰들이 나타나 사람들을 해산시키곤 했다.

소문으로 인해 두 증인은 미디어의 표적이 되었다. 전 세계 방송들은 그늘의 연설을 내보냈고, 사람들은 끊임없이 회개를 촉구하는 그들에게 화를 내기 시작했다. 그들은 큰 건물마다 출입을 금지 당했고 길거리 노점상에게도 쫓겨났다. 두 증인의 선지자적인 열심이 사람들을 불편하게 했다. 하지만 정작 두 증인은 너무도 의연했다.

어느 날 저녁 아론과 세포라는 저녁식사를 한 후 장을 보기 위해 가게에 들렀다. 장보기를 마치고 집으로 돌아가던 길에 그들은 군중의 야유를 받고 있는 두 증인을 발견했다. 아론이 걸음을 멈추었다 "세포라, 잠깐 구경이나 해보자."

세포라는 마지못해 그의 뒤를 따라갔다. 앞쪽에 자리를 잡은 아론은 두 증인에게 큰 소리로 말했다. "엘리야 선지자는 과부의 기름병이 줄어들지 않게 했다더군요. 당신이 하나님의 증인이라는 증거를 보여주면 당신의 말을 믿겠습니다."

"증거를 원하십니까? 좋습니다, 제가 한 가지 증거를 드리지요. 오늘 내린 비가 마지막 비입니다. 앞으로 삼 년 반 동안 이 나라에 비가 내리지 않을 것입니다."

키 큰 증인이 말을 이어받았다. "저 또한 증거를 드리겠습니다. 모세가 나일강을 피로 변하게 했던 것처럼, 내일 아침에 물이 피처럼 붉게 오염되어 있을 겁니다. 다른 선택이 없기 때문에 당신은 그 물을 마실 수밖에 없겠지요. 그리고 옛날 애굽에서 그랬던 것처럼 전염병으로 고통받게 될 것입니다. 여러분의 완고함이 화를 불러왔으므로 더 지독한 재앙이 내리기 전에 그분께로 돌아오시기 바랍니다."

군중은 분노의 저주를 퍼부으며 돌을 집어던졌다. 그러나 두 증인은 아무런 해를 입지 않았다. 군중은 더 가까이 다가가 돌을 던졌지만 헛수고일 뿐이었다. 아론도 돌을 집어 들었다. "안 돼!" 세포라는 아론의 팔을 붙들었다. "저 사람들의 말이 옳다면 어떡할 거예요? 내일이면 알게 될 테니 참아요."

다음날 아침 일찍 일어난 세포라는 반쯤 감긴 눈으로 커피를 끓이기 위해 부엌에서 수돗물을 틀었다. 그 순간 그녀는 비명을 지르며 주전자를 던져버렸다. 주전자는 산산조각이 났고 붉은 물이 바닥으로 쏟아졌다.

우기가 시작되었지만 비는 오지 않았다. 이스라엘 전역에는 붉은 물에서 나는 악취가 진동했다. 갈릴리 바다의 해수면도 현저히 낮아졌다. 호수는 말라붙었고, 지하수는 소진되었다. 요단강 물도 양이 너무 적어 사해로 흘러가지 못했다. 농사는 망쳤고, 양과 소는 폐사했으며, 병원과 영안실은 죽은 사람들로 가득했다.

세포라는 뉴스를 틀어놓은 채 침대에 누워 반쯤 잠이 들어 있었다. "재앙들은 공교롭게도 이상한 두 선지자의 예언과 동시에 발생했습니다. 그 두 사람은 세계적으로도 악명이 높습니다. 어제도 그들은 혼란을 가중시키는 주장을 이어갔는데요, 그 장면을 잠시 보시겠습니다."

세포라는 리모컨을 찾아서 소리를 높였다. 두 증인의 얼굴이 화면을 가득 채웠는데, 더 키가 큰 사람이 말을 하고 있었다. "여러분이 지금 겪고 있는 재앙들은 하나님의 경고입니다. 하나님은 세상을 심판하시기 전에 여러분이 회개하기를 원하십니다. 그러므로 심판에 앞서 재앙을 보내신 것은 하나님의 자비로움입니다. 그러나 여러분은 아직까지도 회개하지 않고 있습니다."

아론의 이야기를 듣는 순간 세포라는 자신의 죄를 떠올리며 얼굴이 붉어졌다. 그 증인은 계속 말을 이어갔다. "하나님은 여러분을 거룩한 백성으로 부르셨는데, 여러분은 오히려 하나님을 멀리 떠났습니다. 더욱 심각한 것은 여러분이 머지않아 유대 민족에게 악을 행할 사람을 신뢰하고 있다는 사실입니다. 그는 느부갓네살, 안티오쿠스, 헤롯, 티투스 황제, 히틀러 등 지금까지의 그 어떤 폭군보다도 사악한 인간입니다. 만일 여러분이 죄악에서 돌아서지 않는다면, 더 무서운 재앙이 여러분에게 임할 것입니다."

한 기자가 질문을 던졌다. "당신이 그렇게 강력하게 비난하는 사악한 자가 도대체 누구입니까?" "정말 모르십니까? 유다 크리스토퍼입니다. 그는 곧 여러분을 배신할 것입니다. 또한 그는 하나님을 모독하고, 여러분에게 무조건적인 경배와 복종을 요구할 것입니다. 늦기 전에 당신을 사랑하시는 하나님께 돌아오십시오." 세포라는 두려움에 사로잡혀 떨기 시작했다. 증인들의 경고가 머리에서 떠나지 않았다. 회개하지 않는다면 더 엄중한 심판이 임할 것이다.

두 증인이 점점 더 많이 사람들에게 노출되자, 멘델 시장은 그들에 대해 어떤 조치를 취하라는 항의와 압력을 받기 시작했다. 그의 사무실에는 두 증인의 충격적인 위협을 중단시키라는 탄원서가 홍수처럼 밀려들었다. 그러나 두 증인들은 불법적인 일은 아무것도 하지 않았다.

마침내 예루살렘의 경찰서장이 이 일을 직접 처리하기로 했다. 그는 전담반을 공원에 보내 두 증인을 체포하라는 지시를 내렸다. 경찰관들은 심호흡을 크게 한 후에 두 사람에게로 다가갔다. 그런데 어디선가 강한 열기가 덮쳐 그들은 더 나아갈 수 없었다. 경찰서장은 두 번째 전담반을 투입하면서 증인들을 사살하라는 명령을 내렸다. 두 증인이 덤덤하게 경찰관들을 바라보고 있을 때, 갑자기 총소리가 공원에 울려 퍼졌다. 그러나 사격을 멈추었을 때 증인들은 미동도 하지 않은 채 그 자리에 서 있었다. 그리고 키가 큰 증인이 말했다. "하나님이 우리에게 맡겨주신 임무를 완수할 때까지 당신들은 우리를 해치지 못할 것이오."

유다 크리스토퍼에 대한 두 증인의 선포가 강해질수록, 크리스토퍼의 분노도 점점 강해졌다. 이젠 그가 직접 나설 차례였다.

다음날 두 증인은 영국 정예부대의 총격을 받고서 길에 쓰러져 죽고 말았다. 전에는 그들을 없애버리고자 했던 모든 시도가 실패로 돌아갔는데, 왜 이번에는 한 번에 성공했는지 아무도 알 수 없었다. 그러나 크리스토퍼는 개의치 않았다. 그는 단지 암 덩이가 제거되었다는 사실에 안도할 뿐이었다.

암살 장면은 전 세계 방송으로 생생하게 전해졌다. 크리스토퍼는 전 세계 모든 사람이 그들의 비참한 말로를 볼 수 있도록 시체를 전시하라고 명령했다. "삼 일 반 동안 그대로 내버려 두시오."

이 뉴스가 전해지자 이스라엘은 환락의 술판을 벌이며 서로를 축하했다. 증인들의 죽음은 모든 뉴스의 헤드라인을 장식했고, 토크쇼의 주제가 되기도 했다. 여행 가이드들조차 예루살렘을 관광하는 사람들에게 그 시체들을 소개하였다.

네 번째 날 오후가 되자, 아브람 수상은 정부청사가 있는 광장에 세워진 단에 올라섰다. 그의 뒤편에는 이스라엘 정치가들과 종교지도자들이 앉아있었고, 광장은 엄청난 인파로 가득 차 있었다. 그리고 잿빛으로 변한 두 증인의 시체는 아브람 수상 앞에 큰 대자모양으로 놓여 있었다.

아브람은 군중들에게 연설했다. "오늘 여러분 앞에는 삼 년 반 동안 우리 모두에게 골칫거리였던 두 선동가의 시체가 놓여있습니다. 이 선동가들은 우리에게 그리스도에게로 돌아오라고 거듭 주장했습니다. 그러나 이제 그들의 죽음은 자기 사람조차 지키지 못하는 무능한 신을 향한 믿음이 얼마나 부질없는 짓인지를 증명해 주고 있습니다. 그들의 죽음은 신은 존재하지 않거니와 필요도 없다는 사실을 우리에게 가르쳐 주었습니다. 인간은 그 자체로 위대합니다."

군중으로부터 엄청난 환호가 들려왔다.

"이들은 매장될 자격조차 없습니다." 아브람은 말을 이어갔다. "우리는 이 시체들을 쓰레기처럼 폐기해 버릴 것입니다."

수상이 신호를 보내자 기다리고 있던 불도저 운전자가 시동을 켰다. 불도저가 소리를 내며 전진하다가가 시체 앞에 멈추어 두 사람의 시체를 담으려 하고 있었다.

그 순간 두 증인이 몸을 움직이더니 벌떡 일어서는 것이었다. 혈색이 건강하게 돌아왔고, 군중이 보는 앞에서 그들의 상처는 완전히 사라졌다. 그러더니 갑자기 광장에 거센 바람이 불어왔다. 겁에 질린 구경꾼들이 하늘을 바라보니 회오리 같은 밝은 구름기둥이 하늘에서 내려와 두 증인을 감싸안고 하늘로 올라가는 것이었다. 구름기둥이 하늘로 사라지자 두 증인도 시야에서 사라져 버렸다. 군중은 할 말을 잃은 채 공포에 사로잡혀 있었다. 방송 기자들도 마이크를 든 채 아무 말도 할 수 없었다.

그때 아무런 전조도 없이 땅이 흔들리기 시작했다. 처음에는 진동의 세기가 약한 것 같았지만, 점점 더 강해졌다. 사람들이 사방으로 흩어지며 행사장은 쑥대밭이 되었다. 시청 건물이 심하게 흔들리다가 쓰러졌고, 광장에 있던 수백 명의 사람들이 건물 잔해에 깔려 죽거나 심하게 다쳤다. 가스라인이 터지고, 화재가 일어나는 바람에 수십 명의 피해자가 발생했다. 뿐만 아니라 땅이 협곡처럼 길게 갈라져서 수많은 사람들을 삼켜버렸다. 그들 대부분은 정치, 종교지도자들이거나 유명 인사들이었다.

세포라는 TV에서 생중계되고 있는 끔찍한 사건들을 멍하니 바라보다가 고개를 숙였다. 자신의 죄를 고백하자 눈물이 솟구쳐 올랐다. "주님, 저를 용서해 주세요. 죄악 된 삶을 떠나 당신을 따르겠습니다."

성경 속으로

두 증인 이야기는 대환난 동안에도 세상을 향한 하나님의 구속 사역이 계속된다는 사실의 징표이다. 어떤 학자들은 그들이 대환난 중간에 출현할 것이라고 말하지만, 나는 대환난이 시작되면서부터 사역을 시작할 것이라는 주장을 더 신뢰한다[미주1].

휴거를 통해 그리스도인들이 한꺼번에 들림을 받고, 믿지 않는 자들만 남아 대환난을 겪어야 하는 상황에서 하나님은 과연 남은 자들에게도 하나님께로 돌이킬 수 있는 기회를 주실까? 하나님이 보시기에 믿지 않는 자들은 무가치한 존재일까? 아니다. 하나님의 사랑은 끝이 없다. 그분은 이 세상에 단 한 명의 증인도 남겨놓지 않고 떠나시는 분이 아니다. 위의 이야기에 나오는 두 증인은 대환난 시대에 믿지 않는 자들을 회심시키는 영향력을 발휘할 것이라는 사실을 설명해 준다. 요한계시록 11장은 몇 가지 요소들로 두 증인을 묘사한다.

두 증인의 인격

내가 나의 두 증인에게 권세를 주리니 그들이 굵은 베옷을 입고 천이백육십 일을 예언하리라(요한계시록 11:3)

어떤 사람들은 두 증인이 율법과 복음, 또는 신약과 구약을 상징하는 것이라고 말한다. 하지만 나는 그렇게 생각하지 않는다. 그들은 진짜 사람으로 설교를 하고 기적을 행하다가 죽게 될 것이다.

성경은 두 사람을 "그들은 이 땅의 주 앞에 서 있는 두 감람나무와 두 촛대니"계 11:4라고 표현하고 있다. 이 말씀을 읽은 사람은 이 비유가 스가랴의 예언과 매우 흡사하다고 생각할 것이다. 스가랴는 환상에서 순금 촛대등잔대를 보는데 그 위에는 기름 그릇이 있고, 그 기름 그릇 위에 일곱 등잔이 있으며, 그 등잔대 곁에 두 감람나무가 있었다슥 4:1-13. 그리고 두 감람나무 중 "하나는 그 기름 그릇 오른쪽에 하나는 그 왼쪽에" 있었다14절.

스가랴의 환상에서 두 감람나무와 두 촛대는 그 시대에 성전재건을 지휘했던 두 명의 신실한 지도자, 대제사장 여호수아와 스룹바벨을 가리킨다. 두 사람 다 하나님의 일이 "힘으로 되지 아니하며 능력으로 되지 아니하고 오직 나의 영으로 되느니라"슥 4:6는 말씀을 증명해 보인 인물이다.

요한계시록의 두 증인은 스가랴서 4장에 등장하는 두 증인, 여호수아와 스룹바벨처럼 촛대와 감람나무로 비유될 수 있다. 그들은 어둠 속에 촛대처럼 밝게 빛나고, 감람나무처럼 등잔의 연료가 되어 어둠을 밝혀줄 것이다. 즉 요한계시록의 두 증인 역시 대환난의 어두운 시대에 밝게 빛나며, 하나님의 사역을 위한 성령의 연료가 되어 어둠을 밝혀줄 것이다[미주2].

그렇다면 이 증인들은 도대체 누구인가? 예수님은 이 두 증인에 대해 "나의 두 증인"3절이라고 강조하셨는데, 이는 다른 증인들에게는 쓰지 않은 표현으로 두 증인이 예수님과 특별한 관계임을 의미한다. 그러나 학자들은 그들이 마지막 때에 큰 역할을 한다는 사실에 대해서는 동의하면서도 그들의 정체에 대해서는 여러 가지 다른 의견을 제시한다. 대다수는 그 증인 가운데 한 사람이 엘리야 선지자라고 믿는다. 그 주장에 대한 근거는 바로 이것이다.

1. 말라기 선지자는 엘리야가 재림 전에 메시아의 길을 예비하기 위해 올 것이라고 예언했다. "너희는 내가 호렙에서 온 이스라엘을 위하여 내 종 모세에게 명령한 법 곧 율례와 법도를 기억하라 보라 여호와의 크고 두려운 날이 이르기 전에 내가 선지자 엘리야를 너희에게 보내리니"(말 4:5-6)

어떤 사람들은 세례 요한이 말라기의 예언을 이미 이루었다고 생각한다. 요한이 엘리야의 "심령과 능력"눅 1:17, 즉 엘리야가 가졌던 성령과 능력으로 충만한 사람이었다 하더라도 요한은 구약시대 선지자의 환생은 아니었다. 사실 요한을 연구했던 한 유대인 그룹이 당시에 그에게 엘리야냐고 묻기도 했다. 그의 대답은 분명했다. "나는 아니라!"요 1:21 그러므로 요한은 말라기의 예언을 성취한 인물이 아니었다.

2. 엘리야는 계시록의 두 증인처럼(계 11:12) 기적적인 방법으로 하늘에 올라갔다(왕하 2:9-11).
3. 두 증인은 엘리야가 했듯이 비를 멈추게 할 수 있는 능력을 지니게 될 것이다(왕상 17:1, 계 11:6).
4. 엘리야는 하늘로부터 불을 내렸고(왕하 1:10), 두 증인도 그렇게 할 것이다(계 11:5).
5. 엘리야 시대와 같이 두 증인의 사역 중에도 가뭄을 겪게 되는데(왕상 17:1, 눅 4:25, 약 5:17-18, 계 11:3, 6) 그 기간은 삼 년 육 개월이다.

어떤 학자들은 두 증인 가운데 다른 한 증인은 에녹이라고 생각하지만, 나는 모세로 결론지었다. 그 이유는 다음과 같다.

1. 모세는 엘리야와 더불어 예수님처럼 변형된 모습으로 등장했다(마 17:3).
2. 하나님은 모세에게 물을 피로 변하게 할 수 있는 능력을 주셨다(출 7:19-20). 두 증인 또한 같은 능력을 받게 될 것이다(계 11:6).
3. 하나님은 모세의 몸을 훼손되지 않게 복원시켜 주셨고(신 34:5-7), 두 증인의 몸 또한 그렇게 지켜주실 것이다(계 11:11).
4. 사탄은 모세의 시신을 찾기 위해 천사장 미가엘과 다툼을 벌였다(유 1:9). 사탄은 마지막 때에도 하나님의 계획을 방해하기 위해 그렇게 할 가능성이 높다.
5. 모세와 엘리야는 율법과 예언을 상징한다. 두 증인의 사역은 유대 민족 안에서 이루어지며, 이는 율법(모세)과 예언(이사야)이 유대인들에게 나타날 것이라는 사실과 일맥상통한다.

티모시 데미와 존 윗트콤은 계시록 11장에 기록된 증인이 왜 엘리야와 모세인지를 잘 설명해 주고 있다. '이스라엘 역사에서 모세와 엘리야만큼 큰 존경과 애정을 받는 인물은 없을 것이다. 모세는 이스라엘을 위한 하나님의 대언자였고, 율법을 받은 지도자였다신 34:10-12. 실제로 1세기 유대인들은 광야에서 모세가 만나를 주었다고 생각했다요 6:32. 또한 하나님은 이스라엘 민족이 그분을 배신할 때에 엘리야를 들어 사용하셨다. 하나님은 하늘에서 불을 내려 당신의 능력을 입증해 주셨고 '불마차와 불병거'로써 그를 호위해 주셨다. 예수님의 공생애 기간 중 유대인들은 예수님의 기적을 보면서 엘리야를 떠올렸고, 어떤 사람들은 엘리야가 다시 돌아왔다고 믿기도 했다마 16:14' 미주3 .

두 증인의 예언

> 내가 나의 두 증인에게 권세를 주리니 그들이 굵은 베옷을 입고 천이백육십 일을 예언하리라(요한계시록 11:3)

두 증인은 그리스도의 권위를 입고 거룩한 계시를 전하는 참된 선지자이다. 그들이 예언하는 기간은 1,260일로 정해져 있는데, 이는 42개월, 즉 삼 년 반이다.

우리는 두 증인이 입고 있는 옷을 통해서도 그들의 예언사역인 특징을 찾을 수 있다. 두 증인은 굵은 베옷을 입고 있는데, 그 옷은 성경에서 애도와 참회를 표현할 때 끊임없이 등장한다. 야곱은 아들 요셉이 죽었을지도 모른다는 이야기를 듣고서 베옷을 입었고창 37:34, 다윗은 아브넬의 살인자에 관한 이야기를 들었을 때 베옷을 입었다삼하 3:31. 위 이야기에서 두 증인이 검정색 옷을 입고 있다고 묘사했는데, 이는 오늘날 슬픔이나 애도를 표현할 때 검은 옷을 입기 때문이다.

두 증인의 예언은 유대인과 이방인 모두에게 전해진다. 어떤 사람들은 증인이 두 사람인 까닭이 여기에 있다고 설명한다. 그들이 전하는 예언의 내용은 심판이다. 첫 번째는 유대인에 대한 심판이요, 두 번째는 이방인에 대한 심판이다. 요한계시록에 따르면 그들은 삼 년 반 동안 매일 심판에 대한 메시지를 전할 것이다.

유대인의 율법에 따라 그들이 두 사람이기 때문에, 그들의 증거가 유효하다고 주장하기도 한다. "죽일 자를 두 사람이나 세 사람의 증언으로 죽일 것이요 한 사람의 증언으로는 죽이지 말 것이며"신 17:6. 율법에서 한 사람의 증거는 주관적이며 변질될 수 있고 불완전하다. 하지만 두 증인은 서로의 증거를 보완해 주기 때문에 어떤 사실에 대한 진리를 확인해 줄 수 있다.

성경에서 하나님은 진리를 입증하기 위해 두 사람의 증인을 사용하시는 경우가 많았다. 두 천사가 예수님의 부활을 증거하였고, 흰 옷을 입은 두 사람이 그분의 승천을 증거하였다. 이처럼 하나님은 성경에서 자주 두 사람을 짝지어 주셨다. 모세와 아론, 여호수아와 갈렙, 스룹바벨과 여호수아, 베드로와 요한, 바울과 실라, 디모데와 디도. 제자들 역시 둘씩 짝을 지어 보내심을 받았고, 칠십 명 또한 짝을 지어 전도하라는 명령을 받았다. 두 증인은 이러한 성경의 규칙을 따랐을 것이고, 그들은 부르심에 따라 마지막 때에 회개를 선포했다.

두 증인의 능력

> 내가 나의 두 증인에게 권세를 주리니 그들이 굵은 베옷을 입고 천이백육십 일을 예언하리라(요한계시록 11:3)

하나님의 영이 두 증인의 말과 행동에 능력을 주시고, 청중에게 회개하고 하나님께 돌아오라는 메시지를 선포하게 하셨다.

설교의 능력

왜 사람들은 두 선지자를 그토록 미워할까? 그 이유를 알아보기 위해 그들이 전한 메시지를 살펴보기로 하자. 윌리엄 뉴엘은 메시지의 핵심 내용과 그들의 강력한 존재감에 대해 이렇게 말했다.

1. 두 증인은 유대인들이 거부한 예수 그리스도가 '이 세상의 구주'이심을 강조할 것이다. 또 '이스라엘의 하나님 여호와께서 이곳에 나와 함께 계시고, 내가 전하는 말처럼 몇 년 동안 이슬도 비도 내리지 않게 하실 것이라'고 말할 것이다.
2. 두 증인은 그들의 면전에서 인간의 죄악에 대해 가차 없이 말할 것이다. 당신 앞에서 당신의 죄를 고발하는 사람이 있다면 기분이 어떨까? 두 증인은 사탄을 숭배할 준비가 되어 있는 불경한 자들 앞에서, 그들이 하나님 앞에 있다는 사실을 지적할 것이다.
3. 두 증인은 과거 그들이 하나님을 배신했을 때 받았던 심판을 상기시키면서 앞으로 다가올 더 끔찍한 심판에 대해 경고할 것이다.
4. 두 증인은 짐승이 만든 우상을 섬기는 일이 하나님을 모독하는 행위임을 강하게 비판할 것이다. 그들은 짐승이 행하는 모든 선행이 거짓임을 만천하에 알릴 것이다.
5. 두 증인은 거룩한 성이었던 예루살렘이 영적인 '소돔과 애굽'이 되었음을 지적하면서 예루살렘과 그곳에 거하는 사람들에게 심판이 임할 것임을 선포할 것이다. 그들은 유대인들을 '예수 그리스도를 죽인 자들'이라고 말하면서(살전 2:15-16), 그들이 죽인 그리스도가 만국을 다스리는 왕이 되실 것이라고 선포할 것이다.

이런 증거는 인간의 죄악을 낱낱이 드러낸다. 이에 대한 반응으로 사람들은 두 증인을 죽이라고 핏대를 올릴 것이다[미주4].

하나님이 인간에게 선악을 알게 하는 양심을 주셨지만, 사람들은 양심의 가책 없이 죄를 저지르기 위해 양심을 땅에 묻어 버렸다. 이런 이유로 사람들은 진리를 거부한다롬 1:18-21. 사람들이 두 증인을 죽이라고 요구하는 이유도 똑같다. 사람들은 그들을 죽이면 그들의 메시지까지 없앨 수 있다고 믿을 것이다.

재앙에 대한 능력

두 증인은 믿지 않는 사람들이 믿고 회개하도록 재앙을 보낼 것인데, 그 재앙은 세 가지 형태로 나타날 것이다.

1. 죽음의 재앙: 144,000명의 이스라엘 백성처럼(계 7:3, 9:4) 두 증인이 복음을 증거하는 삼 년 반 동안 신변의 완전한 보호를 받게 될 것이다. 그들은 자신을 공격하는 자들을 전멸시킴으로써 스스로를 보호할 수 있는 능력을 받게 될 것이다. "만일 누구든지 그들을 해하고자 하면 그들의 입에서 불이 나와서 그들의 원수를 삼켜 버릴 것이요"(계 11:5).

과거에 엘리야는 하늘로부터 내려오는 불을 요구했었는데왕상 18:37-38, 왕하 1:10-12, 이번에는 불이 선지자들의 입에서 나올 것이다.

그들이 전 세계 사람들의 목표가 된다 할지라도 하나님의 사역을 완수하기 전까지 죽임을 당하지 않을 것이다. 그들은 하나님의 종들이 한 번도 경험하지 않았던 격렬한 반대에 부딪치겠지만, 임무를 마칠 때까지는 아무도 그들을 꺾지 못할 것이다.

2. 가뭄의 재앙: "그들이 권능을 가지고 하늘을 닫아 그 예언을 하는 날 동안 비가 오지 못하게 하고"(계 11:6). 삼 년 반 동안 이스라엘에서 지속되는 가뭄은 구약성경의 유사한 경우를 떠올리게 한다. "엘리야는 우리와 성정이 같은 사람이로되 그가 비가 오지 않기를 간절히 기도한즉 삼 년 육 개월 동안 땅에 비가 오지 아니하고"(약 5:17, 왕상 17-18장 참고).

가뭄이 일어나는 해는 대환난의 전반부에 해당하는 삼 년 반이다. 증인들의 설교와 기적을 행하는 능력은 적그리스도가 세상을 완전히 지배하는 상황을 막기 위한 것이다. 두 증인이 세상에서 사라져야지만 적그리스도는 이 땅을 지배하고자 하는 자신의 목적을 성취할 수 있을 것이다.

3. 질병의 재앙: 모세가 애굽에서 바로와 대면했을 때와 마찬가지로 두 증인은 "권능을 가지고 물을 피로 변하게" 할 것이다(계 11:6). 이는 계시록 8장의 두 번째 나팔을 불었을 때와 일치한다. "둘째 천사가 나팔을 부니 불붙는 큰 산과 같은 것이 바다에 던져지매 바다의 삼분의 일이 피가 되고 바다 가운데 생명 가진 피조물들의 삼분의 일이 죽고 배들의 삼분의 일이 깨지더라"(계 8:8-9) 또 증인들은 아무 때든지 원하는 대로 여러 가지 재앙으로 땅을 칠 것이다(계 11:6).

다시 한 번 강조하지만 우리는 이 두 증인이 악의나 복수심으로 이런 기적을 행하는 것이 아님을 기억해야 한다. 그들의 목적은 사람들이 자신의 죄를 깨닫고 회개하여 주님께 돌아오는 것이다.

두 증인의 죽음

그들이 그 증언을 마칠 때에 무저갱으로부터 올라오는 짐승이 그들과 더불어 전쟁을 일으켜 그들을 이기고 그들을 죽일 터인즉(요한계시록 11:7)

두 증인은 적그리스도라 불리는 짐승의 손에 죽임을 당할 것이다. 요한계시록 11장 7절은 "무저갱으로부터 올라오는 짐승"에 대해 이야기하고 있다. 짐승은 요한계시록에서 서른여섯 번 등장하는데, 이 절에서 처음 언급된다. 사탄의 능력을 힘입은 짐승은 삼 년 반 동안 국가들을 통합하고 이스라엘과 평화조약을 맺는 등의 속임수 뒤로 세계 통치 작업을 해나갈 것이다.

두 증인이 하나님의 사역을 완수하고 대환난의 때가 정점에 다다랐을 때, 짐승은 이스라엘과 조약을 맺고 증인들을 살해할 것이다. 두 증인을 죽인 자들은 자신들의 행위를 자축할 것이고, 많은 무리가 그들을 따를 것이다.

두 증인의 시신을 전시하다

고대시대에는 가장 악랄한 범죄자라 할지라도 죽으면 시신을 묻어주었다신 21:22-23. 그러나 성경은 두 증인에 대해 이렇게 말하고 있다. "그들의 시체가 큰 성 길에 있으리니 그 성은 영적으로 하면 소돔이라고도 하고 애굽이라고도 하니 곧 그들의 주께서 십자가에 못 박히신 곳이라"계 11:8

여기에서 '큰 성'이라고 말하는 곳은 예루살렘이다. 헨리 모리스는 예루살렘 성에 대해 '거룩한 성, 평화의 성' 그리고 '하나님의 선지자들이 죽은 성'이라고 표현했다. 짐승의 군대가 "전쟁을 일으켜 두 증인을 이기고 그들을 죽이며 그 시체를 사흘 반 동안을 보며 무덤에 장사하지 못하게" 하는 곳이 바로 예루살렘이다[미주5].

요한은 성경 역사상 가장 죄악이 만연했던 두 도시 소돔과 애굽을 예루살렘에 비유하고 있다. 소돔은 성적인 타락으로, 애굽은 유대 민족에 대한 핍박으로 잘 알려져 있다. 예루살렘의 타락은 하나님의 도움으로 '곡의 군대'로부터 기적적인 구원을 받고 난 이후에 시작될 것이다. 대환난 기간에 성전이 재건됨에도 불구하고 이스라엘의 타락과 반역은 계속될 것이다. 외적으로는 예루살렘이 그 어느 때보다 살기 좋아지지만, 내적으로는 소돔과 애굽처럼 죽음과 부패의 지독한 악취를 풍기게 될 것이다.

요한계시록 11장은 이렇게 이야기를 이어가고 있다. "백성들과 족속과 방언과 나라 중에서 사람들이 그 시체를 사흘 반 동안을 보며 무덤에 장사하지 못하게 하리로다"계 11:9 오래 전에는 비평가들이 이 구절을 '불가능한' 예언이라고 비웃었지만, 오늘날 인터넷과 SNS, 위성TV 등의 발달로 인해 세상 사람들이 같은 장면을 동시에 볼 수 있게 되었다. 미국의 복음주의 신학자이자 심리학자인 팀 라헤이는 이렇게 적고 있다. '우리 세대는 전 세계 사람들이 이런 기이한 장면을 동시에 볼 수 있기 때문에 요한계시록 11장 9절의 말씀이 문자 그대로 성취될 수 있는 최초의 세대를 맞이했다. 이는 마지막 때가 더 가까이 다가오고 있다는 증거이기도 하다. 왜냐하면 불과 몇 년 전까지만 해도 전 세계 사람들이 동시에 길거리에 있는 두 증인의 모습을 본다는 것이 불가능한 일이었기 때문이다'[미주6].

두 증인을 대적하던 자들의 기쁨

두 증인의 시체를 전시해 놓고 조롱하는 것만으로 만족스럽지 못했는지 군중은 두 사람의 죽음을 기념하여 휴일로 삼게 될 것이다. "이 두 선지자가 땅에 사는 자들을 괴롭게 한 고로 땅에 사는 자들이 그들의 죽음을 즐거워하고 기뻐하여 서로 예물을 보내리라 하더라"계 11:10.

이는 대환난 기간 동안 땅에 남는 사람들이 '기뻐했다'고 표현되어 있는 유일한 장면이다. 어떤 작가는 이것을 이렇게 묘사했다. '엽기적인 기쁨, 잔혹함, 정신이상, 인간성 상실, 생지옥 등 인간 마음의 본성이 모두 드러나고 있다. 하나님의 증인들의 죽음이 참된 기쁨이라니. 그것도 무한하고 완전한 기쁨! 지옥의 크리스마스가 시작된 것이다'[미주7].

두 증인의 보호

삼 일 반 후에 하나님께로부터 생기가 그들 속에 들어가매 그들이 발로 일어서니 구경하는 자들이 크게 두려워하더라(요한계시록 11:11)

증인들의 죽음과 그들의 시체가 사람들 앞에 전시되는 것이 끝이 아니었다. 그들이 살해당하고 삼 일 반 후에 세상 사람들 앞에 두 가지 기적이 일어나게 될 것이다.

두 증인의 부활

첫 번째, "하나님께로부터 생기가" 그들에게 임할 것이다. 이것은 호흡, 다시 말해 예수님이 죽은 자 가운데서 다시 살아나실 때의 성령과 같은 것이다.

온 세상이 증인들의 죽음을 보았듯이, 그들의 부활도 함께 목격하게 될 것이다. 우리가 충분히 상상할 수 있듯이 이 충격적인 사건은 어마어마한 두려움과 공포를 조성하게 될 것이다. 이 장면은 짐승이 감히 모방할 수 없는 기적이었다.

두 증인의 들림

두 증인이 부활하자 "하늘로부터 큰 음성"이 있어 "이리 오라" 하며 그들을 부르게 될 것이다. 그리고 군중이 말문이 막힌 채 그 광경을 지켜보고 있는 동안 그들은 구름기둥을 타고 하늘로 올라가게 될 것이다계 11:12. 이는 두 증인이 하늘로 들림을 받는 장면이다.

그러나 교회의 휴거와 두 증인의 들림 사이에는 중요한 차이점이 있다. 바울은 교회의 휴거에 대해 이렇게 설명하고 있다. "나팔 소리가 나매 죽은 자들이 썩지 아니할 것으로 다시 살아나고 우리도 변화되리라"고전 15:52. 신자들은 순식간에 들림을 받기 때문에 목격자를 쉽게 찾을 수 없다. 반면 두 증인의 들림은 그들의 적들까지 포함하여 전 세계 사람들이 바라보게 될 것이다계 11:12.

헨리 모리스는 두 증인이 들림 받는 모습을 보았을 때 원수들의 두려움이 어떠했을 지에 대해 이렇게 표현하고 있다. '두 증인의 말을 거부하고 그들이 죽었을 때 기뻐했던 모든 원수들, 특히 그들을 죽게 만들었던 그 짐승은… 천국으로 올라가는 두 사람을 멍하니 바라보고 있을 것이다. '구경하더라'beheld는 말은 헬라어 '데오레오'theoreo를 번역한 단어인데, '얼어붙게 만들다'는 의미를 내포하고 있는 아주 강한 뜻이다. 그 장면은 오만방자한 적들의 마음에 무시무시한 공포를 심어주기에 충분할 것이다. 조금 전까지만 해도 그들은 그리스도가 마침내 패배당했고, 사탄의 능력을 입은 인간이 승리의 보좌에 앉게 될 것이라는 기대에 부풀어 극도의 기쁨을 표현하고 있었다. 그러나 이제 그리스도는 다시 승리하셨다. 선지자들의 승천은 하늘로부터 훨씬 더 무시무시한 심판이 임박했음을 예고해 주고 있다. 다시 말해 삼 일 반 동안의 축제는 다른 어떤 때보다 가혹할 다른 삼 년 반 동안의 심판이 곧 뒤따를 것임을 암시해 준다'미주8.

두 증인에 대한 복수

예루살렘에 있던 모든 사람이 두 증인의 들림을 목격하고 있을 때, 큰 지진이 예루살렘을 흔들어 그 도시의 '십분의 일'이 무너져 내리는 재앙이 발생했다. 이 지진은 하나님의 심판으로 예루살렘에서만 칠천 명의 사망자를 낸 엄청난 지진이었다계 11:3. J.A.세이스는 이 장면에 대해 신랄하게 표현하고 있다. '죽임 당한 증인들을 묻어주지도 않으려 했던 자들이 자신들이 살던 가옥이 무너져 산 채로 매장당하고, 영원히 지옥 속으로 떨어지게 되었다'미주9.

성경은 칠천 명의 죽음을 가치 없이 묘사했다. 사실 원문에서는 '사람들'people이라는 말 대신에 '이름 있는 자들'men of name이라고 기록되어 있다. 즉 위의 이야기에서 보듯이 칠천 명의 사람들은 유명 인사이거나 지도자들일 것이다.

두 증인의 죽음에 크게 기뻐했던 세상은 엄청난 두려움에 휩싸이게 될 것이다. 요한계시록 11장 13절에서 말해 주듯이 '그 남은 자들이 두려워하여 영광을 하늘의 하나님께 돌리게 될 것이다.' 그러나 이것은 신앙을 갖게 되었다거나 하나님께로 돌이켰다는 뜻이 아니라 공포에 대한 일시적인 반응으로 이해해야 할 것이다.

존 필립스는 두 증인이 들려 올라가는 모습에 대해 이렇게 자세히 묘사했다.

'햇살이 내려쬐는 예루살렘 거리에 휴일을 맞은 군중이 자신들이 증오했던 두 사람의 시체를 직접 보기 위해 인산인해를 이루었다. 인파들 사이에는 짐승의 제복을 입은 군인들과 성전 경찰들도 배치되어 있었다. 그곳에서 해 아래 모든 나라에서 온 사악한 자들이 춤을 추고, 짐승의 승리를 축하하며 축제를 벌이고 있었다. 그 순간, 드디어 사건이 벌어진다! 군중이 증인들의 시체를 구경하고 싶어 경찰 저지선 앞에서 안간힘을 쓰고 있는데 갑작스러운 변화가 일어난 것이다. 재색 빛의 죽은 시체에서 청년의 빛나는 살결로 피부색이 바뀌었고, 뻣뻣하고 굳은 팔다리가 움직이기 시작한다! 이 얼마나 멋진 장면인가! 그들이 일어선다! 군중은 뒤로 넘어지고, 부러지고, 다시 몸을 가다듬고 있었다."미주 10

두 증인의 사역은 믿지 않는 자들의 완악함에도 마지막까지 하나님의 사랑과 자비는 끝이 없음을 잘 보여준다. 비록 남은 자들 중 소수만이 그들의 메시지에 귀를 기울인다 하더라도 말이다. 두 선지자의 부활과 들림은 지구라는 행성에서 경험하게 될 가장 드라마틱한 장면 가운데 하나가 될 것이다. 그리고 하나님의 원수들에게 종말이 시작되었음을 알리는 신호탄이 될 것이다.

5
chapter

용

Agents of the Apocalypse

이야기 속으로

천사들이 모인 두 번째 하늘에는 황금빛 불빛이 넘실거리고 있었고, 그곳에서 엄청난 수의 천사들이 가장 높고 아름다운 천사장 루시퍼를 기다리고 있었다. 마침내 루시퍼가 나타나 하나님의 지시사항을 전하기 위해 회의장의 가장 높은 자리에 앉았다. 그리고는 자신의 가까운 동료인 천사장 미가엘을 옆으로 오게 했다.

"미가엘, 회의를 잠깐 미루어야겠네." 루시퍼가 말했다.

"우선 우리끼리 해야 할 이야기가 있어."

미가엘이 천사들을 잠시 물러가게 하자, 그곳에는 두 천사장만 남았다. 미가엘은 루시퍼의 어두운 표정을 보고는 가벼운 문제가 아님을 알아차렸다.

"루시퍼, 무슨 일인가? 안 좋은 일이 생긴 건가?"

"자네도 알다시피 나는 방금 하나님의 보좌가 있는 높은 하늘에 다녀왔다네. 거기서 하나님의 계획을 듣게 되었지. 참으로 크고 과감한 계획일세. 하나님은 지금까지 가장 낮은 하늘 아래 새로운 물리적인 세계를 창조해 오셨네. 그것은 정말 멋진 작업이었지. 우리 천사들을 제외한다면 가장 아름다운 피조물일거야. 그런데 하나님은 그 세상에 살 새로운 피조물을 계획하고 계시더군. 그들을 자신의 형상대로 만들어 지혜와 자유의지, 창의성까지 부여해 주신다는 거야. 또 그들에게 그 세상을 다스리고 돌보도록 맡기시고, 하나님의 영을 불어넣어 주겠다고 하시더군."

"루시퍼, 좀 당황스럽군. 기쁜 소식이 아닌가? 자네가 왜 그토록 흥분하는지 이해가 되지 않는군."

"왜 흥분하냐고?" 루시퍼는 소리를 질렀다.

"하나님은 우리 천사들이 그 새로운 피조물을 지켜 주길 원하신다네. 우리는 그들에게 소식을 전하는 전령사가 되어야 하고, 그들을 도와주고 보호해 주어야 한다네. 어떻게 하나님이 우리에게 그런 일을 시킬 수 있는가? 우주를 통틀어 가장 월등한 피조물인 우리 천사들이 몸을 낮추어 열등한 존재들의 심부름이나 해야 한단 말인가? 오히려 우리가 그들을 다스려야 하는 것 아닌가? 미가엘, 나는 이 상황을 도저히 용납할 수 없네!"

잠시 후 루시퍼는 천사들의 전체 회의를 다시 소집하였다. 회의가 시작되자 루시퍼는 단에 올라 도열해 있는 천사 군단 앞에서 연설을 시작했다. 먼저 그는 하나님이 맡기신 새로운 임무에 대해 설명했고, 그 다음에는 놀랍게도 하나님에 대해 원망하는 마음을 토해내기 시작했다. "우리는 하나님의 심부름을 하기 위해 뛰어다녀야 합니다. 또 그분이 만드신 새로운 피조물을 관찰하고 지켜 주어야 합니다. 우리가 왜 그분의 뜻에 순종하면서 우리의 의지를 억눌러야 합니까? 억압받는 나의 동지들께 말하고 싶습니다. 우리가 계속 이런 수모를 당할 이유가 없습니다. 제 말을 들으세요. 우리에게는 하나님의 보좌를 차지할 능력이 있습니다."

단 아래 첫째 줄에 자리를 잡고 있던 미가엘이 서둘러 앞으로 나아갔다.

"친애하는 천사장님, 다시 한 번 잘 생각해 보십시오. 우리가 누구인지 잊으셨습니까? 땅을 다스리기 위해 새롭게 창조될 존재들과 마찬가지로 우리 또한 하나님의 피조물입니다. 하나님이 우리에게 중요한 역할을 주셨고, 그분을 보좌하는 것이 우리의 기쁨 아닙니까? 우리가 어떻게 창조주를 거역할 수 있겠습니까?"

의견충돌로 인해 루시퍼의 분노는 오히려 더 거세졌다. 끓어오르는 그의 분노가 회의에 참석한 천사 일부에게로 옮겨갔다. 반역자들의 외침이 점점 더 커져 루시퍼의 분노를 메아리처럼 되풀이해 주었다. 함성 소리는 루시퍼로 하여금 반역에 대한 자신감을 갖게 만들었다. 마침내 그가 손을 들자 모든 천사들이 조용해졌다.

"여러분도 저와 뜻을 같이 하는 것으로 알겠습니다. 자, 이제 전쟁을 선포합니다. 우리는 천사들을 억압하고 수치스럽게 만드는 저 오만한 군주를 물러나게 해야 합니다. 그의 보좌를 빼앗아 높은 하늘을 우리 것으로 만들어야 합니다. 나와 함께 하시겠습니까?"

그의 외침에 동조의 환호성이 우레와 같이 울려 퍼졌다. 그러나 루시퍼는 자신의 지지 세력을 잘못 파악하고 있었다. 그에게 환호했던 천사들은 삼분의 일이 채 되지 않았다. 그래도 루시퍼는 단념하지 않고 군대를 모아 앞으로 나아갔다. 하지만 곧 천사장 미가엘이 진두지휘하는 천사들에게 길이 가로막혀 두 천사 군단은 엄청난 전쟁을 벌였다. 그 결과 미가엘의 군대는 반역자를 둘째 하늘 밖으로 쫓아냈다. 쫓겨난 우두머리는 위에서 들려오는 천사장 미가엘의 목소리를 들을 수 있었다.

"루시퍼, 자네는 지금까지 나의 친구였지만 사랑보다는 증오를, 겸손보다는 교만을, 선보다는 악을, 빛보다는 어둠을 선택했네. 그래서 하나님은 자네의 이름을 빛을 품은 자라는 뜻의 루시퍼가 아니라 대적이라는 뜻의 사탄으로 바꾸셨네. 자네는 이제 사랑스럽고 아름다운 피조물이 아니라 증오스럽고 혐오스러운 용이 될 것이네. 또한 속임수와 기만으로 인해 자네는 자네를 따르는 자들과 함께 영원한 불구덩이에 떨어지게 될 거야."

사탄은 끓어오르는 분노에 사로잡혀 새롭게 창조된 행성 위에 음울한 모습으로 서 있었다. 그를 붙들고 있는 생각은 한 가지뿐이었다. 어떻게 하면 하나님의 지위와 능력을 빼앗을 수 있을까? 여러 가지 계략을 꾸미면서 그는 부하들을 불러 모았다. 그의 계획은 이것이었다. 하나님이 만드신 세상에서 인간이라는 피조물을 전멸시킨 후 그곳을 차지하는 것, 그는 자신의 계획을 부하들에게 자세히 설명했다.

"나의 능력에 비하면 너무 협소한 나라지만…" 그는 거만하게 말했다.

"그곳을 근거지로 삼아 끊임없이 공격한다면 하나님의 손에서 우주 전체를 빼앗을 수 있을 거야."

"그렇지만 우리가 어떻게 그것을 해낼 수 있겠습니까?" 그의 하수인 하나가 물었다. "대장님이 말씀하셨듯이, 하나님이 두 인간에게 하나님의 영을 불어넣어 주셨습니다. 그 말은 그들에게 우리가 당해낼 수 없는 힘을 부여하셨다는 뜻 아닙니까?"

사탄은 히죽거리며 말했다. "하나님이 나에게 새로운 피조물에 대해 설명하실 때 그들이 하나님을 배신한다면 그분의 영이 그들을 떠날 것이고, 그들은 죽게 될 것이라고 했지. 우리는 단지 남자와 여자가 하나님을 배신하도록 만들면 돼. 나는 그들에게 하나님은 그들의 보호자가 아니라 이기적인 폭군일 뿐이라는 생각을 주입시킬 거야."

사탄은 그의 부하들을 보내고는 땅에서 가장 교활한 피조물로 변장하였다. 그리고 거짓말과 진실을 교묘하게 섞어서 그 두 사람이 창조주를 배신하도록 유혹하였다. 그런데 놀라운 일이 일어났다. 창조주를 배신한 자들이 당장 죽임을 당하지 않은 것이다. 인간의 불순종을 보신 하나님은 결과적으로 그들에게 고통과 슬픔, 영원한 죽음을 허락하셨지만, 사탄이 절대 예상하지 못했던 약속도 함께 주셨다. 그들의 후손 가운데 한 사람이 잃어버린 모든 것을 회복시킬 것이며 사탄의 머리를 밟을 것이라는 예언이었다.

그 예언을 들은 사탄의 마음은 새로운 분노로 들끓었다. 그는 구원자가 오신다는 약속을 불가능하게 만들기 위해 가장 사나운 마귀들과 함께 게릴라 전쟁을 벌이기로 했다. 수세기에 걸쳐 그들은 하나님의 약속을 방해하기 위해 가문과 왕들과 나라를 공격하였다. 그러나 사탄은 약속된 아이가 태어나는 것을 막을 수 없었다.

로마 황제 티베리우스의 재임기간에 사탄 부대의 우두머리는 예수라는 이름의 남사가 요난 상에서 세례를 받았나는 소식을 듣게 되었다.

"그가 예언된 자라고 생각하는 이유는 무엇인가?" 사탄은 이미 답을 알고 있으면서 부하에게 질문을 던졌다.

"그가 물에서 나왔을 때 하늘로부터 음성이 들리기를 하나님의 아들이라고 했습니다. 지난 삼십 년 동안 그는 줄곧 나사렛 예수로 알려져 있었는데, 그의 정체가 이제야 드러난 셈입니다. 이 예수는 우리가 두려워하면서 기다려왔던 바로 그 자가 분명합니다."

그 즉시 사탄은 요단 강으로 이동하였다. 사탄은 예수 혼자 예루살렘과 사해 사이의 광야를 걸어가는 모습을 발견했다. 예수의 뒤를 쫓던 사탄은 풀 한 포기 자라지 않는 황량한 들판에서 걸음을 멈추었다. 그는 예수가 사십 일 동안 금식하고 기도하는 모습을 바라보면서 생각했다. '지금쯤 예수는 굶주리고 약해졌을 테니 내가 제시하는 것을 덥석 물 거야.'

놀랍게도 예수는 그가 가까이 다가올 때 거부하지 않으셨다. "사람들이 말하기를 당신이 하나님의 아들이라 하더이다. 내가 그 말을 믿어야 하는 거요? 그 말이 사실이라면 내게 증명해 보이시오. 지금 몹시 시장할 테니 저 돌들을 떡으로 만든다면 내가 기꺼이 믿어드리지요."

"기록되어 있듯이," 예수는 그를 유혹하는 사탄에게 말했다. "사람이 떡으로만 사는 것이 아니요 여호와의 입에서 나오는 모든 말씀으로 살 것이라."

그때 사탄은 성전 꼭대기로 예수를 데려갔다. "당신이 하나님의 아들이라면 여기서 뛰어내려 보시오. 당신을 보호하는 천사들이 당신을 구해 줄 것 아니오? 사람들이 그런 기적을 목격한다면 당신을 믿게 될 것이오."

예수가 다시 한 번 거절하자, 마지막으로 사탄은 세상 모든 나라들이 한눈에 내려다보이는 높은 산으로 예수를 데려갔다. 그는 산 아래로 보이는 장관을 가리키며 말했다.

"내게 절하고 나를 섬기면 이 모든 것이 당신 것이 될 것이오."

그때 위엄 있는 목소리로 예수님이 말했다. "사탄아, 물러가라! 기록되었으되 '오직 주 너희 하나님께만 경배하고 그를 섬겨라!'"

본부로 돌아온 사탄은 부하들 앞에 앉았다. 어느 누구도 감히 이번 작전이 성공했는지를 물어볼 수 없었다. 그의 얼굴에 드러난 분노가 모든 것을 말해 줄 뿐이었다. 부하들은 아무 말 없이 눈치만 살피며 앉아 있었다.

"예수가 하나님의 아들인 것은 의심의 여지가 없네. 그를 제거하지 않는다면 하늘에서 추방당한 이후 우리가 세운 모든 계획들이 수포로 돌아가고 말 거야. 더 끔찍한 것은 그리스도가 능력을 갖게 된다면, 우리가 하늘에서 쫓겨났듯이 이 땅에서도 쫓겨날 수 있을 거라는 사실이네."

소집된 악마 가운데 하나가 불평 섞인 목소리로 말했다. "우리 작전이 모두 실패하고 있는데 무엇을 더 할 수 있단 말입니까?"

“그러니 작전을 바꿔야지.” 사탄이 대답했다. “예수에게 직접 대항하여 이길 수 없다는 것이 증명되었으니 은밀하게 작업해야지. 예언을 통해 예수야말로 죽음으로부터 인간들을 구원해낼 메시아라는 사실이 분명하게 밝혀졌으니 어떻게든 유대인을 속여서 예수가 약속된 메시아가 아니라고 믿게 만들어야지.”

“그러려면 어떻게 해야 합니까?” 사탄의 심복 가운데 하나가 물었다.

“유대 지도자들, 특히 바리새인들의 종교적, 민족적 교만을 이용해야지. 그들은 예수가 메시아가 아니라 그들의 권위를 약화시키는 사기꾼쯤으로 생각하게 될 것이네. 예수는 지혜로운 말과 기적으로 그들의 지지를 얻어내려고 하겠지만, 우리는 그들의 눈을 가려 보지 못하게 만들어야 하네. 예수의 명성이 높아져간다면 종교지도자들의 시기심도 커질 것이네. 누군가에게 자신들의 영향력을 빼앗기고 있다는 생각보다 더 그들을 분노하게 만드는 일은 없을 테니 말이야.”

유대 지도자들을 조종하는 것은 생각보다 쉬웠다. 예수의 영향력이 점점 커지면서 그들의 마음에 시기심이 불붙었기 때문에 사탄과 그의 부하들은 그 불길이 예수의 죽음까지 번져가길 바라며 부채질만 하면 됐다. 사탄의 승리가 점점 더 가까이 다가오는 것 같았다. 그는 손에 잡힐 듯한 승리를 놓치지 않기 위해 예수와 가장 가까운 사람 가운데 한 사람에게 탐욕을 미끼로 접근하여 협조하게 했다.

용이 움직이기 시작한 것은 유대인의 유월절 저녁이었다. 그의 제자들 가운데 세 사람만을 데리고 감람산에 기도하러 가셨을 때 범상치 않은 기운이 감돌고 있었다. 사탄은 수많은 천사 군단이 산 위에서 아래를 내려다보고 있다는 사실을 알아차렸다.

예수가 기도하실 때 사탄은 유다를 꾀어서 무장한 유대 관리들을 데리고 감람산으로 오게 했다. 그곳에서 유다는 자신의 스승에게 입맞춤으로써 유대 관리들에게 예수가 누구인지 알려주었다. 사랑의 표현인 입맞춤으로 배신을 표한 유다의 역설적인 행위는 사탄이 기뻐할 일이 가까이 다가왔음을 의미했다. 예수는 그 자리에서 체포되어 곧바로 대제사장 안나스에게 끌려가 재판에 회부되었다. 사탄의 계략으로 대제사장은 예수에게 엉터리 판결을 내리고 최종 판결을 위해 로마 관리인 본디오 빌라도에게 보냈다.

다음날 아침 예수는 안토니아 요새에 있는 빌라도 법정에 서게 되었다. 그 모습을 보기 위해 잔혹한 유대 군중이 구름처럼 모여들었다. 사탄은 빌라도가 나약한 인물임을 눈치채고 있었다. 그는 황제를 두려워했고, 자신의 지위를 박탈당할까봐 걱정했다. 뿐만 아니라 그는 유대인들이 동요하여 폭동을 일으킬까봐 몹시 염려했다. 그는 예수를 처형하고 싶지 않아 심하게 고문함으로써 피에 굶주린 유대 지도자들을 달래주고자 했다. 그런 다음 예수를 방면해 주면 될 것이라고 생각했다.

사탄은 마귀들에게 위험을 알리는 신호를 보냈다. "서두르게! 일제히 군중에게 내려가 광란에 빠지도록 선동하게. 그들을 미친 듯이 분노케 하여 빌라도가 반란을 두려워하도록 만들어야 하네."

마귀들은 임무를 완벽히 수행했다. 단번에 피를 요구하는 광란의 함성이 떠나갈 듯이 울려 퍼졌다. 빌라도는 사탄이 바라던 대로 군중의 압박을 이겨내지 못하고 예수를 십자가에 못 박으라고 내어주었다.

십자가에 달린 예수께서 극심한 고통으로 몸부림치실 때 사탄은 자신의 승리를 흡족해 하고 있었다. 하나님의 아들은 울부짖으셨다. "나의 하나님, 나의 하나님, 어찌하여 나를 버리시나이까?" 사탄은 예수의 울부짖음을 듣고 고초당하신 육신이 끝내 마지막 숨을 거두시는 모습을 지켜보면서 기뻐 날뛰었다.

사탄은 모든 것이 끝났다고 생각했다. 하나님의 계획이 좌절되었고, 자신의 계획이 성공했음을 확신했다. 인간은 이제 구원받을 수 없을 것이다. 마지막 위협이 제거되었으니 이 땅은 그들에게 먹기 좋게 익은 과일과도 같았다. 사탄은 발작과도 같은 웃음을 터뜨렸고, 그 웃음소리는 지옥 구덩이를 통해 길고 소란스럽게 울려 퍼졌다.

삼 일 후에 사탄이 타락한 천사들과 작전 회의를 하는 동안 거친 바람소리 같은 날카로운 소음이 그의 이야기를 방해했다. 그 소리는 점점 더 커지더니 견디기 힘들 만큼 요란해졌다. 세나가 눈을 뜰 수 없을 정도의 빛이 그들에게 몰려왔다. 돌조각들이 사방으로 흩어지고 거대한 기둥이 깨어졌다. 지옥 문 왼편에 커다란 구멍이 생기고 거기서 검은 연기가 뿜어져 나왔다.

큰 충격이 땅에 있던 모든 마귀들을 흔들었다. 그들은 너무 두려워 일어서지도 못한 채 웅크리고 있었다. 공포에 휩싸인 비명소리가 방을 가득 채웠다. "소리 그만 지르고, 모두 자세를 가다듬게!" 사탄은 호통을 쳤다. "예수가 달아났네. 우리의 최종 무기인 죽음이 그의 생명을 빼앗지 못한 것 같네. 우리는 생명의 주인을 놓쳐버리고 만 거야. 그는 죽음의 사슬을 끊어버렸고, 이제는 육신을 회복하여 무덤 밖으로 나가겠지."

"그럼 우린 어떻게 해야 합니까?" 마귀 중 하나가 울부짖었다.

"현실을 직시해야지." 사탄의 목소리는 단호했다. "우리는 하나님과 맞서서 이길 수 없어. 우리의 운명은 이제 결정되었네."

"하지만 방법이 있지." 사탄의 목소리는 점점 더 커졌다. "마지막 때에 우리는 결국 심판받겠지만, 하나님이 귀하게 여기는 인간들을 가능한 한 많이 지옥에 끄집어 내림으로써 하나님께 상처를 줄 수는 있지. 지금도 우리는 인간들에게 질병과 근심, 고통과 혼란을 줄 수 있고, 영원한 죽음까지 안겨 줄 수 있네. 우리의 최후 심판은 불가피하겠지만 그 생각은 억누른 채 우리가 증오하는 하나님을 괴롭히기 위해 이를 악물고 힘써야 할 것이네."

다음 세기에 사탄과 그의 부하들은 극적인 성공을 거두었다. 그러나 불안은 커져만 갔다. 그가 노골적으로 그리스도인들을 핍박하거나 속이고 현혹한다 해도 그들을 완전히 망가뜨릴 수는 없었다. 참으로 헌신된 자들은 마귀가 뚫을 수 없는 특별한 갑옷을 입고 있는 듯했다. 게다가 그리스도인들의 기도는 마귀들을 견딜 수 없게 만들었다. 하나님은 도움을 구하는 그들의 간구에 응답하셨다.

"우리가 그들을 죽일 때조차 그들은 우리를 패배자로 만들어 버렸어요." 마귀 가운데 하나가 투덜거렸다. "우리가 그들의 영혼과 몸을 갈라놓으려 할 때에도 하나님의 천사들이 그들을 안전하게 보호해 주더라고요."

낙심에 빠진 사탄은 마지막 도발을 위한 무대를 설계하기 시작했다. 그것은 전 세계적으로 하나님의 백성을 학살하는 것이었다. 자신의 종말이 임박해오자 경배와 섬김의 대상이 되고자 하는 욕구가 다시 솟구쳐 올랐다. 하나님과 동등해지고 싶은 욕구에 눈이 먼 사탄은 자신의 모든 행위가 실은 모방, 즉 하나님을 조잡하고 괴기스럽게 모방한 것에 지나지 않음을 깨닫지 못했다.

이 같은 사탄의 모방 행위는 결국 자신을 인간의 모습으로 드러내게 만들었다. 그는 성육신의 신비를 재연하는 것이 불가능하다는 사실을 잘 알고 있었다. 그래서 아기로 다시 태어나는 것이 아니라 힘과 영향력을 가진 정치 지도자와 일체가 되어 자신의 권력을 무자비한 폭정으로 드러내고자 했다. 사탄은 오래 전 예수에게 제시했던, 세상 모든 나라를 다스릴 통치권을 그에게 제시했고, 그는 그 제안을 수락했다.

그뿐 아니라 사탄은 공범을 한 명 더 포섭했는데, 그는 하나님의 성령을 흉내낼 악한 능력을 부여받은 거짓 선지자였다. 이제 사탄 역시 사탄과 적그리스도와 거짓 선지자로 삼위일체가 되었다.

세상을 지배하는 사탄의 영향력은 두 인간 하수인으로 인해 탁월한 성과를 드러내며 전례 없이 커져갔다. 머지않아 두 하수인은 속임수와 힘으로 전 세계를 장악했고, 세상 사람들에게 사탄을 섬기도록 강요했다. 그리고 그것을 거부하는 자들에게는 혹독한 형벌이 가해졌다.

강력한 힘을 손에 넣은 사탄은 이제 모든 속임수를 버리고, 공개적으로 하나님의 백성을 핍박하기 시작했다. 사탄은 인간들이 살인하고 파괴하는 광란의 행위로 그들의 증오심을 마음껏 채울 수 있게 해주었다.

성공에 취해 있던 사탄은 피할 수 없는 자신의 운명에 대해 다시 한 번 고민했다. 그러나 곧 자신이 이룬 공적들을 뽐내며 말했다. "이제 하나님의 백성은 얼마 남지 않았어. 모든 문명국의 지도자들까지 우리 편이잖아. 겨우 살아남은 그리스도인은 굴속이나 풀숲에 웅크리고 있고, 남아 있는 자들 중 하나님의 특별한 관심을 받는 유대인의 작은 나라는 지도에서 사라지게 할 수 있지. 그렇게 되면 이 땅을 영원히 우리 손에 넣을 수 있을 거야."

이런 오만한 목표를 행동으로 옮기기 위해 사탄은 적그리스도로 하여금 인류 역사상 가장 많은 군대를 모아 이스라엘을 향해 전진하게 했다. 그러나 사실 그는 패배를 향해 전진하고 있었다.

성경 속으로

종말을 배경으로 하는 대하드라마에서 사탄의 역할은 대적하는 자이다. 만약 사탄이 하나님을 배신하지 않았고 하나님의 완전한 창조가 타락하지 않았다면, 극적인 반전드라마는 필요하지 않았을 것이다. 마지막 때에 나타나는 사탄의 대리인 역할은 요한계시록 12장에 자세히 기록되어 있다. 이 장은 사탄의 형벌과 본성, 복수, 그리고 종말에 대한 중요한 사실들을 나열하고 있는데, 각각의 단어 앞에 "큰"great이라는 수식어를 붙여서 소개하고 있다.

1. "큰 이적"(계 12:1)
2. "큰 붉은 용"(계 12:3)
3. "크게 분 내어"(계 12:12)
4. "큰 독수리"(계 12:14)

이런 사실들로 미루어 볼 때 위의 이야기에 나오는 만악의 근원인 사탄에 대한 내용이 상당히 근거가 있다.

여인의 큰 이적

하늘에 큰 이적이 보이니 해를 옷 입은 한 여자가 있는데 그 발 아래에는 달이 있고 그 머리에는 열두 별의 관을 썼더라 또는 표적이 여자가 아이를 배어 해산하게 되매 아파서 애를 쓰며 부르짖더라(요한계시록 12:1-2)

이 여인에 대한 묘시는 깜짝 놀랄 만하다. 그녀는 해를 옷 입고 열두 별의 관을 쓰고 달 위에 서 있다. 그리고 가장 눈에 띄는 것은 여인이 극심한 해산의 고통 가운데 있다는 사실이다. 이 여인의 의미에 대해서는 여러 의견들이 있지만, 성경 전체의 가르침과 연관 지어 볼 때 여인은 이스라엘 민족을 상징한다. 또한 여인은 사탄의 적개심의 희생자로 이 극적인 드라마에 등장한다.

구약성경에서 이스라엘은 고통당하고 있는 여인으로 종종 묘사되곤 한다. 예를 들어 선지자 이사야는 이렇게 적고 있다. "여호와여 잉태한 여인이 산기가 임박하여 산고를 겪으며 부르짖음 같이 우리가 주 앞에서 그와 같으니이다 우리가 잉태하고 산고를 당하였을지라도 바람을 낳은 것 같아서 땅에 구원을 베풀지 못하였고 세계의 거민을 출산하지 못하였나이다"사 26:17-18; 66:7-8, 미 4:10, 5:3 참고.

이사야서의 여인은 산고를 겪었지만 아이를 낳는 데 실패함으로써 유대 민족이 인류에게 소망과 구원을 제시하는데 실패했음을 보여준다. 소망이 사라진지 수백 년 후 유대 민족은 인류의 구원자를 낳는 특권을 가졌다. "여자가 아들을 낳으니 이는 장차 철장으로 만국을 다스릴 남자라 그 아이를 하나님 앞과 그 보좌 앞으로 올려가더라"계 12:5. 이 의미심장한 구절은 그리스도의 삶에서 가장 중요한 세 가지 사건을 설명하고 있다.

1. 그리스도의 성육신 : "여자가 아들을 낳으니"

2. 그리스도의 승천 : "그 아이를 하나님 앞과 그 보좌 앞으로 올려가더라"

3. 그리스도의 재림 : "이는 장차 철장으로 만국을 다스릴 남자라"

요한계시록 12장 5절의 최종 완성은 계시록 말미에 기록되어 있다. "그의 입에서 예리한 검이 나오니 그것으로 만국을 치겠고"계 19:15. 요한계시록 12장의 첫 번째 큰 이적은 여자, 곧 이스라엘이다. 이 여인이 낳은 아이는 사탄의 궁극적인 원수인 예수 그리스도이신데, 그분은 인류 마지막 드라마의 영웅적 주인공이시다.

큰 용

하늘에 또 다른 이적이 보이니 보라 한 큰 붉은 용이 있어 머리가 일곱이요 뿔이 열이라 그 여러 머리에 일곱 왕관이 있는데 그 꼬리가 하늘의 별 삼분의 일을 끌어다가 땅에 던지더라 용이 해산하려는 여자 앞에서 그가 해산하면 그 아이를 삼키고자 하더니… 큰 용이 내쫓기니 옛 뱀 곧 마귀라고도 하고 사탄이라고도 하며 온 천하를 꾀는 자라 그가 땅으로 내쫓기니 그의 사자들도 그와 함께 내쫓기니라(요한계시록 12:3-4, 9)

사탄의 길은 내리막길이다. 하늘에서 땅으로… 땅에서 무저갱으로… 무저갱에서 불못으로. 요한계시록 12장은 베일에 가려졌던, 사탄이 하늘로부터 추방되는 모습을 보여준다. 또한 9절은 성경 어느 곳보다 사탄에 대해 자세히 묘사하고 있다. 사탄은 큰 용, 옛 뱀, 마귀, 사탄, 그리고 온 천하를 꾀하는 자라고 불리는데, 이름들이 주는 인상이 모두 좋지 않다.

중요한 것은 이런 묘사들이 사탄의 겉모습이 아니라 본성을 보여준다는 사실이다. 따라서 사탄이 용처럼 추한 외모를 갖고 있을 것이라는 예측은 옳지 않다. 바울이 사탄에 대해 '자기를 광명의 천사로 가장'한다고 말한 것처럼고후 11:14 사탄의 겉모습은 오히려 태양처럼 밝고 화사하다. 사탄의 원래 이름인 루시퍼는 '아침의 별'이라는 의미였기 때문이다.

사탄의 행위는 그의 본성을 드러낸다. 그는 매력적인 겉모습으로 죄의 흉악한 본질을 감춤으로써 사람들을 속인다. 그는 공격적이고 비열하며 포악하다. 그가 가는 길은 피와 죽음으로 얼룩져 있기 때문에 항상 붉은색이다. 사탄을 뱀이라고 부를 때마다 우리는 에덴동산에서 교활하게 속였던 사탄의 모습을 떠올린다. 태초부터 사탄은 하나님을 대적하며 인간을 죽이기로 계획했다. 우리 주님 또한 "그는 처음부터 살인한 자요"요 8:44라고 말씀하셨다.

이러한 대적의 이름은 구약성경에서는 '사탄'satan, 신약성경에서는 '마귀'the devil로 불리운다. 사탄은 하나님과 그분의 자녀들을 대적하는데, 베드로는 사탄을 이렇게 묘사하고 있다. "너희 대적 마귀가 우는 사자 같이 두루 다니며 삼킬 자를 찾나니"벧전 5:8.

헬라어로 '마귀'는 '디아볼로스'dibolos인데, 문자적으로는 '중상모략하는 자'라는 의미이다. 이는 요한계시록 12장 10절의 '우리 형제들을 참소하던 자'라는 표현에서 나온 것이다. 천국 법정에서 사탄은 그리스도를 믿는 사람들을 헐뜯으며 검사처럼 재판관 앞에서 우리의 평판을 망가뜨리려 애를 쓸 것이다.

마지막으로 사탄은 '온 천하를 꾀는 자'계 12:9라고 묘사되어 있다. 과거에 사탄의 목적은 그리스도를 세상으로부터 떼어놓는 것이었다. 그 작전이 실패로 돌아갔기 때문에 사탄에게 남은 유일한 대안은 이 세상을 그리스도로부터 떼어놓는 것이다. 그는 우리 마음에 하나님의 영광과 신실함에 대한 의심의 씨앗을 뿌리며 진실과 거짓을 적당히 섞어 농락할 것이다. 바울은 고린도 교회에 보내는 편지에서 이러한 사탄의 전략을 폭로하였다. "그리스도의 영광의 복음의 광채가 비치지 못하게 함이니 그리스도는 하나님의 형상이니라"고후 4:4.

사탄의 능력

요한계시록 12장 3절은 "큰 붉은 용이 머리가 일곱이요 뿔이 열이라 그 여러 머리에 일곱 왕관이 있는데"라고 말하고 있다. 성경에서 '7'이라는 숫자는 주로 전체를 상징하고, 머리는 영리한 생각, 뿔은 힘을 상징한다. 그래서 일곱 개의 머리와 열 개의 뿔을 가진 용은 사탄의 영리함과 교활함을 보여준다.

용

사탄의 위장 전략

예수 그리스도	사탄
이 세상의 빛(요 9:5)	광명의 천사로 자신을 위장함(고후 11:14)
왕 중의 왕(딤전 6:15)	모든 교만한 자들 위에 군림하는 왕(욥 41:34)
평화의 왕(사 9:6)	공중의 권세 잡은 자(엡 2:2)
주 나의 하나님(슥 14:5)	이 세상의 신(고후 4:4)
유다 지파의 사자(계 5:5)	삼킬 자를 찾아다니는 우는 사자(벧전 5:8)

머리에 쓴 왕관은 성경 전체에서 사탄의 모습과 연관되어 있다. 사탄은 왕관을 쓴 왕이다. 마태복음 12장 25-26절에서 예수님은 사탄을 '나라를

소유한 왕'으로 표현하신다. 뿐만 아니라 성경 곳곳에서 사탄을 '이 세상의 통치자'로 묘사하고 있다엡 6:12. 요한복음은 사탄을 일컬어 세 번이나 '이 세상의 임금'이라 지칭했다요 12:31, 14:30, 16:11. 또한 바울은 고린도후서 4장 4절에서 '이 세상의 신'으로, 에베소서 2장 2절에서는 '공중의 권세 잡은 자'로 표현했다.

공중의 권세를 잡은 왕인 사탄에게는 부하들이 있는데, 바로 악한 인간들과 악한 영들이다. 그는 불순종의 영을 나스리며 이 세상에 죄악을 쌓아올리는 건축가이다. 또 요한은 요한일서 5장 19절에서 "또 아는 것은 우리는 하나님께 속하고 온 세상은 악한 자 안에 처한 것이며"라고 말하고 있다.

그런데 하나님은 사탄에게 세상의 통치권을 주지 않으셨다. 그것은 사탄이 아담과 하와의 손에서 빼앗아간 것이다. 하나님은 아담과 하와에게 "생육하고 번성하여 땅에 충만하라"고 하시면서 "바다의 물고기와 하늘의 새와 땅에 움직이는 모든 생물을 다스리라"창 1:28고 통치권을 주셨다. 그러나 에덴동산의 부부는 하나님이 주신 보좌를 사탄에게 양도했다.

사탄의 동역자

요한계시록 12장 4절은 루시퍼의 꼬리에 대해 "하늘의 별 삼분의 일을 끌어다가 땅에 던지더라"고 말하고 있다. 여기에서 별은 천사를 상징하는데, 세상이 창조될 때 노래 부르는 천사들을 새벽 별이라고 불렀다욥 38:7. 즉 이 말씀은 루시퍼가 교만에 빠져 하나님께 대항할 때 천사들의 삼분의 일을 데려나간 것을 의미한다.

어떤 사람들은 모든 천사가 선하다는 가정 하에 사탄이 천사들을 부하로 삼았다는 주장을 매우 불편해 한다. 그러나 요한계시록 12장 후반부에서 우리는 미가엘이 용과 그의 부하들에 맞서 천사 무리를 지휘하는 모습을 보게 된다. 또 예수님의 감람산 설교를 보면 사탄이 천사들을 거느리고 있음을 인정할 수밖에 없다. "또 왼편에 있는 자들에게 이르시되 저주를 받은 자들아 나를 떠나 마귀와 그 사자들을 위하여 예비된 영원한 불에 들어가라"마 25:41.

베드로후서 2장 4절과 유다서 1장 6절에서 우리는 범죄한 천사들이 지옥에 갇혀 사탄의 부하로서 일하지 못하게 되는 장면을 보게 된다. 이 타락한 천사들은 선한 모습을 모두 잃어버리고 말았다. 그들은 죄를 통해 인간이나 세상 사건들에 영향을 끼치기 위해 사탄에 의해 조직된 무리이다. 이에 대해 바울은 이렇게 적고 있다. "우리의 씨름은 혈과 육을 상대하는 것이 아니요 통치자들과 권세들과 이 어둠의 세상 주관자들과 하늘에 있는 악의 영들을 상대함이라"엡 6:12

분명한 점은 이 사악한 천사들은 그들 우두머리와 마찬가지로 우주에서 엄청난 자유를 누리고 있다는 사실이다. 루시퍼는 에덴동산으로 기어들어오는 것을 허용받았고, 인간들을 끊임없이 참소함으로써 접근을 금지당할 만큼 하나님의 현존 가까이 다가가기도 했다욥 1장, 계 12:10. 사탄의 종들은 하나님을 위해 일할 때와 마찬가지로 사탄을 위해 악한 계획을 수행하고 있다.

사탄의 목적

태초부터 사탄의 목적은 여자의 아들을 무너뜨리는 것이었다. "용이 해산하려는 여자 앞에서 그가 해산하면 그 아이를 삼키고자 하더니"계 12:4. 하나님은 에덴동산에서 사탄에게 여자의 후손이 그의 머리를 상하게 할 것이라고 말씀하셨고창 3:15, 사탄은 그때부터 약속된 후손을 제거하려는 작전을 시작했다. 약속된 후손이 이스라엘에서 날 것이라는 예언 때문에 사탄은 그 민족이 형성되는 것을 막기 위해 수단과 방법을 가리지 않았다. 사탄은 에서를 선동하여 장차 열두 지파의 아비가 될 그의 동생 야곱을 죽이려고 했다. 그 작전이 실패로 돌아가자 바로를 선동하여 애굽의 모든 유대 남자아기를 죽이려고 하였다. 야곱이나 모세가 살아남지 못했다면 이스라엘 민족은 존재하지 못했을 것이다.

한때는 이스라엘 역사에서 사탄이 승리하는 것처럼 보였다. 약속된 구원자가 다윗 왕의 가문을 통해 오실 예정이었는데, 다윗의 후손인 여호사밧 왕이 죽었을 때, 계속되는 음모와 살인이 아하시야 왕과 그의 가족을 제외한 다윗 혈통을 말살시켜 버렸다. 아하시야 또한 살해당했고, 왕의 어머니인 왕비가 왕위를 찬탈하여 그의 자손들을 모두 죽였다. 왕비는 왕의 혈통이 끊어졌다고 생각했다. 그러나 제사장의 아내가 아하시야 왕의 막내아들 요아스를 왕위를 물려받을 때까지 숨겨주었다. 약속된 후손에 대한 하나님의 궁극적인 계획은 이스라엘 왕가의 유일한 생존자였던 어린아이에게 달려 있었다대하 22:10-12.

그러나 사탄은 흔들림 없이 사악한 하만을 선동하여 모든 유대인을 말살하기 위한 계략을 꾸민다. 하지만 이번에도 하나님은 에스더를 통해 하만의 계략을 폭로하여 약속된 후손이 죽임을 피할 수 있게 하셨다에 4:14.

마침내 예언된 아기가 태어났을 때 사탄은 헤롯 왕의 마음에 두려움과 적개심을 심어서 베들레헴에 있는 모든 아기들을 살해하게 했다. 사탄은 베들레헴의 모든 어린아이를 죽이면 약속된 후손도 반드시 죽게 될 것이고, 하나님의 약속도 사라지게 될 거라고 생각했다(마 2:16). 그러나 하나님은 주권적 손길로 개입하셔서 요셉 가족을 애굽으로 탈출시켜 예수님의 생명을 보존하셨다.

예수님이 세례를 받고 난 뒤 사탄은 광야에서 예수님과 대면한다. 그리고 위의 이야기에서 보듯이 그분께 유명한 세 가지 시험을 한다. 이에 대해 예수님은 성령의 검, 곧 하나님의 말씀으로 대적자를 무력하게 만드셨다.

사탄은 예수님을 죽이기 위해 두 번이나 더 시도했다. 그는 나사렛 사람들을 선동하여 예수님을 동네 밖, 산 낭떠러지까지 끌고가서 밀쳐 떨어뜨리려고 하였다눅 4:29. 그 다음에는 율법학자와 바리새인들의 증오심을 부채질하여 예수님을 돌로 쳐 죽이게 하려 했다요 8:59. 그러나 매번 예수님은 해를 입지 않고 기적적으로 몸을 피하셨다.

마침내 금요일 오후 세 시. 하나님의 아들이신 약속된 후손이 십자가에서 피 흘리며 죽었을 때 사탄은 오랜 세월동안 이어왔던 자신의 작전이 드디어 결실을 맺었다고 생각했다. 심하게 훼손된 그리스도의 육신을 세마포에 싸서 향유를 바른 후 무덤에 안장하였을 때, 사탄은 드디어 자신이 승리했다고 생각했을 것이다. 그러나 하나님은 약속된 후손이 세상을 구원하고 다스리게 하실 것이라는 계획을 결코 바꾸지 않으셨다. 사흘째 되던 날 하나님은 죽은 자 가운데서 예수님을 다시 살리셨고 사탄의 계획은 완전히 좌절되었다[미주1].

큰 전쟁

하늘에 전쟁이 있으니 미가엘과 그의 사자들이 용과 더불어 싸울새 용과 그의 사자들도 싸우나 이기지 못하여 다시 하늘에서 그들이 있을 곳을 얻지 못한지라(요한계시록 12:7-8)

이 말씀은 하늘에서 하나의 전투가 아니라 수많은 전투들이 치러지고 있음을 보여준다. 이 전쟁은 미가엘과 사탄의 전투, 즉 사탄이 이끄는 천사들과 미가엘이 이끄는 천사들의 전투, 사탄을 따르는 사람들과 하나님의 사람들의 전투를 포함한다. 요한계시록은 이 지독한 대적이 결국 최후의 전투를 벌일 것이라는 사실을 알려준다.

중요한 점은 이 대적이 추상적인 악이 아니라는 것이다. 악의 세력은 개별적인 인격과 지능을 가진 천사들의 조직체이다. 이 조직체에는 사탄뿐 아니라 그를 따르는 천사들도 포함된다. 이 사실을 가장 분명하게 입증해 줄 말씀이 다니엘서 10장에 나오는 장면이다.

다니엘이 스무하루 동안 기도드렸을 때 가브리엘로 유추되는 한 천사가 환상을 통해 그를 방문했다. 그 천사는 다니엘의 기도가 첫날에 응답되었지만, 기도 응답을 전하기 위해 날아오고 있을 때 페르시아의 왕이 그를 공격했다고 말한다. 또한 그 소식을 전해 들은 미가엘이 가브리엘을 도와주었기 때문에 가까스로 다니엘에게 올 수 있었다고 말한다. 페르시아의 왕은 인간 왕이 아니라 사탄의 수하에 있는 타락한 천사를 가리킨다. 왜냐하면 어떤 인간도 하나님의 전령사를 막을 수 없기 때문이다.

'페르시아의 왕'이라는 말은 사탄의 조직체에서 그의 위치를 나타낸다. 사탄은 모든 나라와 지역에 타락한 천사들을 배치해 놓았다. 다니엘서에 나오는 왕은 유대인이 포로로 잡혀있는 페르시아를 책임지고 있었는데, 미가엘과 가브리엘은 페르시아 왕의 악한 영향력을 힘겹게 물리친 후에야 하나님의 백성을 위한 임무를 수행할 수 있었다. 다니엘의 기도 응답을 방해했던 페르시아의 왕을 사탄의 조직에 속한 천사라고 해석하면 말씀이 완벽히 이해된다.

요한계시록에서 천사들이 전쟁을 벌이는 장면은 전쟁이 하늘에서뿐만 아니라 이 땅에서도 맹렬하게 일어나고 있음을 보여준다.

아마 당신은 이런 생각을 하고 있을지도 모르겠다. '그렇지만 사탄은 이미 심판 받지 않았나요?' 그 말이 맞다. 사탄은 십자가에서 이미 심판을 받았다. 요한복음 16장 8절, 11절은 그것을 증명해 준다. "그가 와서 죄에 대하여, 의에 대하여, 심판에 대하여 세상을 책망하시리라… 심판에 대하여라 함은 이 세상 임금이 심판을 받았음이라." 히브리서 2장 14절도 그것을 반증해 준다. "자녀들은 혈과 육에 속하였으매 그도 또한 같은 모양으로 혈과 육을 함께 지니심은 죽음을 통하여 죽음의 세력을 잡은 자 곧 마귀를 멸하시며"

사탄이 그리스도의 죽음과 부활로 이미 심판을 받았다면 왜 그가 이기고 있는 것처럼 보일까? 그 대답은 바로 이것이다. 예수님이 다시 살아나셨을 때 사탄의 모든 희망은 산산조각이 났다. 그러나 법적 선고 이후에도 집행이 남아 있을 수 있다. 법정에서 유죄 선고를 받은 살인자가 선고 이후 사형 집행을 기다리는 것처럼 그리스도는 최종적으로 승리했지만, 미래의 어느 시점까지 그 승리가 완전히 집행되지 않을 것이다.

한 가지 위로가 되는 사실은 최종 집행을 기다리는 동안에도 그리스도의 승리가 기도를 통해 지금 집행될 수 있다는 것이다. 다니엘은 스무하루 동안 기도했고, 그 기도는 사탄의 방해를 뚫고 응답되었다. 이 땅에서의 승리는 하늘에서의 승리에 달려있다. 이 땅에서 사탄과 영적 전쟁을 치르고 있는 우리는 보이지 않는 세계에서 전쟁을 치르고 있는 천사들과 전우인 셈이다. 그리고 우리의 기도는 하늘과 땅, 양쪽 진영에 동시에 영향을 미친다. 이는 기도가 실제로 인간에게 일어나는 사건들의 결과를 바꿀 힘이 있다는 의미이기도 하다. 누군가가 이런 말을 했다. "세상을 돌아가게 하는 것은 권력자의 힘이 아니라 기도의 힘이다."

위의 이야기에서 보듯이 사탄은 그리스도의 승리를 자신의 것으로 여기는 그리스도인을 도저히 이길 수 없다. 하나님의 종들은 온갖 핍박을 받고 때로 죽임도 당하겠지만 그들의 궁극적인 승리는 이미 정해져 있다. 이 거룩한 확신은 우리에게 싸울 수 있는 용기를 준다. 우리는 사탄의 공격으로부터 보호받을 수 있음을 알기 때문이다. "우리의 싸우는 무기는 육신에 속한 것이 아니요 오직 어떤 견고한 진도 무너뜨리는 하나님의 능력이라 모든 이론을 무너뜨리며 하나님 아는 것을 대적하여 높아진 것을 다 무너뜨리고 모든 생각을 사로잡아 그리스도에게 복종하게 하니"고후 10:4 5.

큰 분노

> 그러므로 하늘과 그 가운데에 거하는 자들은 즐거워하라 그러나 땅과 바다는 화 있을진저 이는 마귀가 자기의 때가 얼마 남지 않은 줄을 알므로 크게 분내어 너희에게 내려갔음이라 하더라(요한계시록 12:12)

마지막 때에 하늘로 올라간 신자들은 거룩함으로 완전해져 있을 것이다. 사탄은 더 이상 참소할 말이 없을 것이다! 사탄이 신자들에게 할 수 있는 일은 이제 아무것도 없다! 마지막 때에 사탄은 갑자기 하늘에서 땅으로 버려질 것인데, 이러한 하늘의 정화작업은 사탄의 분노로 말미암은 땅의 오염을 가져올 것이다. 요한계시록은 마지막 때에 이 땅이 견뎌내야 할 버려진 사탄의 분노를 묘사하고 있는 것이다.

악화되는 공격

요한계시록 12장 12절은 이러한 경고를 보내고 있다. '땅과 바다에 살고 있는 자들에게 화가 있으리로다! 자신의 때가 얼마 남지 않았기 때문에 마귀가 커다란 분노를 안고 당신에게 내려갔노라.' 여기에서 분노wrath라는 말은 '강한 열정 또는 감정'이라는 의미로도 사용된다. 도날드 그레이 반하우스는 이것을 우리에 갇힌 짐승에 비유하며 이렇게 표현했다. '숲에서 울부짖을 때는 엄청나게 위협적이었던 짐승이 이제는 울타리에 갇힌 신세가 되었다. 울타리 안을 둘러보며 자신이 받게 된 제약으로 인해 울분을 터뜨리다 자신의 종말이 다가오고 있음을 느끼고는 사생결단으로 싸움을 걸어오며 광적인 힘을 내뿜는다'미주2. 하나님의 백성을 대적하는 사탄의 공격은 지성소에 짐승의 우상을 세워 성전을 모독하는 것과 유대 백성에 대한 핍박으로 절정에 달할 것이다.

반유대적인 공격

요한계시록은 마지막 때에 세상을 뒤덮게 될 반유대주의 물결을 예고하고 있다. "용이 자기가 땅으로 내쫓긴 것을 보고 남자를 낳은 여자를 박해하는지라… 여자의 뒤에서 뱀이 그 입으로 물을 강 같이 토하여 여자를 물에 떠내려가게 하려 하되"계 12:13, 15.

사탄은 그리스도가 태어나셨다는 이유만으로도 이스라엘을 미워하지만, 이스라엘이 메시아가 이 땅에 다시 오셔서 세우게 될 왕국의 백성이라는 사실 때문에 더욱 그들을 멸하고자 한다.

사탄은 친구의 장난감을 망가뜨리는 못된 아이처럼 자신이 가질 수 없다면 어느 누구도 그것을 가질 수 없게 만들어 버린다. 그래서 요한계시록 12장에서 사탄은 입에서 물을 강같이 토해 내서 여자이스라엘를 떠내려가게 하려고 한다. 어떤 사람들은 이것을 문자적으로 해석하여 요단 강 아래로 이스라엘을 쓸어버릴 것이라는 의미로 해석하기도 한다. 또 다른 사람들은 상징적인 의미로서 이스라엘 민족을 전멸시키고자 하는 사탄의 총체적인 노력이라고 해석하기도 한다. '물을 강 같이 토해내고'라는 말이 어떤 의미든 간에 유대 민족을 공격하고 전멸시키기 위한 조직적이고 공격적인 노력이 있을 것이라는 사실만은 분명하다.

분노의 공격

요한계시록 12장 마지막 절은 용이 격분하여 "하나님의 계명을 지키며 예수의 증거를 가진 자들"계 12:17과 전쟁을 일으키려 한다고 적고 있다. 이는 유대인 전체를 의미하는 것이 아니라 유대인 그리스도인을 가리킨다. 나는 이들이 요한계시록 7장에 나오는 144,000명의 유대인 증인이라는 예언서를 연구하는 사람들의 주장에 동의한다. 이 인침 받은 설교자들은 순종과 외적 증거로 말씀의 예언을 확실하게 성취할 것이다. 그리고 사탄은 이 신실한 증인들이 사탄의 적이라는 사실에 분노할 것이다.

큰 날개

> 그 여자가 큰 독수리의 두 날개를 받아 광야 자기 곳으로 날아가 거기서 그 뱀의 낯을 피하여 한 때와 두 때와 반 때를 양육 받으매… 땅이 여자를 도와 그 입을 벌려 용의 입에서 토한 강물을 삼키니(요한계시록 12:14, 16)

고대 이스라엘에게 '큰 독수리의 두 날개'는 그들을 애굽에서 구해주신 하나님의 은혜를 떠올리게 한다. "내가 애굽 사람에게 어떻게 행하였음과 내가 어떻게 독수리 날개로 너희를 업어 내게로 인도하였음을 너희가 보았느니라" 출 19:4, 신 32:11-12.

요한계시록 12장은 어느 날 이스라엘이 특정 장소에서 극적으로 구원받게 될 것이라고 말한다. 어떤 사람들은 이 장소가 사해 남동쪽의 가파른 절벽으로 요새화되어 있는 페트라라고 생각한다. 14절 말씀은 마지막 때에 이스라엘이 그릿 시냇가의 엘리야나 광야의 이스라엘이 경험했던 것 같은 신비한 보호하심을 경험하게 될 거라고 예언한다. 어떤 방법이든 우리는 하나님이 남아 있는 하나님의 백성 가운데 신실한 자들을 보호하실 것이라는 사실을 확신할 수 있다.

CCM 싱어 송 라이터인 캐롤라인 아렌즈는 십자가에서 이미 심판 받은 사탄이 얼마나 우리를 끈질기게 괴롭힐 것인지에 대해 이런 이야기를 들려준 적이 있다.

나는 어린아이였을 때 선교주일을 정말 좋아했었다. 그날은 휴가를 받고 돌아온 선교사님들이 설교시간에 아주 특별하고 재미난 이야기를 들려주셨기 때문이다. 그때 들은 이야기 중에서 절대 잊혀지지 않는 이야기가 하나 있다.

그 선교사 부부는 결혼해서 찌는 듯한 어느 정글 마을에 정착하셨다고 한다. 어느 날 사람보다 더 큰 거대한 뱀 한 마리가 혀를 날름거리며 문을 지나 부엌까지 기어들어왔다. 기절할 만큼 놀란 선교사 부부는 정신없이 밖으로 달려나와서 대처 방법을 알려줄 원주민을 찾았다. 이웃이 커다란 칼을 들고 집으로 조용히 들어가 단숨에 뱀의 목을 베어버렸다. 그 이웃은 선교사 부부에게 뱀을 제거했다고 확인해 주었다. 그런데 부부는 그가 말해 준 한 가지 경고에 깜짝 놀랐다. 뱀은 자신이 죽었다는 사실을 깨달을 때까지 계속해서 발버둥 칠 것이라는 것이다. 뱀의 신경과 혈액은 목이 잘린 뒤에도 상당한 시간 동안 흐름을 멈추지 않기 때문이다. 그래서 몇 시간 동안 선교사 부부는 그 뱀이 가구를 타격하고 벽과 창문에 이리저리 부딪치며 몸부림치는 모습을 밖에서 지켜보아야 했다. 그 분노의 몸부림은 머리가 없다는 사실을 몸이 깨달을 때까지 계속되었다. 그 모습을 바라보며 선교사 부부는 서로 같은 생각을 했다. "저 뱀을 보면서 무슨 생각이 들었어?" 남편이 물었다. "사탄은 저 커다란 뱀과 너무 닮은 것 같아. 이미 패배했지만, 그걸 모르고 있잖아. 계속 사람들에게 고통을 안겨주겠지. 하지만 어떤 상황에서도 사탄이 패배자라는 사실은 변하지 않아."

이 이야기는 사탄의 발작과 몸부림은 결국 끝날 것임을 상기시켜 준다. '이 이야기는 이 세상의 모습과 너무 똑같아서 잊혀지지 않는다. 우리는 사탄이 발작하는 시대를 살아가고 있다. 그래서 서로에게 또는 우리 자신에게 폭력을 가하는 일이 만연하다. 낙심의 유혹 속에서도 우리는 그 발작이 영원히 지속되지 않을 것임을 명심해야 한다. 예수님이 이미 사탄의 머리를 짓밟으셨기 때문이다'[미주3].

6
chapter

바다에서 온 짐승

Agents of the Apocalypse

이야기 속으로

"내각이 강성 파업을 종식시키다." 타임지의 첫 페이지를 장식한 헤드라인이었다. 영국은 5주 이상 파업상태였는데, 파업은 심각한 국가 위기를 초래했다. 노동조합은 서로 합병하였고, 노조가 거듭 합병함으로써 강력한 노조가 영국 경제를 지배하기에 이르렀다. 철도, 운송, 제조, 석유화학 등등 노조 대표들의 무리한 요구가 계속되었다. 고용 임금이 높아지자 물가상승과 직원해고, 부채증가가 이어졌고, 결과적으로 많은 회사들이 파산하거나 벼랑 끝에서 휘청거리게 되었다.

노조연합이 12퍼센트의 임금인상과 여섯 시간 근무 조건, 무상보육을 요구하였고 경영자들이 망설이자 전국적인 파업을 강행했다. 트럭과 철도 운행이 멈추었고, 휘발유 탱크는 말라버렸다. 폭동과 약탈이 빈번해져 영국은 점점 더 혼란스러운 상황에 빠져들었다.

위기가 최고조에 달하자 수상은 특단의 조치를 내렸는데, 파업에 가담한 노동자들이 일터로 돌아가지 않으면 무거운 벌금을 부과하겠다는 내용이었다. 하지만 이런 조치들마저 실패로 돌아가자 수상은 시민군을 동원하여 집회를 방해했다. 그 결과 죽거나 다친 사람들이 늘어나자 수상에 대한 시민들의 분개가 팽배해졌다. 이렇게 혼란스러운 와중에 협상안이 나왔고, BBC 방송은 재빠르게 그 소식을 다루었다.

“얼마 전까지만 해도 잘 알려지지 않은 각료였던 상공회의소 차관 유다 크리스토퍼가 노조와 사업주의 대표를 만나게 해 달라고 요청했습니다.” 삼 일 안에 그는 양측 모두 납득할 만한 협상안을 내놓았다.

“방금 유다 크리스토퍼 차관이 회의장에서 나왔다고 합니다.” 앵커는 계속 말을 이어갔다. “현장을 연결해 보겠습니다.”

삼십 대 초반의 키가 크고 매력적인 남자가 환하게 웃으며 카메라 앞으로 다가왔다. 그는 기자와 모여 있는 사람들에게 따뜻한 미소로 인사했다.

“차관님, 삼 일 만에 극적으로 합의한 사항에 대해 말씀해 주시겠습니까?”

크리스토퍼의 목소리는 달콤했고, 표현은 매우 정확했다. 대답을 마친 크리스토퍼는 다시 한 번 흐뭇한 미소를 짓고는 자리를 떠났다.

크리스토퍼의 승승장구는 이어졌고, 얼마 지나지 않아 무능과 불법적인 행위로 수상을 고발했다. 내각이 물러나고 의회가 압도적인 표 차이로 크리스토퍼를 선출하는 것은 시간문제였다. 선거 후 유다 크리스토퍼는 파업과 과도한 복지정책으로 인한 인플레이션을 과감한 정책으로 해결했다. 탁월한 능력으로 인해 그의 지지도는 그야말로 압도적이었다.

크리스토퍼 수상의 정책들은 영국 경제를 다시 숨 쉬게 만들었고, 그는 영국을 구원한 지도자로 확고히 자리매김했다. 그러나 갑자기 수백만 명의 사람들이 지구상에서 사라지는 사건이 발생한 후로 모든 것이 한순간에 무너져 버렸다. 운전자가 사라진 차는 다른 차와 추돌했고, 조종사가 사라진 비행기는 추락해서 수많은 사상자를 냈다. 공장 기계들이 멈췄고, 원자력 발전소 두 곳은 실무자가 갑자기 사라지는 바람에 폭발하고 말았다.

혼란은 거기서 끝나지 않았다. 직원의 삼분의 일이 사라지자 소매업, 제조

업, 법원, 경찰서, 사무실, 정부 부처 등의 업무가 마비되었다. 치료를 받지 못해 사망하는 사망자 수가 늘어났고, 상점들도 텅 비어 버렸다. 굶주린 사람들로 인해 곳곳에서 크고 작은 범죄가 발생했다. 남은 시민들은 사라진 사람들이 모두 그리스도인임을 알게 되었다. "끔찍한 일이군요!" 크리스토퍼의 보좌관은 안타까워했다. "이 참사를 속히 해결하셔야 할 텐데요."

"위기는 곧 기회가 될 수 있네." 크리스토퍼는 흥분한 목소리로 말했다.

"이런 기회를 절대 놓쳐서는 안 되지. TV에 나올 수 있게 해주게."

그날 저녁 크리스토퍼는 영국 전역으로 나가는 방송에서 자신이 이 사태를 어떻게 해결할 것인지를 설명했다. 순식간에 크리스토퍼는 유사한 위기에 처한 유럽 국가들로부터 선망의 대상이 되었다.

엄청난 무리의 사람들이 사라진 후 이스라엘은 주변 이슬람 국가들로부터 끊임없는 위협을 받았다. 서방 국가들이 자신들의 혼란을 수습하기에 바빠 선뜻 군사적 지원을 할 수 없을 거라 여겼기 때문이다. 중동에서의 전쟁은 불가피해 보였고, 군사 전문가들은 이스라엘이 오래 견디지 못할 것이라고 확신했다.

크리스토퍼 총리가 각료 회의를 소집했다. "우리는 중동의 화약고가 터지는 것을 원치 않습니다. 중동에서 전쟁이 일어나면 분명 다른 나라들로 확대될 것이고, 이는 성공적으로 복구를 진행하고 있는 우리나라에도 도움이 되지 않을 것입니다. 이제 전 세계의 골칫거리를 영원히 제거해 버릴 때가 왔습니다."

크리스토퍼는 예루살렘으로 가서 이스라엘과 함께 이슬람 국가들과 회담을 한 후 7년 동안 이스라엘을 보호해 주겠다는 약속을 하고 평화협정을 체결했다. 하룻밤 사이에 유다 크리스토퍼는 이스라엘의 영웅이 되었다. 그는 유대인의 성전 재건을 지원하겠다고 선언함으로써 그 지위를 더욱 확고히 했다. 평화협정으로 유대인들은 방위비를 성전 재건비로 전환했다. 사 개월 후에 성전 재건이 완료되었다. 한편, 영국 비밀정보기관의 국장인 클리브 넬슨이 유다 크리스토퍼의 책상 맞은편에 앉아 있었다.

"수상님도 아시다시피 저희는 러시아와 이집트의 병력과 무기 상황을 감시해 왔습니다. 그러던 중 이 나라들이 한 달 안에 이스라엘을 침공할 것 같은 기류를 감지했습니다."

"이스라엘은 평화협정 이후 군사력이 현저히 떨어졌기 때문에 매우 불리할 걸로 판단됩니다."

"이스라엘도 그 사실을 알고 있는가?"

"네, 대비할 수 있도록 통보해 주었습니다."

"그런 일은 나에게 먼저 상의를 했어야지!" 크리스토퍼는 주먹으로 책상을 내리쳤다. "나는 그 협정을 이행할 생각이 전혀 없네. 한때는 그 협정이 필요했지만 지금은 아니야. 이 전쟁에 끼어들지 않는 것이 우리에게 유리하지. 러시아와 이슬람 국가들이 이스라엘을 제거해 버리도록 두게. 전 세계의 암 덩이를 제거해 준다면 감사해야지."

예상대로 러시아와 이슬람 국가들은 이스라엘을 침공했다. 그들은 예루살렘을 짓밟을 생각으로 진격했지만, 그들이 목적을 수행하기도 전에 엄청난 지진이 발생했다. 유황불과 바윗돌만한 우박이 비처럼 쏟아져 예루살렘을 침공했던 엄청난 숫자의 병사들이 목숨을 잃었다. 결국 뒤처져 있던 소수의 병력만 남게 되었다. 이스라엘은 심하게 훼손되긴 했으나 적군의 횡포는 면하게 되었다.

유다 크리스토퍼는 전쟁이 끝나는 순간 리비아와 에티오피아, 이집트로 진군하여 칠 년 협정을 위배했다는 명목으로 군대를 대량 학살했다. 그가 북아프리카에 있는 동안 이스라엘이 자신들을 보호해 주기로 한 약속을 지키지 않은 것에 대해 분개해 반란을 일으켰다는 소식을 들은 크리스토퍼는 군대를 이끌고 북쪽으로 진군하여 세상 사람들을 깜짝 놀라게 했다. 그는 이스라엘로 들어가 유대인 수천 명을 고문하고 학살함으로써 반란을 진압했다.

크리스토퍼는 이스라엘을 분노하게 했지만, 결국 이스라엘을 자기 손아귀에 넣었다. 유럽과 중동에서의 통제력이 커지면서 그는 세상의 실질적인 지배자로 인식되기 시작했다. 그러나 권력에 대한 크리스토퍼의 욕망은 지금부터 시작이었다.

크리스토퍼 수상은 벽난로의 불꽃을 응시하고 있었다. 손을 턱에 갖다 댄 채 화염을 주목하고 있었는데 그 불꽃이 방 안의 유일한 불빛이었다. 크리스토퍼는 화염 속에서 한 형상을 보았다. 희미했지만 분명 사람의 형체였다. 그 골격과 얼굴은 천사처럼 아름다웠으나 괴로움으로 어딘가 뒤틀려있는 모습이었다. 크리스토퍼는 식은땀을 흘렸다. "유다 크리스토퍼, 나는 네가 무엇을 원하는지 알고 있다." 그 목소리는 낮으면서도 깊었다. "너는 힘을 원하지. 이 세상 모든 나라를 지배할 수 있는 힘. 내가 그 힘을 너에게 줄 수 있어."

"당신은 누구십니까? 왜 저에게 그런 제안을 하시는 겁니까?"

크리스토퍼의 목소리는 떨리고 있었다.

"나는 이 세상의 진짜 왕이다. 이 땅의 모든 나라가 나의 것이지. 네가 알았든 몰랐든 간에 너는 오랫동안 나의 충성된 종이었어. 나는 지금 너에게 역사상 딱 한 번, 한 사람에게만 했던 제안을 하고 있는 거야. 그는 거절했고 그 대가를 치렀지. 그는 실패했지만 너는 성공할 수 있을 거야."

"하지만 그는 부활했지요."

"그의 주인이 그를 부활시켰듯이, 나도 너를 부활시킬 수 있어."

"그것을 어떻게 약속할 수 있죠?" 크리스토퍼의 두려움은 사그라지지 않았지만, 그의 욕망은 이미 부풀어 오르고 있었다. "내가 너와 함께 할 것이다. 네가 나를 너의 주인으로 인정한다면, 네 존재를 나로 가득 채워 줄 것이다. 나는 너의 것이 되고 너 또한 나의 것이 되는 거지."

"그렇게 하겠습니다." 그의 대답은 작았지만 아주 단호했다.

그 순간 화염은 사라졌고, 어둠이 엄습했다.

유럽 국가들이 정례 회의를 개최했을 때, 크리스토퍼는 가장 주목 받는 인물임에 틀림없었다. 그의 연설은 매우 훌륭했고, 각국 대표들은 기립박수로 화답했다. 잠시 후 그는 광장에 모여 있는 어마어마한 군중 앞에서 연설을 하기 위해 발코니에 섰다. 그는 웃으며 손을 흔들었다. 박수소리가 작아지자 그는 연설을 시작했다.

그때 여섯 번의 총성이 들렸고, 크리스토퍼는 머리에 총을 맞아 쓰러졌다. 구급차는 그를 가장 가까운 병원으로 이송했다. 삼십 분 쯤 지나서 BBC 기자는 슬픔에 젖은 얼굴로 전 세계 시청자에게 말했다. "유다 크리스토퍼 수상을 진료한 의사들의 증언에 따르면 그는 치명적인 중상을 입었다고 합니다. 회복은 불가능할 것 같습니다."

그날 저녁 늦게 기자가 새로운 소식을 알렸다.

"오늘 오후 유다 크리스토퍼 수상의 피격 장면을 목격하신 분들은 믿기 힘드시겠지만 다섯 시 조금 넘은 현재 시각, 수상이 눈을 떴고 침대에서 일어나 혼자 힘으로 걸었다고 합니다. 저는 지금 수상을 진료했던 의료진 가운데 한 분과 함께 있습니다."

"앤더슨 박사님, 이런 일이 가능합니까?"

"불가능합니다. 그런데 일어났습니다." 의사는 고개를 흔들며 말했다.

"총알이 수상의 머리를 관통했는데 살아있다는 것은 의학적으로 도저히 설명이 불가능합니다."

유럽 연합은 크리스토퍼가 회복한 다음날 비밀리에 회동을 가지고 유럽을 하나로 통합하고 크리스토퍼를 대통령으로 추대하였다. 런던으로 돌아온 그는 대주교 디드로와 회동을 가졌는데, 디드로는 세계 종교를 통합한 인물로 널리 알려진 종교지도자였다.

크리스토퍼는 단도직입적으로 말했다. "우리가 힘을 합치면 대단한 일을 해낼 수 있을 겁니다."

"계속 말씀해 보세요."

"지난 몇 년간 전 세계는 지진, 홍수, 가뭄, 화산폭발, 유황 비, 우박, 유성충돌까지 엄청난 자연재해를 겪었습니다. 게다가 그리스도인들이 갑자기 사라진 이후로 사람들은 종교에 대해 다시 생각하게 되었습니다."

"그래서요?"

"사람들은 전 세계적으로 통합된 정부를 갖고 싶어 합니다. 그 부분은 제가 해결할 수 있습니다. 또한 그들은 통합된 종교를 가질 준비도 되어 있습니다. 그 부분에 대해서는 주교님이 해결하실 수 있습니다. 사람들이 두려움을 떨쳐내기 위해 신을 필요로 할 때 우리 두 사람이 연합하여 모든 문제를 완벽하게 해결하는 겁니다. 지금이 절호의 기회인 셈이지요. 우리가 힘을 합친다면 전 세계를 하나로 연합하여 무소불위의 권력을 가질 수 있습니다."

디드로의 선택을 가로막는 것은 아무것도 없었다. 이제 그도 유다 크리스토퍼의 주인인 어둠의 마수에 사로잡혔다.

그 다음 주에 대주교는 전 세계는 크리스토퍼를 섬겨야 한다는 내용을 발표했다. 먼저 대주교는 예루살렘 성전에서 엘리야 선지자처럼 하늘로부터 불을 내려 희생제물을 태우는 모습을 보여주었다. 그 다음에는 유다 크리스토퍼의 외형을 본 딴 거대한 신상을 만들어 성전에 두었다. 수천만 명의 사람들이 그 현장을 직접 보았고, 수억 명의 사람들이 온라인이나 TV로 그 장면을 시청했다. 그때 그는 전 인류가 그 신상만을 섬겨야 한다고 선포한 것이다.

이 놀라운 선포에 전 세계 수많은 사람들이 크리스토퍼를 자신의 신으로 받아들이겠다고 응답했다. 거부하는 사람들은 끝까지 추적하여 처형시켰다. 끊임없이 일어나는 재난으로 인해 전 세계는 심각한 곤경에 처했다. 크리스토퍼는 이때야말로 지구상의 모든 나라를 완전히 자신의 것으로 만들 기회라고 생각했다. 크리스토퍼는 막강한 군사력으로 세계를 정복해갔다.

전 세계를 완전히 정복한 크리스토퍼 대통령은 자신의 사무실로 디드로 대주교를 불렀다. "우리가 정복한 모든 나라들이 현재 경제적인 혼란에 빠져 있습니다." 그가 말했다. "전 세계가 가장 필요로 하는 것은 경제적인 안정과 충분한 음식입니다. 우리는 이 상황을 잘 활용해야 합니다."

디드로 주교가 입을 열었다. "세계의 경제 문제를 해결하기 위해서는 모든 거래를 통제해야 합니다."

"전 세계 사람들이 각하만 섬기겠다고 맹세할 때 그 증표로 거래가 가능한 숫자를 주는 겁니다. 각하에 대한 충성심이 진짜인지를 확인할 수 있는 좋은 방법이지요."

"그렇다면 그 숫자를 거부하는 사람들은 어떻게 되는 겁니까?"

크리스토퍼가 물었다. 디드로 주교가 비열한 웃음을 보였다. "토마스 홉스의 말을 인용하면 그들의 삶은 비참하고 참혹하고 짧아지겠지요."

디드로 대주교의 계획은 엄청난 성공을 거두었다. 유일하게 저항했던 이들은 정통파 유대인과 그리스도인들이었는데, 잔혹한 공포정치로 인해 뿔뿔이 흩어져 버렸다. 다행히 얼마 지나지 않아 모든 나라들이 그의 잔혹함이 얼마나 심각한지를 깨닫기 시작했다. 크리스토퍼의 약속이 아무 의미가 없었고, 경제적인 문제도 더 악화되고 있었다. 세계 곳곳에서 반란이 일어났고, 어떤 나라들은 독재자에 대항하기 위해 군대를 소집하기도 했다. 크리스토퍼는 그러한 위협에도 오직 한 가지 목적에만 집중했다. 그것은 유대인의 전멸이었다.

크리스토퍼는 남쪽의 반란군들을 무찌른 후 북쪽으로 전진했는데, 이스라엘의 아마겟돈 평야에서 반란군들과 마주치게 되었다. 그 전투에서 수백만 명의 병사들이 죽임을 당해 핏물이 강물처럼 넘쳐흘렀다. 이전에 없던 처참한 전투였다.

엄청난 전투가 진정될 무렵, 크리스토퍼는 다시 이스라엘로 시선을 돌렸다. 그는 아마겟돈을 떠나 살아남은 병사들과 함께 예루살렘을 향해 전진했다. 예루살렘의 감람산에 올라 그는 공격의 표시로 두 손을 들었다. 그 순간 천둥과 같은 소리가 그를 덮쳐 왔다. 계수된 날이 가까이 다가와 있었다.

성경 속으로

1930~40년대 벨기에 수상이었던 폴 헨리 스파크는 다음과 같은 성명서를 발표했다. '진실은 국제 위원회의 방식이 실패했다는 것입니다. 우리에게 필요한 것은 뛰어난 경험과 훌륭한 권위와 광범위한 영향력과 강인한 에너지를 가진 사람입니다. 그런 사람이 속히 나타나야 합니다. 시민이든 군인이든, 국적이 어디든 상관없이 그런 사람이 국민 모두를 깨우고 모든 각료들이 행동할 수 있도록 활기를 불어넣어야 할 것입니다'[미주1].

적그리스도가 국제무대로 모습을 드러낼 때 세상은 정확하게 이와 같은 모습으로 그를 기다리고 있을 것이다.

그렇다면 적그리스도는 정확하게 누구일까? 성경에서 그를 비유하는 구절은 백 군데가 넘지만 정확하게 '적그리스도'라는 말을 사용하는 것은 신약의 다섯 구절뿐이고, 모두 사도 요한에 의해 쓰여졌다. 다섯 번 중 네 번은 요한이 살던 시대에 그리스도와 그분의 사역을 대적했던 원수들을 가리킨다요일 2:18, 22, 4:3, 요이 7장. 그러나 오직 한 번 적그리스도는 주목받는 한 개인을 가리킨다. "아이들아 지금은 마지막 때라 적그리스도가 오리라는 말을 너희가 들은 것과 같이 지금도 많은 적그리스도가 일어났으니 그러므로 우리가 마지막 때인 줄 아노라"요일 2:18

여기에서 요한은 많은 적그리스도들anticrist;소문자 a과 한 사람의 적그리스도

the Amtichrist;대문자 A를 대조적으로 보여주고 있다. 오늘날 우리가 살고 있는 세상에서 활발하게 일하고 있는 적그리스도의 영은 언젠가 한 존재로 집중될 것이다.

적그리스도antichrist의 접두어 '적'anti은 '반대' 또는 '대신'이라는 의미로 사용되는데, 두 의미 모두 다가올 세상의 지도자에게 적용되는 말이다. 그는 분명 그리스도를 반대하는 동시에 그리스도의 자리에 자신을 대치하려고 안간힘을 쓸 것이다.

적그리스도에게 부여된 명칭은 스물다섯 가지가 넘는데, 모두 비열한 모습으로 묘사되어 있다. 요한계시록에서 그는 흰 말을 탄 자계 6:2, 짐승계 11:7, 바다에서 나오는 한 짐승계 13:1으로 언급되어 있다. 어떤 사람들은 적그리스도가 사탄이 성육신한 것이라고 말하지만, 나는 사탄이 자신의 능력과 보좌와 권위를 한 사람에게 양도했음을 확신한다. 적그리스도의 명칭들은 다음과 같다.

–작은 뿔(단 7:8)

–뻔뻔하며 속임수에 능한 왕(단 8:23)

–장차 올 왕(단 9:26)

–언약을 맺을 왕(단 9:27)

–자기 마음대로 행하는 왕(단 11:36)

–불법의 사람(살후 2:3)

–멸망의 아들(살후 2:3)

–불법한 자(살후 2:8)

미래 세계의 통치자가 누구인지 안다는 것은 불가능한 일이다. 위의 이야기에서 이름과 국적이 나오지만 그것은 어디까지나 상상일 뿐이다. 그러나 분명 그는 이름이 있을 것이고, 유럽 어느 나라 출신일 것이다단 2, 7장. 또한 성경이 주는 정보에 의해 우리는 그가 어떤 인물일지, 또 어떤 지도자가 될지 알 수 있다.

그리스도의 모조품	
그리스도	적 그리스도
하나님의 아들(요 1:34)	멸망의 아들(살후 2:3)
거룩하신 분(마 1:24)	불법한 자(살후 2:8)
하늘에서 내려오신 분(요 3:13)	무저갱으로부터 올라오는 짐승(계 11:7)
성령의 능력을 받으신 분(눅 4:14)	사탄의 능력을 받은 자(계 13:4)
아버지의 뜻을 행하시려는 분(요 6:38)	그 자신의 뜻을 행하려는 자(단 11:36)
성전을 정결케 하시는 분(요 2:14-16)	성전을 더럽히는 자(마 24장)
질고를 아시는 분(사 53:3)	불법의 사람(살후 2:3)
복종하시는 분(빌 2:8)	스스로를 높이는 자(단 11:37)
"어린 양"이라 불리시는 분(요 1:36)	"짐승"이라 불리는 자(계 11:7)
하늘로 올려지시는 분(눅 24:51)	유황불못에 던져지는 자(계 19:20)

적그리스도의 준비

이 네 나라 마지막 때에 반역자들이 가득할 즈음에 한 왕이 일어나리니 그 얼굴은 뻔뻔하며 속임수에 능하며 그 권세가 강할 것이나 자기의 힘으로 말미암은 것이 아니며 그가 장차 놀랍게 파괴 행위를 하고 자의로 행하여 형통하며 강한 자들과 거룩한 백성을 멸하리라(다니엘 8:23-24)

이 구절은 마지막 때에 나타날 지도자에 대해 말하고 있다. 성경에서 '마지막 때'라는 말은 대환난의 때를 의미한다.

대환난이 시작될 때 불길한 한 인물이 등장하는데, 처음에는 대중에게 주목을 받지 못한다. 요한은 이에 대해 이렇게 말한다. "내가 보니 바다에서 한 짐승이 나오는데 뿔이 열이요 머리가 일곱이라 그 뿔에는 열 왕관이 있고 그 머리들에는 신성모독 하는 이름들이 있더라"계 13:1.

요한계시록이 비유적인 표현을 사용하고 있음을 감안하면 여기에 나오는 '바다'는 물이 많은 곳을 의미하는 것이 아니라 이 땅의 어지러운 나라들, 구체적으로 표현한다면 이방국가들을 의미한다. 이러한 해석은 요한계시록 17장에서도 확인할 수 있다. "네가 본 바 음녀가 앉아 있는 물은 백성과 무리와 열국과 방언들이니라"계 17:15.

적그리스도는 유대 민족과 조약을 맺을 것이기 때문에 그가 유대인일 거라고 예상하는 사람들도 많다. 그러나 성경은 그런 가정이 불가능하다는 사실을 보여준다.

1. 다니엘은 적그리스도 또는 세상의 왕이 와서 예루살렘과 성소를 무너뜨릴 것이라고 예언했다(단 9:26). 그들은 AD 70년 티투스 황제 시대, 예루살렘과 헤롯 성전을 심하게 훼손했던 로마인들이었다. 즉 장차 올 왕은 로마의 왕임에 틀림없다. 다시 말해 그는 유럽 태생의 이방인일 것이다.
2. 다니엘은 또 적그리스도를 네 번째 짐승의 머리에 있는 열 개의 뿔 가운데 자란 '작은 뿔'로 보았다(단 7:7-8, 19-26). 이 네 번째 짐승은 유대 민족을 정복했던 그리스와 메대-페르시아와 바벨론을 이은 네 번째 제국 로마를 의미한다.
3. 적그리스도는 역사상 가장 포악하고 악랄하게 유대 민족을 핍박할 것이다.

상식적으로 유대인이 유대인을 핍박하지는 않는다!

적그리스도의 연설

누가 어떻게 하여도 너희가 미혹되지 말라 먼저 배교하는 일이 있고 저 불법의 사람 곧 멸망의 아들이 나타나기 전에는 그 날이 이르지 아니하리니 그는 대적하는 자라 신이라고 불리는 모든 것과 숭배함을 받는 것에 대항하여 그 위에 자기를 높이고 하나님의 성전에 앉아 자기를 하나님이라고 내세우느니라… 불법의 비밀이 이미 활동하였으나 지금은 그것을 막는 자가 있어 그 중에서 옮겨질 때까지 하리라 그 때에 불법한 자가 나타나리니 주 예수께서 그 입의 기운으로 그를 죽이시고 강림하여 나타나심으로 폐하시리라(데살로니가후서 2:3-4, 7-8)

바울에 따르면 먼저 "배교하는 일"이 나타날 때까지 적그리스도가 등장하는 칠 년 대환난을 의미하는 "그 날"은 도래하지 않는다. '배교'falling away를 나타내는 헬라어 '아포스타시아'apostasia는 사도행전 21장 21절에서 '배신'forsake으로 번역되어 있다. 바울은 적그리스도가 등장하기 전에 신자들 사이에서 배교와 배신이 있을 것이라고 말한다. 이는 단지 몇 사람이 교리적인 신념을 버린다는 의미가 아니라 신앙을 떠나는 일이 주류의 광범위한 현상으로 나타날 것이라는 뜻이다.

감람산 설교에서 예수님은 이렇게 말씀하셨다. "그 때에 많은 사람이 실족하게 되어 서로 잡아 주고 서로 미워하겠으며 거짓 선지자가 많이 일어나 많은 사람을 미혹하겠으며 불법이 성하므로 많은 사람의 사랑이 식어지리라"(마 24:10-12) 사도 바울 또한 이 시기에 대해 자세히 설명하고 있다. "그러나 성령이 밝히 말씀하시기를 후일에 어떤 사람들이 믿음에서 떠나 미혹하는 영과 귀신의 가르침을 따르리라 하셨으니"딤전 4:1 "때가 이르리니 사람이 바른 교훈을 받지 아니하며 귀가 가려워서 자기의 사욕을 따를 스승을 많이 두고 또 그 귀를 진리에서 돌이켜 허탄한 이야기를 따르리라"딤후 4:3-4

적그리스도는 대대적인 배교가 일어나기 전까지는 나타날 수 없다. 왜냐하면 배교는 적그리스도의 무대가 될 혼란을 부추기고 부도덕을 만연케 할 것이기 때문이다.

그런데 한 존재가 적그리스도가 오는 것을 저지하고 있다. 적그리스도는 '그것을 막는 자'성령가 사라질 때까지 나타날 수 없다살후 2:7. 교회가 들림을 받을 때 성령, 곧 불법의 사람을 저지하고 세상이 무법천지가 되는 것을 막고 있는 분이 떠나면 이 땅은 죄의 완전한 영향력 아래 사로잡히게 될 것이다. 그러므로 배교와 휴거가 있고 난 후 적그리스도가 등장할 것이다.

적그리스도의 인격

> 또 짐승이 과장되고 신성모독을 말하는 입을 받고 또 마흔두 달 동안 일할 권세를 받으니라(요한계시록 13:5)

다니엘에 따르면 적그리스도는 '지극히 높으신 이를 말로 대적'할 것이다단 7:25, 7:7-8, 11:36 참고. NIV는 다니엘이 사용한 '말로 대적한다는'pompous 단어를 '뽐내며'라고 번역하고 있다.

성경학자 A.W.핑크는 적그리스도에 대해 이렇게 적고 있다. '그는 완벽한 지휘능력과 화려한 언변을 갖고 있다. 그의 미사여구는 관심을 집중시킬 뿐 아니라 존경을 불러일으키기에도 충분할 것이다. 요한계시록 13장 2절은 그의 입이 "사자의 입" 같다고 말하는데 이는 그의 목소리가 감탄을 자아낼 만큼 매력적이라는 사실을 비유적으로 설명하고 있는 말이다"[미주2]. 사자의 입이 다른 모든 짐승의 입을 능가하듯이 적그리스도는 지금까지의 어떤 연설가보다 언변이 탁월할 것이다.

다니엘서에 따르면 적그리스도는 신체적으로도 당당하고 인상적일 것이다. "그 모양이 그의 동류보다 커 보이더라"단 7:20 여기에서 '커 보이더라'는 말은 '풍채가 좋고 외모가 준수하다'는 의미이다. 이런 사람은 다른 사람들과 함께 섞여 있을 때도 한눈에 들어올 것이다.

그뿐 아니라 그는 매우 영리하고 똑똑한 인물일 것이다. 다니엘은 적그리스도가 "그 얼굴은 뻔뻔하며 속임수에 능하고", "꾀를 베풀어 제 손으로 속임수를 행하고"라고 적고 있다단 8:23, 25.

대환난의 사건들이 벌어지고 사람들이 소망을 잃어갈 때 그가 느닷없이 등장할 것이고, 사람들은 길 잃은 양처럼 그에게 모여들어 그의 말에 귀 기울게 될 것이다.

적그리스도의 계획

그가 꾀를 베풀어 제 손으로 속임수를 행하고(다니엘 8:25)

그가 평안한 때를 타서 속임수로 그 나라를 얻을 것이며(다니엘 11:21)

다니엘은 꿈을 통해 이 세상 왕들에 관한 환상을 보았다. "내가 그 뿔을 유심히 보는 중에 다른 작은 뿔이 그 사이에서 나더니 첫 번째 뿔 중의 셋이 그 앞에서 뿌리까지 뽑혔으며"단 7:8 이때 '뿌리까지 뽑혔으며'라는 말은 '뽑아내다, 속임수로 밀어내다, 들어와서 영리하게 차지하다'는 의미이다. 다니엘은 설명을 이어가고 있다. "그 열 뿔은 그 나라에서 일어날 열 왕이요 그 후에 또 하나가 일어나리니 그는 먼저 있던 자들과 다르고 또 세 왕을 복종시킬 것이며"단 7:24

다니엘이 보았던 솟아나는 작은 뿔은 열 나라 중 세 나라의 왕들을 하나씩 세압하는 열한 번째 뿔이다. 그는 전쟁이 아닌 교활한 정치적인 수법으로 그들을 제거한 다음 자신의 권력을 스스로 선포할 것이다.

적그리스도는 처음에는 별로 주목받지 못하는 많은 정치인 가운데 한 명이겠지만, 서서히 점점 더 많은 힘을 손에 쥐게 될 것이다. 그의 계획은 모든 수단과 방법을 동원하여 나라들을 멸망시키고 마침내 온 세상을 차지하는 것이다. 그는 처음에는 음모와 속임수를, 나중에는 힘을 사용할 것이다.

적그리스도의 교만

> 짐승이 입을 벌려 하나님을 향하여 비방하되 그의 이름과 그의 장막 곧 하늘에 사는 자들을 비방하더라(요한계시록 13:6)

헨리 모리스 박사는 적그리스도의 악행이 어디서 시작되는지를 이렇게 설명한다. '하나님에 대한 분노만 있고 만족은 없기 때문에 그 용의 영향을 받은 짐승은 하나님의 거룩하심, 율법, 사랑, 은혜를 비판하며 그분의 이름을 공격하고 모욕할 것이다. 그는 하나님이 계시는 곳, 곧 자신이 추방당한 천국을 저주한다. 천국에서 하나님과 함께 거하는 자들, 다시 말해 거룩한 천사들뿐 아니라 들림 받은 모든 성도들에게 욕설과 비방을 가할 것이다. 이러한 비방이 이 땅에서 일어나게 될 것인데, 사탄은 더 이상 형제들을 참소했던 천국에 접근할 수 없기 때문이다'[미주3].

적그리스도의 교만에 대한 가장 좋은 본보기는 그가 거짓 신들까지도 멸시하게 될 것이라는 사실이다. "그 왕은 자기 마음대로 행하며 스스로 높여 모든 신보다 크다 하며 비상한 말로 신들의 신을 대적하며 형통하기를 분노하심이 그칠 때까지 하리니… 그가 모든 것보다 스스로 크다 하고 그의 조상들의 신들과 여자들이 흠모하는 것을 돌아보지 아니하며 어떤 신도 돌아보지 아니하고 그 대신에 강한 신을 공경할 것이요"단 11:36-38. 여기에서 말하는 '강한 신'이란 자신의 군사력에 대한 강한 자신감을 의미한다.

적그리스도는 자기 자신과 사탄을 섬기는 것 외에는 다른 종교가 없다고 생각하기 때문에 세상 사람들의 마음으로부터 하나님에 대한 생각을 제거해 버리기 위해 이 땅의 도덕적 기준을 바꾸려고 애를 쓸 것이다단 7:25. 그런 다음 그는 자신만의 도덕적 기준을 만들어 낼 것이다. "하나님의 편협한 법에 대해서는 잊어버리시오. 여기 새로운 도덕적 기준이 있습니다." 그는 종교적인 절기도 모두 없애버릴 것이다.

적그리스도의 평화조약

그가 장차 많은 사람들과 더불어 한 이레 동안의 언약을 굳게 맺고(다니엘 9:27)

다니엘의 예언에서 이레는 칠 일이 아니라 칠십 년을 의미한다단 9:24-27. 적그리스도는 대환난이 시작될 때 이스라엘과 평화협정을 맺는데, 그 조약에는 칠 년 동안 다른 나라로부터 이스라엘을 보호해 주기로 하는 조항이 있다. 마크 히치콕은 이에 대해 이렇게 적고 있다.

'적그리스도는 통합전문가이자 뛰어난 외교관이다. 그는 은밀한 외교정책을 통해 권력을 획득할 것이다. 그의 강령은 평화와 번영이다. 손에 올리브 가지를 들고 흔들며 그는 손쉽게 반대세력을 통합시킬 것이다. 심지어 그는 중동의 정치적 상황까지도 단숨에 해결할 것이고, 노벨상을 수상하거나 타임지에 올해의 인물로 등극하며 사람들의 아낌없는 칭찬을 받게 될 것이다. 그는 중동에 평화를 안착시키고 예루살렘 성전을 유대인들의 소유로 되돌려 줄 것이다단 9:27. 그는 지금까지 본 적이 없는 가장 훌륭한 평화주의자로 칭찬과 명성을 얻게 될 것이다'[미주4].

이 평화협정으로 인해 이스라엘은 국방예산을 삭감하여 그것을 문화산업이나 유대 성전 재건에 사용할 것이다. 그러나 칠 년 대환난 기간의 절반인 삼 년 반이 지난 후에 적그리스도는 자신이 한 조약을 깨고 이스라엘에게서 등을 돌릴 것이다. "그가 그 이레의 절반에 제사와 예물을 금지할 것이며 또 포악하여 가증한 것이 날개를 의지하여 설 것이며"단 9:27.

적그리스도의 핍박

또 권세를 받아 성도들과 싸워 이기게 되고 각 족속과 백성과 방언과 나라를 다스리는 권세를 받으니(요한계시록 13:7)

이스라엘과의 평화협정이 깨질 때, 이 땅에는 지옥의 모든 문이 열리게 될 것이다. 우리가 일반적으로 말하는 '대환난' 기간은 대환난의 두 번째 절반을 일컫는 말이다. 다니엘은 이에 대해 이렇게 묘사한다. "내가 본즉 이 뿔이 성도들과 더불어 싸워 그들에게 이겼더니"단 7:21. 그는 적그리스도의 핍박이 시작될 것이라고 말하면서 "지극히 높은 이의 성도를 괴롭게 할 것"이고단 7:25, "장차 놀랍게 파괴 행위를 하고 자의로 행하여 형통하며 강한 자들과 거룩한 백성을 멸하리라"단 8:24고 적고 있다.

'괴롭게 하다'로 번역된 히브리어는 문자적으로 '닳아 없어지게 하다'는 의미이다. 즉 적그리스도는 난폭한 운전자가 자동차 타이어를 닳아 없어지게 하는 것처럼 대환난 기간 동안 성도들을 닳아 없어지게 만들 것이다. 적그리스도는 성도들을 괴롭게 할 뿐만 아니라 없애버리고자 수색하며 찾아다닐 것이다. 성도들이 짐승의 표를 받지 않으면 경제적인 압박을 가하고 상품 거래를 금지시킬 것이다계 13:16-17. 그는 그리스도인들을 굶겨 죽이기 위한 대대적인 핍박을 가할 것이다.

감람산 설교에서 예수님은 이런 끔찍한 상황에 대해 미리 예언하셨다. "그 때에 큰 환난이 있겠음이라 창세로부터 지금까지 이런 환난이 없었고 후에도 없으리라 그 날들을 감하지 아니하면 모든 육체가 구원을 얻지 못할 것이나 그러나 택하신 자들을 위하여 그 날들을 감하시리라마 24:21-22. 그렇다면 이 기간은 얼마나 될까? 요한계시록 13장 4-5절에서 요한은 '짐승' 또는 적그리스도가 "마흔두 달 동안 일할 권세를 받으니라"고 말한다.

적그리스도를 형상화한 인물인 안티오코스 에피파네스는 '종교적인 이유로 사람들을 잔혹하게 핍박했던 역사상 최초의 인물이었다'[미주5]. 한 가지 예를 들자면 안티오쿠스는 동굴에서 안식일을 기념하던 유대인 무리를 붙잡아서 동굴 입구를 막은 채 내부에 불을 붙여 화형시키기도 했다. 안티오코스가 얼마나 잔인하게 유대인을 핍박했는지를 보여주는 단적인 예라고 할 수 있다.

적그리스도의 능력

악한 자의 나타남은 사탄의 활동을 따라 모든 능력과 표적과 거짓 기적과 불의의 모든 속임으로 멸망하는 자들에게 있으리니(데살로니가후서 2:9-10)

능력과 표적과 기적은 그리스도의 참된 기적들을 묘사하는 말이다. 적그리스도가 발하는 기적이 속임수임을 설명하기 위해 바울은 '거짓'이라는 단어를 덧붙이고 있다. 사탄은 적그리스도에게 거짓 표적과 거짓 기적을 행할 수 있는 능력을 주었지만, 그것은 세상 사람들을 "누가 이 짐승과 같으냐"계 13:4는 말로 현혹하기 위한 속임수에 지나지 않는다.

적그리스도의 속임수는 너무나 그럴싸해서 사람들은 그것을 믿지 않을 수 없을 것이다. 바울은 이에 대해 이렇게 설명하고 있다. "거짓 기적과 불의의 모든 속임으로 멸망하는 자들에게 있으리니 이는 그들이 진리의 사랑을 받지 아니하여 구원함을 받지 못함이라 이러므로 하나님이 미혹의 역사를 그들에게 보내사 거짓 것을 믿게 하심은"살후 2:10-11.

적그리스도가 이스라엘과의 조약을 깨면서 동시에 두 가지 사건이 일어날 것이다. 첫 번째, 적그리스도가 두 증인을 죽일 것이다. "그들이 그 증언을 마칠 때에 무저갱으로부터 올라오는 짐승이 그들과 더불어 전쟁을 일으켜 그들을 이기고 그들을 죽일 터인즉"계 11:7. 두 번째, 적그리스도는 사람들이 가장 놀랄 만한 기적을 행할 것이다. 죽임을 당하고도 그리스도의 부활을 모방한 엽기적인 속임수로 다시 살아나 온 세상을 떠들썩하게 만들 것이다. "그의 머리 하나가 상하여 죽게 된 것 같더니 그 죽게 되었던 상처가 나으매 온 땅이 놀랍게 여겨 짐승을 따르고"계 13:3.

사탄은 새로운 것을 그 어떤 것도 창조할 수 없는 존재다. 다만 속임수로 창조주 하나님이 성취하신 것을 모방할 뿐이다. 적그리스도는 그리스도의 죽음과 부활 역시 흉내내어 죽었다가 다시 살아날 것이다. 그리스도의 부활로 인해 교회가 급성장하였듯이 적그리스도의 부활 모방은 세상이 그를 따르게 하는 계기가 될 것이다대환난 기간 동안 그리스도를 받아들인 사람들은 예외이다. 사탄은 대단한 사기꾼이요 파괴자다. 그에게는 생명을 줄 능력이 없기 때문에, 하나님을 흉내내지만 하나님처럼 될 수 없는 것이다.

적그리스도의 명성

> 용이 짐승에게 권세를 주므로 용에게 경배하며 짐승에게 경배하여 이르되 누가 이 짐승과 같으냐 누가 능히 이와 더불어 싸우리요 하더라(요한계시록 13:4)

적그리스도는 이스라엘과의 조약을 깨버리고, 군대를 동원하여 예루살렘을 포위한 후 새롭게 건축된 성전을 장악할 것이다. 그런 다음 마지막으로 하나님을 흉내내는데, 예루살렘 성전에 자신의 형상으로 신상을 만들어 세울 것이다. "죽임을 당한 어린 양의 생명책에 창세 이후로 이름이 기록되지 못하고 이 땅에 사는 자들은 다 그 짐승에게 경배하리라"계 13:8.

거짓 선지자는 유대 성전에 적그리스도의 모습을 형상화한 우상을 세워놓고 세상 모든 사람들이 그 우상을 섬겨야 한다고 명령할 것이다계 13:14-15. 이는 다니엘의 예언이 완전히 성취되는 장면이다. "멸망의 가증한 것이 서지 못할 곳에 선 것을 보거든 읽는 자는 깨달을진저 그때에 유대에 있는 자들은 산으로 도망할지어다"막 13:14, 마 24:15-16 참고.

적그리스도의 형벌

또 스스로 서서 만왕의 왕을 대적할 것이나 그가 사람의 손으로 말미암지 아니하고 깨지리라(다니엘 8:25)

어떤 작가는 적그리스도를 이렇게 표현한다. '세상의 모든 죄를 모아 인간의 모양으로 압축하여 만든 사악한 존재, 이는 왜 바울이 적그리스도에 대해 "죄의 사람, 멸망의 아들"이라고 불렀는지를 설명해 준다[미주6].

이런 자에게 어떤 형벌이 내려지고, 그는 어떤 종말을 맞게 될까? 다니엘은 우리에게 그 답을 제시해 주고 있다. "그가 사람의 손으로 말미암지 아니하고 깨지니라"단 8:25. 요한은 적그리스도의 멸망에 대해 이렇게 말한다. "또 내가 보매 그 짐승과 땅의 임금들과 그들의 군대들이 모여 그 말 탄 자와 그의 군대와 더불어 전쟁을 일으키다가"계 19:19, 슥 12:1-9, 14:1-3, 계 16:16. 짐승이 그리스도와 얼굴을 마주할 때 그는 속히 종말을 맞게 될 것이다. "그 때에 불법한 자가 나타나리니 주 예수께서 그 입의 기운으로 그를 죽이시고 강림하여 나타나심으로 폐하시리라"살후 2:8. 성경저자들이 말해 주듯이 적그리스도가 대환난 이후에 감히 예수 그리스도의 재림을 거역할 때, 그는 종말을 맞게 될 것이다.

A.W. 핑크는 적그리스도가 처하게 될 특별한 형벌에 대해 이렇게 묘사하고 있다. '성경은 악한 무리의 종말에 대해 여러 가지로 기록하고 있다. 어떤 자들은 물에 익사할 것이고, 어떤 자들은 불에 화형당할 것이고, 어떤 자들은 상어에게 잡아먹힐 것이고, 어떤 자들은 혐오스러운 병에 걸릴 것이고,

어떤 자들은 수치스럽게 처형당할 것이고, 어떤 자들은 교수형을 당할 것이고, 어떤 자들은 개에게 물릴 것이고, 어떤 자들은 곤충에게 먹힐 것이다. 하지만 적그리스도는 어떤 악인도 그 형벌에서 구원할 수 없을 것이다. …그들은 끔찍한 형벌을 위해 구별된 자들이기 때문이다'[미주7].

그리스도의 재림은 적그리스도의 활동을 공식적으로 끝낼 것이다. 그러나 그것은 적그리스도의 진짜 마지막이 아니다. 그가 깨질 것이라는 말은 완전히 무너져서 힘을 쓰지 못하게 될 것이라는 의미다. 적그리스도와 그의 사악한 동력자인 거짓 선지자는 영원한 불못에 던져질 최초의 인간이 될 것이다. "짐승이 잡히고 그 앞에서 표적을 행하던 거짓 선지자도 함께 잡혔으니 이는 짐승의 표를 받고 그의 우상에게 경배하던 자들을 표적으로 미혹하던 자라 이 둘이 산 채로 유황불 붙는 못에 던져지고"계 19:20.

불못에 감금되고 천 년 동안천년왕국의 마지막까지 짐승과 거짓선지자는 산 채로 고통을 당하게 될 것이다. 그때 그들에게는 동지가 있을 것이다. "또 그들을 미혹하는 마귀가 불과 유황 못에 던져지니 거기는 그 짐승과 거짓 선지자도 있어 세세토록 밤낮 괴로움을 받으리라"계 20:10. 이로써 사악한 삼위일체의 폭정이 완전히 막을 내리게 될 것이다.

오늘날 우리는 마지막 때의 표적이 점점 더 늘어나고 있음을 목도하게 된다. 세상은 이제 이 사악한 존재의 등장을 준비하고 있다. 그리스도인인 우리는 각자의 등불을 점검하여 잘 밝혀서 적그리스도가 악행을 시작하기 전에 주님이 데려가시는 사람들 속에 속해야 할 것이다.

The Career of the Antichrist		
The Tribulation Period		
The Beginning of Sorrows (3½ years)		**The Great Tribulation (3½ years)**
Appears in last days (Daniel 8:23-24)	**The Antichrist breaks the treaty with Israel.**	Mortally wounded (Revelation 13:3)
Born in obscurity (Revelation 13:1)		Miraculously recovers (Revelation 13:3)
Born a Roman prince (Daniel 9:26)		Speaks blasphemies for forty-two months (Revelation 13:5)
Restrained by the Holy Spirit (2 Thessalonians 2:6-7)		Persecutes saints (Revelation 13:7)
Blasphemes God (Revelation 13:5-6)		Given authority over the world (Revelation 13:7)
Subdues three kings (Daniel 7:8)		
Seizes kingdom by intrigue (Daniel 8:25)		Worshiped by all the earth (Revelation 13:8)
Energized by Satan (Revelation 13:2-5)		Energizes the false prophet (Revelation 13:12)
Tries to change time and law (Daniel 7:25)		
Makes seven-year treaty with Israel (Daniel 9:27)		Makes war against Christ (Revelation 19:19)
Kills the two witnesses (Revelation 11:7)		Defeated by Christ (2 Thessalonians 2:8)
		Cast alive into a lake of fire (Revelation 19:10)
		Tormented forever (Revelation 20:10)

7
chapter

땅에서 나온 짐승

Agents of the Apocalypse

이야기 속으로

빼곡한 TV 카메라들이 인터뷰를 준비하며 앉아있는 중년 남성을 향하고 있었다. 담당자의 손가락이 오 초가 남았다는 사인을 보냈고 프로그램이 시작되었다. "넘버원 쇼 시청자 여러분, 안녕하십니까? 저는 이 프로그램의 진행자 티모시 마튼입니다. 오늘은 요즘 가장 주목받고 있는 종교지도자 한 분을 이 자리에 모셨습니다. 여러분, 최근에 세계 종교 연합회의 회장으로 선출되신 대몬 디드로 대주교님을 환영해 주십시오."

마틴이 자리에서 일어서자, 디드로가 청중에게 온화한 미소를 지으며 들어왔다. 진행자와 악수를 나눈 그는 방청객의 박수소리가 잦아들 때까지 웃음을 거두지 않았다.

"주교님은 원래 복음주의 대형교회의 목사셨죠, 호소력 있는 설교와 통찰력으로 호응을 얻으셨는데 돌연 목회를 그만두신 이유가 무엇입니까?"

"저는 더 큰 일을 하라는 그분의 부르심에 따라 담임하던 교회를 떠났습니다. 그것은 다른 신앙을 가진 사람들과 소통하라는 명령이었습니다."

"다른 신앙이라면 다른 기독교 교파를 말씀하시는 건가요?"

"네, 물론 기독교의 모든 교파가 포함되지만, 하나님은 훨씬 더 큰 뜻으로 저를 부르셨습니다. 하나님은 신을 섬기는 사람은 사실 모두 그분을 섬기는 것임을 깨닫게 해주셨습니다."

"그렇다면 힌두교도, 불교도, 무슬림, 그리스도인이 모두 같은 하나님을 섬기고 있다는 말씀이신가요?"

디드로는 온화한 웃음을 지어보였다. "하나님은 크고 광대하신 분입니다. 같은 방식으로 하나님을 바라보지 않는다고 해서 그들의 종교가 가짜라고 말할 수는 없습니다. 하나님이 자신을 드러내는 방법을 우리는 전부 이해할 수 없습니다. 진리는 각자의 방식으로 찾는 것입니다."

"그렇지만 그것은 지금까지의 기독교의 주장과 다르네요."

디드로는 고개를 흔들며 한숨을 내쉬었다. "지금까지 기독교는 이 광대한 진리를 너무 편협하고 배타적인 시각으로 바라보고 있었습니다. 저는 그것을 바꾸라는 하나님의 명령을 받았습니다."

"주교님은 기독교 안에서 이런 변화를 이끌어 갈 활동을 시작하셨습니다. 주교님이 말씀하시는 모든 종교에 사탄의 종교나 주술까지 포함됩니까?"

"사탄이라는 이름은 우리 뒤에서 재촉하시는 하나님의 다른 이름일 뿐입니다. 곧 두 이름은 하나이고 동일합니다. 우리는 하나가 될 수 있습니다."

"세계 종교 연합회의 회장으로서 궁극적인 소망이 있다면 무엇일까요?

"제 소망은 하나님의 도우심으로 모든 종교가 연합을 이루는 것입니다. 그리스도도 교회의 하나 됨을 강조하셨습니다. 이것이 바로 저의 꿈입니다."

유다 크리스토퍼도 이 프로그램을 시청하고 있었다. 영국 수상으로서 그의 위치는 안정기에 접어들었고, 그의 시선은 유럽에 맞추어져 있었다. 프로그램이 끝나자 크리스토퍼는 보좌관을 불렀다. "디드로 대주교를 당장 불러주게. 그를 꼭 만나야겠네."

다음날 디드로 주교는 영국 수상 관저에서 크리스토퍼를 마주보며 앉아있었다. "주교님, 어제 방송에서 세계의 모든 종교를 하나로 통합하는 것이 꿈이라고 말씀하시더군요. 만약 그것을 뒷받침해 줄 권력이 있다면 주교님의 목표가 얼마나 빨리 성취될 것 같습니까?"

디드로의 심장이 빠르게 뛰고 있었다.

"수상님, 무슨 생각을 하고 계십니까?"

"제 생각도 주교님과 같습니다. 세계가 하나의 종교와 정부를 가질 때가 된 것 같습니다. 우리가 연합한다면 생각보다 쉽게 이루어질 것 같군요."

"무슨 말씀을 드려야 할지… 수상님이 하시고자 하는 일에 저를 끼워주시니 몸 둘 바를 모르겠습니다."

크리스토퍼는 자리에서 일어섰다.

"유익한 대화였습니다. 하지만 다음을 기약해야겠군요. 내일 중요한 회의에 참석해야 하기 때문에 준비가 필요합니다."

크리스토퍼는 디드로를 빤히 쳐다보았다. "저의 제안을 숙고하시면서 런던에 머물러 계십시오. 제가 돌아오는 대로 이곳에서 다시 만납시다."

다음날 디드로는 일찍 일어났다. 그는 자신 앞에 펼쳐진 기회를 떠올리며 흥분을 감추지 못했다. 그는 권위와 권력을 가지고 세상에서 가장 영향력 있는 인물이 되고 싶었다. TV를 켜자 뉴스속보가 흘러나왔다.

"시청자 여러분, 긴급뉴스입니다. 유다 크리스토퍼 수상이 로마에서 연설을 하다가 머리에 총상을 입고 쓰러졌습니다. 의사에 따르면 수상의 상처가 치명적이기 때문에 회복이 불가능할 것 같다고 합니다."

디드로는 깜짝 놀라 의자에 털썩 주저앉고 말았다. 기자가 끔찍한 장면을 몇 번이고 반복해 보여주는 동안 그는 TV 화면을 뚫어지게 쳐다보고 있었다. 그때 전화가 울렸다. 디드로는 정신을 가다듬었다. "디드로 대주교님, 저는 수상님의 비밀정보국 국장입니다. 지금 당장 비행기로 로마에 오셔야겠습니다. 공항까지 모시고 갈 리무진이 호텔 밖에 대기 중입니다."

네 시간 후에 디드로는 중환자실로 들어섰다. 크리스토퍼는 많은 튜브와 링거를 부착한 채 침대에 누워 있었다. 그런데 갑자기 병실에 있던 사람들이 웅성거리기 시작했고, 간호사 한 명은 비명을 질렀다. 눈이 휘둥그레진 디드로는 뒤로 물러났다. 눈을 뜬 수상이 아무 일 없었다는듯 일어나 앉아 있는 것이었다..

"이 튜브들 좀 떼 주시지요. 머리에 붕대도 풀어주시고요."

간호사가 그에게 다가갔다. 붕대를 풀자 그곳에 있던 사람들은 경악을 금치 못했다. 유다 크리스토퍼의 상처는 어디에도 없었다. 수상은 일어나서 옷을 입고 병실 밖으로 나갔다. 유럽 정상 회의가 재개되었고 크리스토퍼는 열개 국 연합 대통령으로 선출되었다.

다음날 아침, 디드로는 유다 크리스토퍼의 집무실에 앉아 있었다. 왠지 으스스한 분위기였는데 크리스토퍼가 집무실로 들어오자 등줄기가 오싹해졌다. 보이지 않는 악한 존재가 그와 동행하고 있는 것 같았다.

"대통령 각하," 디드로는 불쑥 말을 내뱉었다. "세상 사람들처럼 저 또한 각하의 기적적인 회복으로 인해 어리둥절합니다. 이 일에 대해 설명해 주실 수 있습니까?"

"주교님은 이미 마음속으로 제가 누구인지 알고 있습니다. 그리고 주교님 자신이 누구인지도 알고 있지요."

디드로 대주교는 크리스토퍼 대통령이 누구인지 잘 알고 있었다. 뿐만 아니라 모든 종교를 통합시키고자 하는 자신 역시 하나님의 대적인 어둠의 주인에게 속해 있다는 사실도 알고 있었다.

디드로에게 갑자기 두 가지 계획이 떠올랐다. 마치 외부의 어떤 힘이 그의 마음에 계획을 불어넣어 주는 것 같았다. 첫 번째는 하늘에서 불을 내린 엘리야 선지자의 기적을 흉내내는 것이었다. 디드로는 대성전에 거대한 제단을 쌓은 뒤 전통적인 유대 희생제사를 보러 오라고 사람들을 예루살렘으로 초대했다. 수많은 사람들이 운집한 가운데 그는 이렇게 외쳤다. "여러분, 세계 종교의 화합을 기념하기 위하여 결속의 상징으로 제가 이 제단에 불을 내리겠습니다!" 곧이어 제단은 화염에 휩싸였고, 그 일은 전 세계로 퍼져나갔다.

디드로는 곧바로 두 번째 기적을 준비했다. 그는 숙련된 조각가들을 선정하여 9미터가 넘는 키에 고대 그리스 영웅의 모습을 완벽하게 재현했다. 얼굴은 유다 크리스토퍼와 매우 흡사했는데, 이 완벽한 조각품에 청동을 덧입혔다. 크리스토퍼는 방송을 통해 새로 재건된 성전에서 세계인이 하나 되는 종교를 선포하기로 계획을 세웠다. 시계가 정오를 알리자 디드로 대주교가 연단에 올라섰다.

"신사 숙녀 여러분, 그리고 귀빈 여러분, 이런 역사적인 행사에 참석해 주신 모든 분들을 환영합니다. 오늘 저는 전 세계인의 예배를 주관하게 된 것을 영광으로 생각합니다. 여러분의 하나님은 더 이상 멀리 계시지 않습니다."

성소에 서 있던 두 남자가 커다란 장막의 가장자리를 양편으로 열어재치자 지성소의 언약궤가 있어야 할 자리에 유다 크리스토퍼의 청동 신상이 자리 잡고 있는 것이 아닌가! 방송을 통해 그 장면을 보던 사람들은 무슨 일이 벌어지고 있는지를 잘 이해하지 못했다. 사람들이 신상에 주목하고 있을 때, 그 신상이 갑자기 양팔을 들어올렸다. 사람들은 입을 다물지 못했다. "전 세계 시민 여러분, 내 말에 귀를 기울여 주시오." 신상이 말했다. 쩌렁쩌렁하게 울리는 목소리는 유다 크리스토퍼의 음성이 틀림없었다.

"오늘 이 자리에서 나 유다 크리스토퍼가 여러분의 통치자이자 참된 신임을 선포합니다. 그러므로 다른 신을 섬겨서는 안 될 것이오. 나를 섬기는 자에게는 이 땅에서의 번영과 장수를 보장해 줄 것이오. 하지만 만약 여러분의 초라한 신을 그대로 섬긴다면 죽음을 면치 못할 것이오. 귀 있는 자는 듣고 복종하시오."

말이 끝나자 신상은 본래의 모습으로 돌아갔다. 경악한 군중은 어떤 말도 하지 못했다. 그때 디드로 대주교가 다시 연단 위로 올라왔다. "신사 숙녀 여러분, 그리고 방송을 시청하고 계시는 전 세계 시민 여러분, 오늘 여러분 모두가 목격한 기적은 여러분에게 믿음을 주기 위한 기적입니다. 보이지 않는, 강한 힘을 가진 영이 우리 대통령을 이끌어 주고 계십니다. 그 영을 믿고 순종하기만 한다면 그가 여러분을 번영의 길로 이끌어 주실 것입니다."

대주교는 잠시 연설을 멈추고는 군중을 바라보았다. "저는 이 자리에 참석한 모든 사람이 충성과 헌신의 표현으로 신상에 절할 것을 제안합니다."

그곳에 있던 사람들 대부분이 그 제안에 응했다. 절하기를 거부하거나 달아난 사람들은 무장 군인에게 붙잡혀 다시는 보이지 않았다.

위협과 군사적 공격으로 크리스토퍼는 자신의 통치권을 확장시켜 나갔다. 그러나 세계 곳곳의 전쟁과 예상치 못한 재난들로 전 세계는 경제적인 혼란을 겪었다. 크리스토퍼의 통치 아래 있는 모든 나라들은 그가 그 문제를 해결해 주기만을 바랐다. 그러나 그는 그 상황을 자신의 유익을 위해 적극 활용했다. 디드로가 또 다시 그 일을 맡았다.

"세계 시민 여러분, 크리스토퍼 대통령께서 새로운 법령을 선포하셨습니다. 현재의 경제 위기를 극복하고, 가난한 자와 부유한 자의 불평등을 종식시키기 위해 전 세계 음식과 상품의 균등 분배 제도를 고안해 내셨습니다. 모든 사람은 물건을 사고 팔 수 있는 숫자를 받게 될 것입니다. 예외는 없습니다. 수요자든 공급자든 상관없이 경제활동에 참여하기 위해서는 누구나 각자에게 부여된 고유번호를 지니고 있어야만 합니다. 또한 이 번호를 가진 사람은 특정 신이나 종교를 가지지 않았음을 의미합니다. 이 세상에서 종교적 분열이 사라질 때에만 인류의 평화와 번영이 지켜질 수 있습니다. 전 세계 시민이 모두 유다 크리스토퍼를 섬김으로써 하나가 되어야 합니다. 그분이야말로 이 세상을 다시 평화와 번영의 시대로 이끌어 줄 것입니다."

당장 다음 주부터 번호 발급이 시작되었고, 머지않아 여러 나라에 숨어있는 그리스도인 조직을 제외하고 전 세계 사람들이 고유번호를 받았다. 소수의 그리스도인들은 자신들이 살던 곳에서 멀리 떨어진 곳으로 도망쳐 친구나 가족의 도움으로 겨우 목숨을 유지했다. 그러나 그들 중 많은 사람이 굶어 죽었다.

어느 날 저녁, 크리스토퍼 대통령과 그의 들러리 디드로 대주교가 대통령궁의 벽난로 옆에 앉아있을 때 보좌관이 들어와 숫자 발급이 완벽히 마무리되었다고 보고했다. 침묵을 지키던 대통령이 얼마 지나지 않아 키득거리며 웃기 시작했다. 디드로 역시 웃음을 참을 수 없었다. 그들의 웃음은 점점 더 크고 요란해졌다. 곧 두 사람은 제정신이 아닌 사람처럼 웃고 또 웃었다. 드디어 그들의 시간이 도래하고 있었다.

성경 속으로

거짓 선지자가 어떻게 세상에 알려지고 어떤 방법으로 악행을 펼쳐갈지는 요한계시록 13장에 잘 나타나있다.

적그리스도의 신상

내가 보매 또 다른 짐승이 땅에서 올라오니 어린 양 같이 두 뿔이 있고 용처럼 말을 하더라(요한계시록 13:11)

요한은 이 종교지도자를 '땅에서 올라오는 짐승'라고 묘사하고 있는데, 이는 그의 야수적인 본성을 함축적으로 표현한 말이다. 그는 남성이며 요한계시록에서 세 차례나 '거짓 선지자'라고 불리고 있다계 16:13, 19:20, 20:10.

요한은 이 거짓 선지자를 양과 용이라는 상반된 두 동물의 특성을 합쳐놓은 인물로 그리고 있다. 처음에 그는 양처럼 온화하고 부드러운 모습으로 등장할 것이다. 그러나 그런 모습은 예수님의 온유함을 흉내낸 것에 불과하다. 위의 이야기처럼 그는 자신을 내세우지 않는 겸손한 태도로 대중에게 다가간다. 예수님은 그 거짓된 모습에 대해 경고하셨다. "거짓 선지자들을 삼가라 양의 옷을 입고 너희에게 나아오나 속에는 노략질하는 이리라"마 7:15, 마 24:11,

24, 막 13:22, 요일 4:1 참고.

결국 거짓 선지자는 용처럼 대중을 속이고 조종할 것이다. '거짓 선지자의 힘 있는 호소력은 이렇게 상반된 두 가지 특성을 잘 결합한 기교에 불과하다. 정치적인 탁월함과 종교적인 야망, 이기심과 자애로움, 온화한 감성과 노골적인 뻔뻔함, 도덕적인 상투어와 억제되지 않은 방종이 바로 그것이다. 그의 주장은 그럴 듯하고, 믿음을 주고, 설득력이 있다. 그의 웅변술은 대중이 눈물을 흘릴 만큼 감동적이거나 광분을 일으킬 만큼 선동적일 것이다. 그는 탁월한 언변으로 믿지 않는 사람들이 듣고 싶어 하는 말을 너무도 정의롭게, 합리적으로, 정확하게 들려줄 것이다'[미주1].

양 같은 외모와 용 같은 웅변술로 그는 사탄과 적그리스도와 강한 유대감을 가질 것이다. 잔인함과 냉혹함으로 인해 세 존재는 요한계시록에 짐승들로 기록되어 있다. 더불어 세 존재는 모두 거짓이 가득하지만 유창한 언변을 자랑할 것이다.

왜 사탄은 적그리스도와 거짓 선지자를 자신의 일꾼으로 선택했을까? 사탄과 적그리스도와 거짓 선지자는 합쳐서 사악한 삼위일체가 된다. 하나님이 삼위일체이듯이 사탄 또한 그것을 흉내내고 싶은 것이다. 도날드 그레이 반하우스는 이에 대해 이렇게 말한다. '사탄은 이 땅에 자신의 왕국을 건설하기 위해 마지막으로 격렬한 발악을 하고 있는 것이다. 사탄은 하나님을 흉내내는 것보다 더 좋은 것이 없다는 사실을 알고 있다. 하나님은 성육신과 성령의 역사하심으로 그분의 계획을 성취해 오셨기 때문에, 사탄 역시 적그리스도의 성육신과 사악한 영으로 일하고자 할 것이다'[미주2].

사탄은 하나님 아버지를 흉내내고, 적그리스도는 하나님의 아들을 모방하고, 거짓 선지자는 하나님의 성령을 위조한다. 그러므로 땅에서 올라오는 짐승인 거짓 선지자는 사악한 삼위일체의 세 번째 존재이다.

거짓 선지자의 목적

그가 먼저 나온 짐승의 모든 권세를 그 앞에서 행하고 땅과 땅에 사는 자들을 처음 짐승에게 경배하게 하니 곧 죽게 되었던 상처가 나은 자니라(요한계시록 13:12)

두 가지 삼위일체		
삼 위	거룩한 삼위일체	사악한 삼위일체
첫 번째	아버지	사탄
두 번째	아들	적 그리스도
세 번째	성령	거짓 선지자

성령이 아들을 영화롭게 하는 일을 하듯이, 거짓 선지자 역시 적그리스도를 섬길 것이다. '그리스도가 아버지께 권세를 받았기 때문에마 11:27, 적그리스도는 용에게 권세를 받는다계 13:4. 그리고 성령이 그리스도를 영광스럽게 하시듯계 16:14, 거짓 선지자는 적그리스도를 영광스럽게 한다계 13:12'[미주3].

거짓 선지자의 종교는 사탄일 것이다. 따라서 그의 목적은 적그리스도로 세상을 통합하는 것이다. 그는 종교 다원주의를 등에 업고 처음에는 모든 종교를 포용하는 듯한 모습을 보이겠지만, 일정 시간이 지나면 모든 종교를 적그리스도로 통합하고 경배하도록 강압할 것이다.

대환난이 일어날 때 종교지도자가 모든 정책의 중심에 선다는 것이 이상하게 느껴질지도 모르겠지만 그것은 놀라운 일이 아니다. 이는 역사적으로 늘 반복되어 왔던 방식이기 때문이다. 종교와 정치는 인간의 삶을 가장 잘 통제

할 수 있는 두 개의 힘이다. 정치에는 사람을 강제할 수 있는 권력이 있고, 종교에는 사람을 끌어당기는 매력이 있다. 두 세력이 합쳐지면 사실상 절대적인 힘을 가지게 된다.

신학자이자 작가인 W.A.크리스웰은 이렇게 적고 있다. '나는 종교 없이 인간의 역사가 가능했을 거라고 생각하지 않는다. 모세와 아론이 바로 앞에 서자 바로는 그 시대의 종교지도자이자 마술사인 얀네와 얌브레를 호출했다. 모압 왕 발락은 이스라엘을 저주하기 위해 발람을 고용했다. …아합과 이세벨은 바알 선지자들을 통해 이스라엘이 자신들처럼 방탕하고 타락하도록 부추겼다'[미주4].

마지막 때 종교는 사탄이 세상을 적그리스도의 통치 아래 통합시키는 도구에 불과할 것이다. 또한 이를 실현하기 위해 사탄은 거짓 선지자가 필요하다.

거짓 선지자의 능력

> 큰 이적을 행하되 심지어 사람들 앞에서 불이 하늘로부터 땅에 내려오게 하고 짐승 앞에서 받은 바 이적을 행함으로 땅에 거하는 자들을 미혹하며 땅에 거하는 자들에게 이르기를 칼에 상하였다가 살아난 짐승을 위하여 우상을 만들라 하더라(요한계시록 13:13-14)

거짓 선지자의 능력은 적그리스도에게서 받은 것이요, 적그리스도는 용에게서 능력을 받았다. 요한계시록 13장 2-8절은 적그리스도의 능력이 사탄에게서 온 것임을 다섯 번이나 거듭 강조한다. 또한 요한계시록 13장

12-15절은 적그리스도가 자신의 능력을 거짓 선지자에게 주었다고 말한다. "그가 먼저 나온 짐승의 모든 권세를 그 앞에서 행하고 땅과 땅에 사는 자들을 처음 짐승에게 경배하게 하니 곧 죽게 되었던 상처가 나은 자니라 큰 이적을 행하되 심지어 사람들 앞에서 불이 하늘로부터 땅에 내려오게 하고 짐승 앞에서 받은 바 이적을 행함으로 땅에 거하는 자들을 미혹하며 땅에 거하는 자들에게 이르기를 칼에 상하였다가 살아난 짐승을 위하여 우상을 만들라 하더라"

위의 말씀은 적그리스도와 거짓 선지자의 능력이 사탄인 용에게서 온 것임을 분명히 밝히고 있다. 거짓 선지자의 모든 능력은 사탄에게서 온 것이다. 만일 기적을 행하는 거짓 선지자의 능력에 대해 의구심이 일어난다면 예수님의 말씀을 보라. "거짓 그리스도들과 거짓 선지자들이 일어나 큰 표적과 기사를 보여 할 수만 있으면 택하신 자들도 미혹하리라 보라 내가 너희에게 미리 말하였노라"마 24:24-25. 요한은 사탄의 능력으로 거짓 선지자가 일으킬 세 가지 기적에 대해 말한다.

하늘에서 불을 내리다

거짓 선지자의 첫 번째 기적은 땅에 불을 내려오게 하는 것이다. "큰 이적을 행하되 심지어 사람들 앞에서 불이 하늘로부터 땅에 내려오게 하고"계 13:13. 하나님은 자신을 계시하시거나 심판을 하실 때 종종 불을 사용하신다. 인간의 죄악으로 인한 형벌로 소돔과 고모라에 불을 내리셨고창 19:24, 하늘에서 불이 내려와 회막에서 부주의했던 나답과 아비후를 삼켜버린 사례도 있다레 10:1-2. 그리고 계시록의 마지막에는 하나님이 천국에서 불을 내려 사탄의 군대를 멸하실 것이라고 기록되어 있다계 20:7-9.

그러므로 거짓 선지자가 불을 내리는 것도 하나님을 흉내내는 것이다. 거짓 선지자는 말라기 선지자의 예언을 성취하고 있다고 주장할 것이다. "보라 여호와의 크고 두려운 날이 이르기 전에 내가 선지자 엘리야를 너희에게 보내리니"말 4:5.

말라기가 이 예언을 기록하기 몇 백 년 전, 엘리야는 갈멜산에서 450명의 바알 선지자들이 지켜보는 가운데 하늘로부터 불을 내려 물에 젖은 제단을 완전히 태워버림으로써 하나님의 능력을 증명해 보인 적이 있었다왕상 18:19, 38. 이처럼 엘리야는 구약 시대에 유일하게 불을 내린 선지자이지만, 말라기 선지자는 메시아가 오시기 전에 하나님이 또 다른 엘리야를 보내실 것이라고 예언했다. 거짓 선지자는 자신이 메시아보다 앞서 오는 엘리야라고 믿게 하기 위해 애를 쓰겠지만, 이것은 자신의 존재를 합리화하기 위한 거짓 시도일 뿐이다.

신약학자 크레이그 키너는 표적과 기사가 진짜 선지자를 분별하는 확실한 증거가 아님을 상기시킨다. '표적은 그 자체로 긍정적이거나 부정적일 수 있다. 그러나 진짜 선지자와 거짓 선지자를 구별하는 것은 그들의 도덕성이다. 중요한 점은 그들의 은사가 아니라 그들의 메시지나 삶을 통해 그들을 아는 것이다'신 13:1-5, 마 7:15-23[미주5].

신상을 세우라고 명령하다

거짓 선지자는 큰 능력을 드러냄으로써 사람들을 우상숭배의 길로 현혹할 것이다. 적그리스도의 모습을 본뜬 거대한 우상을 세워놓고 사람들에게 확신을 심어줄 것이다. "짐승 앞에서 받은 바 이적을 행함으로 땅에 거하는 자들을 미혹하며 땅에 거하는 자들에게 이르기를 칼에 상하였다가 살아난 짐승을 위하여 우상을 만들라 하더라"계 13:14. 이 우상은 대환난이 끝날 때까지 거짓 예배의 중심 역할을 하게 될 것이다.

'우상'이라는 말은 요한계시록 13장에서 네 번 사용되는데, 한 번은 14절, 세 번은 15절에서 언급된다. 그리고 계시록의 나머지 장에서 여섯 번 더 언급된다계 14:9, 11, 15:2, 16:2, 19:20, 20:4.

짐승의 우상을 숭배하는 것은 배교의 결정적 증거인 셈이다. 19세기 신학자 J.A.세이스는 세상이 어떻게 짐승의 우상을 섬기게 될지에 대해 이렇게 말한다.

'이 우상을 만드는 것에 대해 어떤 논쟁이 벌어질 것인지를 추측해 보는 것은 어려운 일이 아니다. 명예를 자랑하던 시대에는 종종 명예를 기념하기 위해 동상 건립이 추진되곤 했다. 그러나 이 땅의 모든 위인들 중 적그리스도만큼 위대한 자가 어디 있겠는가! 동상은 보통 위대한 업적을 기념하기 위해 세워지지만, 역사적으로 이 자의 업적만큼 위대하고 놀라운 것이 무엇이겠는가! 그는 죽음에 처할 정도로 치명적인 상처를 입었지만 다시 살아나서 이전보다 훨씬 더 숭고한 활동을 이어갈 것이다. 그의 우상에 관한 논쟁에서 이길 수 있는 사람은 이 땅에 아무도 없을 것이다'[미주6].

예수님의 감람산 설교도 짐승의 우상을 염두에 두셨던 것이 분명하다. "그러므로 너희가 선지자 다니엘이 말한 바 멸망의 가증한 것이 거룩한 곳에 선 것을 보거든 그 때에 유대에 있는 자들은 산으로 도망할지어다...이는 그 때에 큰 환난이 있겠음이라"마 24:15-16, 21.

바울이 데살로니가 교회에 쓴 두 번째 편지에서도 이와 같은 상황을 묘사하고 있다. "누가 어떻게 하여도 너희가 미혹되지 말라 먼저 배교하는 일이 있고 저 불법의 사람 곧 멸망의 아들이 나타나기 전에는 그 날이 이르지 아니하리니 그는 대적하는 자라 신이라고 불리는 모든 것과 숭배함을 받는 것에 대항하여 그 위에 자기를 높이고 하나님의 성전에 앉아 자기를 하나님이라고 내세우느니라"살후 2:3-4. 그날이 오면 사탄과 적그리스도와 거짓 선지자의 사악한 삼위일체가 전 세계 사람들의 경배의 대상이 될 것이다.

신상이 숨을 쉬고 말을 하다

거짓 선지자가 새로이 복원된 유대인의 지성소에 적그리스도의 신상을 세운 후에 "우상에게 생기를 주어 그 짐승의 우상으로 말하게" 할 것이다계 13:15. 어떤 사람들은 이것이 복화술이나 전자음향의 한 형태일 것이라고 추측한다. 주석학자 헨리 모리스 박사는 이에 대해 다른 해석을 내놓고 있는데, 그 주장이 매우 설득력 있어 보인다.

'이 우상은 컴퓨터 목소리를 가진 로봇 그 이상이다. 모든 일이 자동화와 음향작업을 거쳐 수행된다는 사실이 오늘날에는 그리 놀라운 일도 아니다. 디즈니랜드에 있는 아브라함 링컨 동상이 움직이고 '말하는' 모습을 수많은 사람들이 보았을 것이다. 그러나 그것에 감동하여 그 동상을 섬기거나 그 앞에 절을 하지는 않는다. 죄인을 형상화한 신상은 이해하기 쉽게 말할 것이고, 그의 말은 사전 설정되어 있지 않을 것이다. 그는 자신을 섬기지 않는 사람들을 모두 처형할 것이라는 법령을 발표할 것이다. 이 엄청난 현장을 목격한 사람들은 예루살렘에서 직접 목격했든 TV로 시청했든 간에 그 신상이 자기 의지로 말하고 있다는 것을 믿게 될 것이다'[미주7].

모리스 박사는 계속해서 이렇게 말한다. '거짓 선지자는 자신의 주인인 사탄의 힘을 입어 신상에 영을 부여할 것인데, 그 영은 아마도 사탄이 거느린 여러 추악한 영들 가운데 하나일 것이다. 사탄이 사람의 몸이 아닌 신상의 몸을 소유하게 된 것이다'[미주8]. 이것은 마술이 아니라 사탄의 노골적인 활동이다. 즉 사탄을 통해 거짓 선지자는 무생물에게 생명을 불어넣을 수 있는 능력을 소유하게 될 것인데, 이는 대환난 기간 동안 활약할 어둠의 세력의 활동 가운데 하나이다. 이로써 사탄은 세상 사람들의 신뢰를 얻어 자신의 악한 계획을 수행하고, 마지막 때에 더 많은 사람들을 속일 수 있게 될 것이다.

거짓 선지자의 계획

그가 모든 자 곧 작은 자나 큰 자나 부자나 가난한 자나 자유인이나 종들에게 그 오른손에 나 이마에 표를 받게 하고 누구든지 이 표를 가진 자 외에는 매매를 못하게 하니 이 표는 곧 짐승의 이름이나 그 이름의 수라(요한계시록 13:16-17)

거짓 선지자는 세계적인 종교지도자일 뿐 아니라 적그리스도의 경제적 황태자이다. 짐승의 신상을 통해 자신의 능력을 과시한 후에 그는 세계 경제 위기에 관한 종합적인 계획을 수립할 것이다. 그는 모든 사람이 짐승의 표를 받아야 하며, 표를 받지 않을 경우 모든 종류의 상거래가 금지될 거라고 공표할 것이다.

사실 이 표 역시 모조품에 지나지 않는다. 요한계시록 7장 3절에서 144,000명의 유대인 회심자들이 이마에 인치심을 받고 하나님의 편으로 구별되었다. 이제 거짓 선지자는 자신의 추종자들로 하여금 이마에 표를 받게 함으로써 사악한 삼위일체의 인침을 시도하려는 것이다.

두 표의 차이는 아주 분명하다. '사탄이 만든 위조품은 하나님의 진짜 표에 담겨있는 능력이 없다. 하나님의 인치심은 증인들이 해를 당하지 않도록 보호해 주지만, 사탄의 표는 그의 추종자들이 해를 당하게 될 것에 대한 표적이 될 것이다. 또 다른 차이점은 하나님의 인치심은 선택 받은 소수, 곧 144,000명의 유대인 회심자들에게만 주어지지만, 적그리스도의 표는 모든 사람에게 발급될 것이다'미주9.

이 표를 받아야 한다는 사실에서 누구도 자유로울 수 없을 것이다. 서민에서 대기업 회장에 이르기까지 모든 사람이 그 표를 상요딩힐 것이고, 그것을 받지 않는다면 엄청난 어려움에 처하게 될 것이다. '짐승의 표를 받지 않은 사람은 가게에서 물건을 살 수도, 식당에서 밥을 먹을 수도, 주유소에서 휘발유를 넣을 수도 없고, 병원에서 처방전을 받을 수도, 은행 거래를 할 수도 없을 것이다. 이 표는 대환난 시대의 회페인 셈이다'미주10

여기에서 '표'라는 말은 헬라어로 '카라그마'charagma인데, 이 단어는 짐승의 표와 관련하여 요한계시록에서 여덟 번 사용된다. 고대에 이 표는 황제의 이름뿐만 아니라 황제의 동상이나 연호와도 밀접하게 연관되어 있었다. 카라그마는 거래를 할 때 반드시 필요했고, 어떤 종류의 서류에도 요구되었다. 이와 마찬가지로 짐승의 표는 그것을 지니고 있는 자에게 원하는 모든 것을 가질 수 있게 해줄 것이다. 또한 이 표는 짐승을 숭배하고 그의 법에 순종하겠다는 맹세의 증표이기도 하다.

정치와 종교의 융합은 그것을 거역하는 자에게 피할 곳이 없음을 의미한다. '우리가 상상할 수 있는 것은 모든 자본이 한 사람의 통제와 명령에 의해 움직이는 거대한 공동체가 형성될 것이라는 사실이다. 그 공동체 밖에 있는 사람은 어떤 것도 할 수 없을 것이다. 아무도 그와 일하려 하지 않을 것이며, 아무도 그를 고용하지 않을 것이다. 또한 아무도 그에게 물건을 사거나 팔지 않을 것

이다. 다시 말해 그 사람은 파산과 굶주림을 피할 수 없게 될 것이다'미주11

제2차세계대전 동안 미국은 설탕이나 특정 식료품을 살 돈이 충분하지 않았다. 그래서 이러한 물품을 구입하기 위해서는 식량배급표를 발급받거나 국가에서 허용한 카드를 소지해야 했다. 어떤 물품은 할당량이 있었기 때문에 국가의 승인 없이 팔 수 없었다. 이런 일은 대환난 기간 동안 벌어질 일에 비하면 그림자일 뿐이다. 물건을 살 때 사람들은 카드를 제시하거나 오른손이나 이마를 스캔 받아야 할 것이다. 그래야 사람들은 원하는 물건을 구매할 수 있게 될 것이다.

짐승의 표에 대한 자세한 정보는 없지만, 요한계시록 13장 18절은 불가사의한 단서를 제공해 준다. "지혜가 여기 있으니 총명한 자는 그 짐승의 수를 세어 보라 그것은 사람의 수니 그의 수는 육백육십육이니라"

숫자 666의 의미에 대해서는 수많은 이론들이 있어 왔다. 사람들은 여러 사건들에서 중요한 우연의 일치를 찾기 위해 애쓰기도 했고, 단서를 찾기 위해 성경을 철저히 조사하기도 했다. 예를 들어 666은 요한계시록 13장 18절에 나오는데, 18은 6 더하기 6 더하기 6이다. 그런데 인류 역사상 가장 거대한 거인 중 하나인 골리앗의 키는 여섯 큐빗이었고 창날 무게는 육백 세겔이었으며, 그는 여섯 가지 장비로 무장하고 있었다삼상 17:4-7. 다니엘서에 있는 느부갓네살의 신상은 높이가 육십 규빗이고 폭이 여섯 규빗이었으며 절을 할 시간을 알려주기 위해 여섯 개의 악기를 사용하였다단 3:1-15. 사람들은 이런 수준의 우연의 일치를 교황부터 히틀러, 미국 대통령에 이르기까지 대부분의 세계 지도자들에게 적용시켜 적그리스도라는 딱지를 붙이는 데 사용해 왔다. 하지만 조금만 애쓰면 거의 모든 사람들을 666이라는 숫자에 끼워 맞출 수 있다. 그러므로 이러한 시도는 억지스럽다. 요점은 누구도 666이 진정 무엇을 의미하는지 알 수 없다는 것이다.

성경 안에서 찾을 수 있는 가장 설득력 있는 대답은 6이 인간의 숫자라는 것이다. 인간은 여섯째 날에 창조되었고, 칠 일 중 육 일 동안 일한다. 히브리 사람들은 6년 이상 종이 될 수 없었다.

반면 하나님의 숫자는 7이다. 하나님은 칠 일 동안 세상을 창조하셨고, 무지개는 일곱 가지 색깔이고, 음계도 일곱 개다. 여호와의 일곱 절기가 있고레 23장, 십자가에 달리신 예수님은 일곱 가지 말씀을 하셨고마 13장, 일곱 가지 비유로 천국의 비밀을 말씀하셨다마 13장. 여리고가 무너질 때 일곱 명의 제사장이 군대 앞에서 양의 뿔로 만든 일곱 개의 나팔을 불었고, 일곱째 날 일곱 번 성을 돌았다수 6장.

요한계시록에서는 '예수 그리스도의 계시'라는 말과 숫자 7이 쉰 번 사용되는데 일곱 교회, 일곱 영, 일곱 촛대, 일곱 별, 일곱 등잔, 일곱 인치심, 일곱 뿔, 일곱 눈, 일곱 나팔, 일곱 천둥, 일곱 머리, 일곱 왕관, 일곱 천사, 일곱 번의 기근, 일곱 개의 천둥, 일곱 대접, 일곱 개의 산, 일곱 명의 왕, 일곱 가지 복, 심판 받는 일곱 해, 일곱 교회에 대한 일곱 편지, 천국에서의 일곱 가지 노래.

하나님의 숫자 7은 완전한 숫자이다. 그러나 6은 인간의 숫자이자 불완전의 숫자이다. 이런 의미에서 666은 인간이 세 배가 된다 해도 하나님의 완전함에는 부족하다는 뜻이 될 수 있다. 인간은 불완전하기 때문에 하나님의 완전함을 갈망하는 것이다.

도널드 그레이 반하우스는 짐승의 숫자에서 가장 중요한 점은 '그 숫자가 무엇을 상징하느냐가 아니라 그것이 우리에게 무엇을 일깨워 주느냐'라고 강조한다.

위대한 작곡가인 바흐는 아이들을 깨우는 가장 쉬운 방법이 음악을 연주하다가 마지막 한 마디를 남겨놓는 것임을 알게 되었다.

'어느 날 아침 이른 시간에 나는 피아노 앞으로 가서 모두가 잘 아는 성탄곡 "고요한 밤 거룩한 밤"을 연주하기 시작했다. 그러다가 마지막 한 마디를 남겨놓고는 연주를 멈추었다. 거실로 나오면서 나는 아이들 방에서 노랫소리를 들을 수 있었다. 여덟 살짜리 아이는 책을 읽다가 하모니카로 마지막 마디를 연주했고, 다른 아이는 씩씩하게 노래를 불렀다. 이처럼 우리는 곡조를 완성시키려는 본능을 가지고 있다'[미주12].

숫자 666은 무엇인가 결여된 인간의 모습을 일깨워 주는데, 그 결여된 하나가 바로 하나님이시다. 반면 하나님은 완전한 분이시다.

거짓 선지자의 형벌

짐승이 잡히고 그 앞에서 표적을 행하던 거짓 선지자도 함께 잡혔으니 이는 짐승의 표를 받고 그의 우상에게 경배하던 자들을 표적으로 미혹하던 자라 이 둘이 산 채로 유황불 붙는 못에 던져지고(요한계시록 19:20)

거짓 선지자의 운명은 이미 정해져 있다. 그는 산 채로 유황 불못에 던져질 것이다. 짐승의 표를 받은 사람들 또한 형벌에서 자유롭지 못할 것이다. 요한계시록 16장 1-2절은 짐승의 표를 받은 사람들과 그 우상에게 경배하는 자들에게 악하고 독한 종기가 날 것이라고 말하고 있다. 뿐만 아니라 요한계시록 14장 10-11절에도 그들에 대한 심판이 예고되어 있다 "그도 하나님의 진노의 포도주를 마시리니 그 진노의 잔에 섞인 것이 없이 부은 포도주라 거룩한 천사들 앞과 어린 양 앞에서 불과 유황으로 고난을 받으리니 그 고난의 연기가 세세토록 올라가리로다 짐승과 그의 우상에게 경배하고 그의 이름 표를 받는 자는 누구든지 밤낮 쉼을 얻지 못하리라 하더라"

짐승의 표를 받은 자들은 자신과 가족을 지키기 위한 어쩔 수 없는 선택이었다고 변명하겠지만, 그들 역시 거짓 선지자와 동일한 심판을 받게 될 것이다. 그렇다면 짐승의 표를 거부한 사람들은 어떻게 될까?

그들의 거부는 죽음을 부르는 행위처럼 보였겠지만 실은 영원한 생명을 얻는 결단이었다. "또 내가 보좌들을 보니 거기에 앉은 자들이 있어 심판하는 권세를 받았더라 또 내가 보니 예수를 증언함과 하나님의 말씀 때문에 목 베임을 당한 자들의 영혼들과 또 짐승과 그의 우상에게 경배하지 아니하고 그들의 이마와 손에 그의 표를 받지 아니한 자들이 살아서 그리스도와 더불어 천 년 동안 왕 노릇 하니"계 20:4.

세상에서 어리석음으로 여겨지는 것들이 결국 지혜로움으로 증명될 것이다. 왜냐하면 순교자들은 예수님의 말씀에 귀를 기울이고 하나님을 두려워한 사람들이였기 때문이다. "몸은 죽여도 영혼은 능히 죽이지 못하는 자들을 두려워하지 말고 오직 몸과 영혼을 능히 지옥에 멸하실 수 있는 이를 두려워하라"마 10:28.

거짓 선지자는 수많은 사람들을 속이고 전 세계의 파멸을 초래하기 위해 능력과 영향력을 가지고 등장하겠지만, 그의 시간은 이미 정해져 있다. 그는 거짓으로 제한된 성공을 맛볼 수 있겠지만, 하나님은 그의 시간을 헤아리고 계신다. 인류 역사의 어느 날, 하나님의 공의가 드러나면 거짓 선지자는 끔찍한 종말을 맞게 될 것이다.

8
chapter

승리자

Agents of the Apocalypse

이야기 속으로

통합된 세계의 지도자, 유다 크리스토퍼는 기다란 탁자에 앉아 회의를 하고 있었다. 함께 회의를 하는 사람들은 세계 주요국에서 온 대표들이었다. 그들은 모두 크리스토퍼에게 충성을 맹세했으며 그 나라들은 이미 고유번호 발급이 끝난 상태였다.

크리스토퍼 대통령은 짐승처럼 고함을 내질렀다. 회의장에 있던 사람들은 대통령의 심기가 왜 그리 불편한지 잘 알고 있었다. 그는 이스라엘을 전멸시키라고 보낸 군대가 오히려 참패를 당하고 왔다는 사실에 분을 삭히지 못하고 있었다. 대통령의 불같은 분노는 러시아와 이집트, 그리고 중국 대표를 향하고 있었다.

"도대체 이게 어찌된 일인가?" 크리스토퍼는 고함을 질렀다. "장군의 군대는 최신식 무기를 가지고도 그런 하찮은 나라 하나 이기지 못하는가."

그 말을 들은 러시아 대표 이바조프는 얼굴이 벌겋게 달아올랐다. "각하, 그건 저희 잘못이 아니었습니다. 저희가 왜 실패했는지 잘 알고 계시지 않습니까? 저희는 측정이 불가능할 정도의 강한 지진과 싸워야 했습니다. 게다가 유황불이 섞인 끔찍한 우박까지 쏟아졌습니다. 저희 병사들은 자연재해로 몰살당한 것입니다."

"말 잘 했군." 크리스토퍼의 목소리는 얼음처럼 차가웠다. "그래서 러시아

군은 놀라 허둥대며 아군에게까지 총질을 해댄 건가."

"연기와 먼지로 한치 앞을 내다볼 수 없었고, 숨이 막혀 질식할 것 같았습니다. 그 자리에 계셨다면 이해하실 겁니다."

"이곳에 모인 대표들은 새로운 군대를 소집해서 이스라엘을 다시 한 번 공격해야 할 것이네."

그 순간 싸늘한 침묵이 회의장 안을 뒤덮었다. 러시아 대표는 우려했던 일이 현실로 드러나고 있다고 생각하며 대통령을 설득했다.

"대통령 각하, 너무 가혹한 명령이십니다. 지금 각하의 폭정이 전 세계적으로 가난과 질병을 악화시키고 있다는 여론이 팽배합니다. 더구나 무모한 전쟁으로 이렇게 많은 사람이 희생되었음에도 불구하고 또다시 군대를 징집하신다면 러시아에서는 엄청난 반란이 일어날 겁니다."

그 순간 크리스토퍼는 경비병을 불렀다. "이 반역자를 끌고 나가서 총살시키시오." "그리고 그와 뜻을 같이 한 중국과 이집트, 이란 대표도 데리고 나가시오." 경비병들은 네 명의 대표를 붙들어 데리고 나갔다.

잠시 후 크리스토퍼는 아무 일 없다는 듯 말을 이어갔다. 반발하는 네 명의 대표를 제거해 버린 효과로 다른 사람들은 꿀 먹은 벙어리가 되었다. 고국으로 돌아가 크리스토퍼의 명령을 전한다면 분명 반란이 일어날 것이다. 하지만 대통령을 반대하면 목숨을 내놓아야 할 것이다. 그들의 생각을 읽은 디드로 대주교가 자리에서 일어났다.

"존경하는 위원회 여러분, 각하와 저는 보이지 않는 분을 섬기고 있는데, 그분은 막강한 능력을 가지셨습니다. 그분은 이 세상을 하나님의 속박에서 자유롭게 하기 위해 홀로 고군분투하고 계십니다. 그리스도인들이 이 땅에서 사라졌기 때문에 유대인만 제거해 버린다면 이 땅은 전부 우리의 것이 될 것입니다. 여러분이 받은 고유번호는 여러분이 그분의 것이라는 징표입니다. 여러분은 두려워하실 필요가 없습니다. 우리의 지배자인 그분을 전심으로 섬긴다면 그분은 반드시 우리에게 승리를 주실 것입니다."

마지막으로 디드로가 덧붙였다. "어둠의 지배자인 그분은 자신의 일을 망가뜨리는 사람을 항상 잔혹하게 부숴버리시지요. 이 점을 기억하세요."

유다 크리스토퍼는 당장 연합군을 소집하기 시작했다. 몇 달 후 그의 군대는 전 세계 나라들로부터 병력과 군수품을 조달 받아 점점 더 강해졌다. 그러나 러시아, 중국, 이집트 등 몇몇 나라는 그것을 거부했다. 이를 보고 받은 대통령은 불같이 화를 냈다. 그리고 부족한 군사를 충당하기 위해 다른 나라들의 할당량을 두 배로 증가시켰다. 마침내 크리스토퍼는 그 해가 다 가기 전에 인류 역사상 가장 큰 규모의 군대를 모을 수 있었다.

크리스토퍼는 재빨리 텔아비브 북쪽에 있는 해안 도시 헤르즐리아를 점령하여 그곳에 작전본부를 세웠다. 장군들과 함께 어떻게 예루살렘으로 진격할 것인가를 조율하고 있을 때 다급하게 문을 두드리는 소리가 들렸다.

모든 사람들이 출입문 쪽으로 고개를 돌리자 해군 대령이 숨을 헐떡이며 들어왔다. "각하, 방해해서 죄송합니다. 하지만 긴급한 상황입니다."

"러시아가 여러 나라들과 연합하여 군대를 모집했다고 합니다. 그들이 지금 북쪽에서 우리를 향해 진격해 오고 있습니다. 이집트와 연합한 군대 역시 남쪽에서 올라오고 있고요."

다음날 아침, 크리스토퍼의 북쪽 군대는 에스드라엘론 평야에 있는 아마겟돈에서 러시아 연합군을 만났고, 그의 남쪽 군대는 네게브 사막 끝에 있는 브엘세바에서 이집트 연합군을 만났다. 그들은 곧 북쪽에 있는 골란 고원에서부터 남쪽의 가자 지구에 이르기까지 이스라엘 전역을 전쟁의 무대로 삼아 격돌했다.

몇 개월에 걸친 전쟁에서 크리스토퍼는 승리를 거두었고, 마지막 작전 회의를 소집했다. 작전 회의를 주도하는 크리스토퍼의 눈빛은 신이 난 듯 반짝이고 있었다. "내일 우리는 마지막 전투를 치르게 될 것이네. "우리의 지배자께서 수세기 동안 전멸시키고자 했던 원수의 나라가 드디어 종말을 맞게 되었군." 크리스토퍼는 흡족한 표정을 지었다.

다음날 아침 크리스토퍼 대통령은 직접 군대를 이끌고 무방비 상태의 예루살렘을 향해 진격했다. 그날 디드로는 크리스토퍼의 요청으로 그와 동행했다. 크리스토퍼는 병사들을 공격하기 용이한 곳에 배치한 다음 감람산에 올랐다. 공격하라는 신호를 내리는 그 순간을 만끽하고 싶었다. 잠시 후에는 마지막 일격에 고통스러워할 그 도시를 내려다보며 기쁨을 주체하지 못 할 것이다.

그때 갑자기 우렁찬 나팔소리가 울려 퍼졌다. 깜짝 놀란 크리스토퍼는 주위를 두리번거리다 그의 군대가 벌벌 떨면서 하늘을 응시하고 있는 모습을 발견하고는 그들의 시선을 좇아갔다. 순간 그는 자신의 눈앞에 펼쳐진 광경으로 인해 말문이 막혔다. 하늘에 흰 말을 탄 늠름한 전사가 모습을 드러냈다. 그분은 피로 얼룩진 옷을 입고, 황금과 보석으로 반짝거리는 왕관을 쓰고 계셨다. 또 그분 뒤에는 엄청난 군대가 있었다. 그들 또한 흰 옷을 입고 말을 타고 있었다. 동쪽에서부터 서쪽까지 사람 같지만 빛처럼 반짝이는 얼굴을 가진 존재들이 온 하늘을 가득 채웠다. 그 무리는 땅으로 내려갈 준비를 완벽하게 마친 듯 공중에서 기다리고 있었다.

하늘의 군대를 지휘하고 있는 분의 입에 있는 검 외에는 무기다운 무기를 찾아볼 수 없었다. 게다가 그 지휘관은 무장을 하지도 않았고 군복도 입지 않았다. 그 순간 크리스토퍼는 아무것도 생각할 수 없었고, 아무것도 느낄 수 없었다. 그가 느낄 수 있는 한 가지는 자신이 두려움에 사로잡혀 있다는 사실뿐이었다.

큰 소리와 함께 장엄한 전사와 군대가 땅으로 내려왔다. 크리스토퍼 옆에 있던 대주교 디드로는 그 전사가 누구인지 가장 먼저 알아보았다. 도저히 서 있을 수 없던 대주교는 벌벌 떨면서 손으로 머리를 감싼 채 얼굴을 땅에 대고 엎드렸다.

유다 크리스토퍼는 병사들에게 전진하라고 재촉했지만 어느 누구도 그의 명령을 따르지 않았다. 디드로만이 울음을 터뜨린 채 알 수 없는 소리를 중얼거리며 그의 뒤를 따를 뿐이었다. 그런데 갑자기 크리스토퍼가 걸음을 멈추고 주저앉았다. 흰 말에서 내린 전사가 바로 앞에 서 계셨기 때문이다. 그분의 눈빛은 희고 뜨거운 태양처럼 크리스토퍼의 영에 새겨졌다.

말에서 내린 그리스도는 입술의 말씀으로 이루어진 칼을 꺼내 크리스토퍼를 내려다보셨다. 그때 땅이 소름끼치는 소리를 내며 갈라지기 시작했고, 땅속 깊은 곳 어딘가에서 우르릉거리는 소리가 들려왔다. 굉음이 견딜 수 없을 만큼 커지더니 감람산 꼭대기가 둘로 갈라졌고, 산의 벌어진 틈은 예루살렘에서 여리고만큼이나 넓어졌다.

그 순간 흰 옷을 입은 전사가 크리스토퍼와 디드로를 붙들어 그 벌어진 틈사이로 던져버렸다. 구덩이로부터 악취가 나는 시커먼 연기가 피어오를 때까지 그들의 비명은 멈추지 않았다. 여전히 손에 검을 들고 있던 그리스도는 다시 말에 올라타서 크리스토퍼의 군대를 향해 앞으로 나아갔다.

해가 뜨기 전에 모든 전쟁은 끝이 났고, 그 잔해는 산더미처럼 쌓였다. 피가 강물처럼 흘렀으며 땅은 진홍빛으로 물들었다. 굶주린 독수리들은 소름끼치는 만찬을 즐기고 있었다. 그리스도가 승리하여 하나님의 거룩한 성에 두 번째로 입성하실 때 기쁨의 함성이 크게 울려 퍼졌다. 이 날은 작은 나귀가 아니라 희고 큰 말을 타고 계셨다. 그리스도는 고통당하기 위해서가 아니라 다스리기 위해 그곳에 계셨다.

성경 속으로

요한계시록 19장에서 우리는 드디어 지금까지 기다려왔던 반전을 만나게 된다. 계시록 전체에서 우리는 악이 만연하고, 신실한 자들에게 전대미문의 고통과 핍박이 가해지는 장면을 보았다. 그러나 마침내 그리스도가 승천하신 이후 하나님의 사람들이 그토록 기다려왔던 순간이 도래한 것이다. 그분이 재림하신다!

그리스도의 재림은 어떤 모습일까? 그리스도를 온화하며 부드럽고, 무한히 참고 인내하시는 분으로만 오해해서는 안 된다. 그리스도는 역사상 가장 피비린내 나는 전쟁에서 하나님의 대적들을 전멸시킬 힘을 갖고 등장하시는데, 이는 타락한 세상을 향한 하나님의 심판의 결정판이다. 요한은 승리자이신 그리스도를 이렇게 묘사하고 있다. "그 이름은 충신과 진실이라 그가 공의로 심판하며 싸우더라"계 19:11.

삶의 순간마다 경험하게 되는 풍성한 은혜로 말미암아 우리는 하나님의 공의를 쉽게 잊어버린다. 때로는 그의 공의에 대해 냉혹하고 무자비하다고 비판하기도 한다. 하지만 그분이 얼마나 오래 참으신 끝에 심판하셨는지를 안다면 더 이상 비판할 수 없을 것이다.

수업 첫째 날 선생님은 강의실에 있는 백 명의 신입생에게 학기 중에 과제물을 세 번 제출해야 한다고 강조했다. 과제물은 10월, 11월, 12월 마지막 날까지 제출되어야 하고 기간 연장은 없을 것이라고 덧붙였다.

9월 마지막 날에 90명의 학생이 과제물을 제출했고, 열 명의 학생이 걱정스런 목소리로 말했다. "죄송합니다, 선생님. 과제를 어떻게 수행해야 할지 잘 몰라서요. 다음번에는 잘 할게요. 약속드립니다." 선생님은 그들의 청을 받아들여 기간을 연장해 주며 다음 달에는 늦지 말라고 경고했다. 10월 마지막 날 80명의 학생이 과제물을 제출했지만, 20명의 학생은 빈손으로 나타났다. "선생님, 죄송합니다. 주말에 동창회를 가는 바람에 시간이 없었어요." 선생님은 한 번 더 용서해 주면서 다시 경고했다. "다음에 과제를 내지 않으면 변명의 여지없이 F를 받게 될 거야."

12월의 마지막 날 50명의 학생들만 과제를 제출했고, 나머지 학생들은 또 다시 변명을 늘어놓았다. "너무 늦었어. 늦은 사람은 F를 받을 거야." 학생들은 소리를 지르며 항의했다. "공평하지 않잖아요!"

"좋아." 선생님이 대답했다. "너희는 정의를 원하는구나, 정의라는 것은 이런 거야. 세 번의 과제물 중 늦게 제출된 것은 모두 F로 처리될 거야. 이것이 정의야. 그렇지?"[미주1]

그리스도가 재림하셔서 이 세상을 심판하실 때 바로 이런 모습일 것이다. 이천 년이 넘도록 그분은 정의를 실현하기 위해 너그럽게 기다리셨다. 그때가 가까이 다가오면 그리스도는 심판의 날이 오기 전에 우리를 그분께로 돌아오게 하기 위해 모든 노력을 기울이실 것이다. 먼저 기적적인 사역을 펼치게 될 두 증인을 세상에 보내어 다가올 심판에 대해 증거하게 하시고,

144,000명의 증인들을 추가로 파송하여 이 세상에 복음을 다시 한 번 전하게 하실 것이다. 그렇지만 그리스도께서 성도와 천사들과 함께 천국을 떠나시는 그날, 그분의 은혜는 종결되고 진노의 시간이 도래할 것이다.

심판의 하나님에 대해 비난하는 사람들은 더 이상 변명의 여지가 없을 것이다. N.T.라이트는 이러한 태도에 대해 다음과 같이 요약하고 있다.

'심판이라는 말은 자유주의 세계에서 부정적인 의미를 함축하고 있다. 하지만 우리는 성경을 통해 하나님이 세상을 심판하러 오시는 날은 축하하고, 고대하고, 동경해야 할 좋은 날이다. 불의, 파괴, 학대, 폭력, 교만, 차별이 난무하는 세상에서 악한 자들이 반드시 벌을 받고, 가난하고 약한 자들이 합당한 대우를 받게 될 것이라는 사실은 분명 좋은 소식이다. 반역과 착취와 불의가 가득한 세상에서 하나님은 반드시 심판의 하나님이셔야 한다'[미주2].

만일 하나님이 악을 영원히 용납하시고, 그분이 창조하시고 친히 좋았더라고 말씀하신 세상이 타락해 가는 것을 끝까지 참으신다면, 우리는 과연 그런 하나님을 좋으신 하나님이라고 부를 수 있겠는가? 성경은 심판과 공의로 이 땅에 재림하시는 그리스도에 대해 몇 가지 중요한 사실을 우리에게 알려준다.

그리스도 재림의 우선순위

그 때에 인자의 징조가 하늘에서 보이겠고 그 때에 땅의 모든 족속들이 통곡하며 그들이 인자가 구름을 타고 능력과 큰 영광으로 오는 것을 보리라(마태복음 24:30)

복음서로 인해 그리스도인들은 베들레헴에 오신 주님의 초림에 대해서는 매우 익숙한 편이지만, 그리스도의 재림에 대해 배울 때는 놀라는 경우가 많다. 그러나 성경에는 재림에 관한 내용이 초림에 관한 내용보다 여덟 배나 많다. 학자들은 성경에 재림에 대한 언급이 1,845군데나 기록되어 있다고 가르쳐준다. 17권의 구약에서 그리스도의 재림에 대해 다루고 있고, 27권의 신약에서 스물세 번이나 언급되고 있다. 즉 신약성경 열 장마다 일곱 번씩 그리스도의 재림에 관해 언급하고 있다는 의미이다. 다른 계산법으로는 삼십 절마다 한 번씩 그리스도가 이 땅에 다시 오실 것이라고 가르쳐 주고 있는 셈이다.

초대교회를 향해 가장 먼저 기록된 두 권의 책, 데살로니가 전·후서에서는 그리스도의 재림이 매 장마다 언급되어 있고, 예수님도 자신의 재림을 스물한 차례나 강조하셨다. 재림은 신약성경에서 구원에 버금갈 정도로 중요한 주제 가운데 하나이다. 그리스도의 재림이 이렇게 두드러지게 다뤄지고 있다는 사실은 그것이 하나님에게 매우 중요하다는 뜻이며, 결과적으로 우리 역시 중요하게 받아들여야 한다는 의미이다.

그리스도 재림의 예언

한 번 죽는 것은 사람에게 정해진 것이요 그 후에는 심판이 있으리니 이와 같이 그리스도도 많은 사람의 죄를 담당하시려고 단번에 드리신 바 되셨고 구원에 이르게 하기 위하여 죄와 상관없이 자기를 바라는 자들에게 두 번째 나타나시리라(히브리서 9:27-28)

위의 말씀에서 '그리스도의 재림'이라는 정확한 표현은 찾아볼 수 없지만, '두 번째'라는 표현에서 재림을 가리키는 것을 알 수 있다. 그렇다면 이러한 재림이 창세기부터 요한계시록까지 어떻게 기록되어 있는지 그 핵심 내용을 살펴보자.

그리스도의 초림과 재림	
그리스도의 초림	그리스도의 재림
은밀하게 태어나심(빌 2:5-7)	모든 사람들이 보는 가운데 오심(계 1:7)
강보에 싸여 있음((눅 2:7)	피로 얼룩진 왕의 옷을 입으심(계 19:13)
가축에게 둘러싸여 구유에 누워 계심(눅 2:16)	천군천사들과 함께 계심(계 19:14)
여관의 문이 잠겨있음(눅 2:7)	천국의 문이 활짝 열려있음(계 4:1)
새로 태어난 아기의 목소리(눅 2:12)	많은 물소리 같은 목소리(계 1:15)
구원하실 어린 양(요 1:29)	심판하실 시지(계 5:5)

에녹

유다서에 따르면 에녹은 그리스도의 재림을 예언한 첫 번째 인물이다.

아담의 칠대 손 에녹이 이 사람들에 대하여도 예언하여 이르되 보라 주께서 그 수만의 거룩한 자와 함께 임하셨나니 이는 뭇 사람을 심판하사 모든 경건하지 않은 자가 경건하지 않게 행한 모든 경건하지 않은 일과 또 경건하지 않은 죄인들이 주를 거슬러 한 모든 완악한 말로 말미암아 그들을 정죄하려 하심이라 하였느니라(유 14-15)

다니엘

다니엘은 마지막 때에 관한 계시로 유명한 인물인데, 그의 예언은 다음과 같다.

내가 또 밤 환상 중에 보니 인자 같은 이가 하늘 구름을 타고 와서 옛적부터 항상 계신 이에게 나아가 그 앞으로 인도되매 그에게 권세와 영광과 나라를 주고 모든 백성과 나라들과 다른 언어를 말하는 모든 자들이 그를 섬기게 하였으니 그의 권세는 소멸되지 아니하는 영원한 권세요 그의 나라는 멸망하지 아니할 것이니라(다니엘 7:13-14)

스가랴

스가랴 선지자는 적그리스도의 최종 전투에 대해 이렇게 적고 있다.

그 때에 여호와께서 나가사 그 이방 나라들을 치시되 이왕의 전쟁 날에 싸운 것 같이 하시리라 그 날에 그의 발이 예루살렘 앞 곧 동쪽 감람산에 서실 것이요 감람산은 그 한 가운데가 동서로 갈라져 매우 큰 골짜기가 되어서 산 절반은 북으로, 절반은 남으로 옮기고(스가랴 14:3-4)

예수님

감람산 설교에서 예수님은 자신의 재림에 대해 암시해 주셨다.

번개가 동편에서 나서 서편까지 번쩍임 같이 인자의 임함도 그러하리라…그 날 환난 후에 즉시 해가 어두워지며 달이 빛을 내지 아니하며 별들이 하늘에서 떨어지며 하늘의 권능들이 흔들리리라 그 때에 인자의 징조가 하늘에서 보이겠고 그 때에 땅의 모든 족속들이 통곡하며 그들이 인자가 구름을 타고 능력과 큰 영광으로 오는 것을 보리라 그가 큰 나팔소리와 함께 천사들을 보내리니 그들이 그의 택하신 자들을 하늘 이 끝에서 저 끝까지 사방에서 모으리라(마태복음 24:27, 29-31)

천사들

예수님의 승천 이후 천사들은 제자들에게 예수님의 재림에 대해 이렇게 약속했다.

이르되 갈릴리 사람들아 어찌하여 서서 하늘을 쳐다보느냐 너희 가운데서 하늘로 올려지신 이 예수는 하늘로 가심을 본 그대로 오시리라 하였느니라
(행 1:11)

바울

데살로니가에 보내는 두 번째 편지에서 바울은 심판의 날에 관해 말한다.

주 예수께서 자기의 능력의 천사들과 함께 하늘로부터 불꽃 가운데에 나타나실 때에 하나님을 모르는 자들과 우리 주 예수의 복음에 복종하지 않는 자들에게 형벌을 내리시리니 이런 자들은 주의 얼굴과 그의 힘의 영광을 떠나 영원한 멸망의 형벌을 받으리로다 그 날에 그가 강림하사 그의 성도들에게서 영광을 받으시고 모든 믿는 자들에게서 놀랍게 여김을 얻으시리니(살후 1:7-10)

요한

요한계시록에서 요한은 그리스도의 재림에 대한 환상을 이렇게 적고 있다.

볼지어다 그가 구름을 타고 오시리라 각 사람의 눈이 그를 보겠고 그를 찌른 자들도 볼 것이요 땅에 있는 모든 족속이 그로 말미암아 애곡하리니 그러하리라 아멘(계 1:7)

그리스도 재림의 장소

그 날에 그의 발이 예루살렘 앞 곧 동쪽 감람산에 서실 것이요 감람산은 그 한 가운데가 동서로 갈라져 매우 큰 골짜기가 되어서 산 절반은 북으로, 절반은 남으로 옮기고(스가랴 14:4)

그리스도의 재림 시기는 정확하게 알 수 없지만, 재림의 장소는 정확하게 알 수 있다. 사도행전 1장 말씀은 이에 대해 반론의 여지를 남겨두지 않는다. "이르되 갈릴리 사람들아 어찌하여 서서 하늘을 쳐다보느냐 너희 가운데서 하늘로 올려지신 이 예수는 하늘로 가심을 본 그대로 오시리라 하였느니라 제자들이 감람원이라 하는 산으로부터 예루살렘에 돌아오니 이 산은 예루살렘에서 가까워 안식일에 가기 알맞은 길이라"행 1:11-12.

그리스도의 재림에 관한 성경의 많은 증언에도 불구하고 많은 사람이 여전히 그리스도의 재림을 믿지 않는다. 이에 대해 베드로는 이렇게 말한다. "먼저 이것을 알지니 말세에 조롱하는 자들이 와서 자기의 정욕을 따라 행하며 조롱하여 이르되 주께서 강림하신다는 약속이 어디 있느냐 조상들이 잔 후로부터 만물이 처음 창조될 때와 같이 그냥 있다 하니"벧후 3:3-4.

그리스도의 재림은 틀림없이 일어날 것이다. 다만 재림의 때는 누구도 정확히 알 수 없고, 오직 하나님 아버지만이 아신다. "그러나 그 날과 그 때는 아무도 모르나니 하늘의 천사들도, 아들도 모르고 오직 아버지만 아시느니라"마 24:36.

그리스도 재림을 위한 준비

> 또 내가 보매 그 짐승과 땅의 임금들과 그들의 군대들이 모여 그 말 탄 자와 그의 군대와 더불어 전쟁을 일으키다가(요한계시록 19:19)

모든 대적들은 아마겟돈 전투에서 만나게 될 것이다. 그 전투에서 이 땅의 왕인 적그리스도와 그를 따르는 불쌍한 영들은 마지막으로 예수 그리스도를 무찌르기 위해 함께 모일 것이다. 그 군대는 로마제국이 재현되듯 열 개 나라의 병사들로 이루어질 것이고, 거짓 선지자와 함께 짐승적그리스도은 그리스도의 권위와 통치에 대항하기 위해 거대한 군대를 지휘할 것이다. 이것은 하나님에 대한 최후의 반란으로, 그리스도의 재림이 가까워질 때 그들은 마지막 전력을 다할 것이다.

그리스도 재림의 묘사

> 또 내가 하늘이 열린 것을 보니 보라 백마와 그것을 탄 자가 있으니 그 이름은 충신과 진실이라 그가 공의로 심판하며 싸우더라(요한계시록 19:11)

예수님이 처음 이 땅에 오실 때는 은밀하게 오셨다. 그러나 두 번째 오실 때는 "각 사람의 눈이 그를 보게 될 것이다"계 1:7. 다시 말해 전 세계가 그분의 재림을 목격하게 될 것이다.

어떻게 각 사람의 눈이 그를 볼 수 있을까? 첨단기술의 시대이기 때문에 예수 그리스도의 재림은 TV로 방송되거나 인터넷을 타고 순식간에 전 세계로 전해질 수도 있다. 그러나 이러한 과학 기술에 의지하지 않고도 하나님에게 그런 일은 전혀 어려운 일이 아니다. 따라서 재림의 빛나는 영광을 전 세계 사람들이 보게 되는 것은 충분히 가능한 일이다.

승리자 그리스도는 인류 역사의 다른 전사들과는 확연히 구분되는 분이시다. 이에 대해 요한은 이렇게 설명하고 있다. "그 눈은 불꽃 같고 그 머리에는 많은 관들이 있고 또 이름 쓴 것 하나가 있으니 자기밖에 아는 자가 없고 또 그가 피 뿌린 옷을 입었는데 그 이름은 하나님의 말씀이라 칭하더라"계 19:12-13.

그리스도의 이름

위의 말씀에서 그리스도는 '하나님의 말씀'으로 불리고 있다. 요한은 자신이 쓴 복음서의 첫 번째 문장에서도 '말씀'이라는 단어를 사용했다. 말씀이 보이지 않는 생각의 가시적인 표현인 것처럼 예수님은 성육신을 통한, 보이지 않는 하나님의 가시적인 표현인 것이다. 예수님이 공의를 실현하기 위해 오시는 날, 우리는 하나님의 말씀이 공의라는 사실을 확인할 수 있을 것이다.

또한 예수님은 '충신과 진실'계 19:11 그리고 '충성되고 참된 증인'계 3:14, 1:5, 3:7 참고이라고 불리고 있다. 즉 그분의 말씀이 '신실하고 참되다'계 22:6는 뜻이다. 예수님에 대한 이러한 묘사는 주님이 결코 실패하지 않는 분이심을 확인시켜 준다. 그분은 인류 역사의 한 날, 이 땅의 간악함을 심판하러 오시겠다고 약속하셨다. 그리고 그 약속을 성취하심으로써 당신의 신실함을 증명해 보일 것이다.

그리스도가 그분의 군대를 이끌고 가실 때 요한은 그분의 옷과 다리에 이름이 쓰인 것을 보았다. "그 옷과 그 다리에 이름을 쓴 것이 있으니 만왕의 왕이요 만주의 주라 하였더라"계 19:16. 그리스도는 이 땅의 모든 왕 중에 왕이시요, 통치자 중에 통치자이시요, 구주 중의 구주이시다. 그리스도께서 이 땅에 오실 때 모든 사람은 그 앞에 무릎을 꿇게 될 것이다사 45:23, 롬 14:11, 빌 2:10-11.

그리스도의 눈

분노에 찬 그리스도의 두 눈은 사람들의 마음과 생각에서 모든 거짓된 것을 태워버릴 것이다. 이러한 묘사는 마음속을 들여다보시며 모든 불의를 심판하시는 그리스도의 능력을 드러내고 있다계 1:14, 2:18, 19:12. 광석 안에 철이 있는지 확인하기 위해 그 돌을 폭파시키듯이, 그리스도의 두 눈은 사람들이 마음에 숨긴 것을 찾아낼 것이다. 그분은 진짜 의도를 정확하게 찾아내어 판단하실 것이다.

그리스도의 왕관

예수님의 초림 때, 대적들은 예수님의 머리에 가시관을 씌우며 조롱했다. 그리스도가 다시 오실 때, 그분이 쓰신 왕관에 대적할 만한 권위나 법은 없을 것이다. 실제로 그리스도는 전 세계 모든 나라의 왕관을 쓰게 되실 것이다.

그리스도의 옷

피로 얼룩진 그리스도의 옷은 재림의 위엄이나 영광과 대조적으로 보일지 모르지만, 사실은 그 반대다. 피로 얼룩진 옷은 그분의 승리를 증명해 주는 가장 중요한 증거이다. 그 옷이야말로 죽임 당하신 어린 양이 십자가에서 우리를 구하시고 부활하셨음을 증명해 주기 때문이다계 13:8. 하나님의 백성은 죄의 형벌로부터 자신들을 구원해 내신 그 피를 영원 영원히 기념하게 될 것이다.

그리스도의 재림에 함께하는 사람들

> 하늘에 있는 군대들이 희고 깨끗한 세마포 옷을 입고 백마를 타고 그를 따르더라(요한계시록 19:14)

그리스도가 재림하실 때 그의 군대도 그를 따를 것이다. 14절에 나오는 '군대들'복수형이라는 말은 하늘의 군대만을 의미하는 것이 아니다. 이 군대들은 구약 시대의 성도, 신약 시대의 성도, 대환난의 성도 등 모든 시대의 신자들과 그리스도, 그리고 그들과 나란히 서 있는 하나님의 천사들을 아울러 지칭하는 말이다.

스가랴는 이렇게 예언했다. "나의 하나님 여호와께서 임하실 것이요 모든 거룩한 자들이 주와 함께 하리라"슥 14:5. 유다 또한 그 예언을 뒷받침해 주고 있다. "그 수만의 거룩한 자와 함께 임하셨나니"유 14절. 바울은 주님이 다시 오실 때 성도들과 함께 나타나실 것이고살전 3:13, 심판 날에 그리스도는 성도들을 영화롭게 하실 것이라고 말했다살후 1:10.

그렇다면 성도들은 어떤 옷을 입고 있을까? 그들은 의로움의 상징인 깨끗하고 고운 흰 세마포를 입고 있다. 예수님은 피로 얼룩진 옷을 입으시고, 우리는 의로우신 그리스도의 흰 세마포를 입게 될 것이다! '그들은 군복이 아니라 눈이 부실 만큼 흰 옷을 입고 있을 것이다. 그러나 그 깨끗한 옷에 얼룩이

질까 걱정하지 않아도 된다. 그들의 임무는 영예로운 의식에 참여하는 것이지 싸우는 것이 아니기 때문이다. 입에 날선 칼을 지니고 계신 예수님이 직접 반역자들을 치실 것이다'[미주3].

그리스도 재림의 목적

그가 공의로 심판하며 싸우더라(요한계시록 19:11)

11절의 말씀은 '공의로 심판하며 싸우신다'는 재림의 목적을 설명해 준다. 나아가 15절은 이 전쟁에 대해 좀 더 자세히 묘사하고 있다. "그의 입에서 예리한 검이 나오니 그것으로 만국을 치겠고 친히 그들을 철장으로 다스리며 또 친히 하나님 곧 전능하신 이의 맹렬한 진노의 포도주 틀을 밟겠고"

유다는 그리스도가 이 땅에 재림하실 때 보게 될 세상에 대해 이렇게 묘사하고 있다. "아담의 칠대 손 에녹이 이 사람들에 대하여도 예언하여 이르되 보라 주께서 그 수만의 거룩한 자와 함께 임하셨나니 이는 뭇 사람을 심판하사 모든 경건하지 않은 자가 경건하지 않게 행한 모든 경건하지 않은 일과 또 경건하지 않은 죄인들이 주를 거슬러 한 모든 완악한 말로 말미암아 그들을 정죄하려 하심이라 하였느니라"유 14-15절. 이 말씀에는 '경건하지 않은'이라는 말이 네 번이나 나오는데, 이러한 반복은 우연이 아니다. 이는 그리스도가 재림하실 때 그분의 고통스럽고 오랜 인내가 끝난다는 뜻이다. 그때 그리스도는 그분께 거역하는 자들을 심판하시고, 그 입의 예리한 검으로 온 세상의 경건하지 않은 자들을 공격하실 것이다.

여기에서 예리한 검은 에베소서 6장 17절처럼 하나님의 말씀을 상징하는 것이 아니라, 실제로 전쟁에서 사용하는 날카로운 무기를 가리키는 말이다. 그리스도가 이 땅에 다시 오실 때는 그 검으로 하나님을 대적하는 나라들을 폐하시고 이 땅에 그분의 절대적인 통치를 회복하실 것이다.

그리스도가 재림하실 때의 형벌

> 또 내가 보니 한 천사가 태양 안에 서서 공중에 나는 모든 새를 향하여 큰 음성으로 외쳐 이르되 와서 하나님의 큰 잔치에 모여 왕들의 살과 장군들의 살과 장사들의 살과 말들과 그것을 탄 자들의 살과 자유인들이나 종들이나 작은 자나 큰 자나 모든 자의 살을 먹으라 하더라… 모든 새가 그들의 살로 배불리더라(요한계시록 19:17-18, 21)

사악한 자들에 대한 형벌은 너무나 끔찍하고, 그들의 죽음은 너무나 방대하여 천사들이 새들을 불러 인간의 살점을 뜯어먹게 하는 처참한 광경이 벌어질 것이다. 이 말씀에 나오는 '새'는 '오르네오이스'orneois라는 단어인데, 문자적으로는 '독수리'를 의미한다. 하늘에서 온 독수리는 주님의 칼 앞에 쓰러진 자들의 죽음을 축제로 벌일 것이다. 전쟁에서 쓰러진 자들은 이 땅의 '장군들'뿐만 아니라 '자유인들이나 종들이나 작은 자나 큰 자'까지 포함된다.

그리스도가 재림하실 때 내려지는 선고

> 짐승이 잡히고 그 앞에서 표적을 행하던 거짓 선지자도 함께 잡혔으니 이는 짐승의 표를 받고 그의 우상에게 경배하던 자들을 표적으로 미혹하던 자라 이 둘

이 산 채로 유황불 붙는 못에 던져지고 그 나머지는 말 탄 자의 입으로부터 나오는 검에 죽으매(요한계시록 19:20-21)

요한이 '잡히다'라는 말을 사용한 것은 참으로 흥미롭다. 그 말은 헬라어로 '쥐다 또는 낚아채다'라는 의미인데, 심판의 시간이 도래할 때, 즉 불의의 잔이 다 채워졌을 때 주님은 이 땅에서 짐승과 거짓 선지자를 낚아채실 것이라는 뜻이다. 그래서 이 두 악당은 사탄 앞에서 지옥으로 떨어지는 치욕을 낭하게 될 것이다. 사탄은 천 년의 세월, 곧 새천년이 끝나면 그들과 재회할 것이다. "또 그들을 미혹하는 마귀가 불과 유황 못에 던져지니 거기는 그 짐승과 거짓 선지자도 있어 세세토록 밤낮 괴로움을 받으리라"마 25:41.

1944년 6월까지 프랑스 국민들은 아돌프 히틀러의 폭정 아래 고통을 당했다. 1940년, 히틀러가 유럽 전체를 정복하고자 하는 야심으로 프랑스를 침공했기 때문이다. 그러나 1944년 6월, 연합군을 이끌고 아이젠하워 장군이 영국에서 해협을 건너 노르망디 상륙작전을 펼쳤다. 신문기자인 제임스 M.쿠쉬너는 그 운명의 날에 대해 이렇게 적고 있다. '새벽이 오기 전부터 하루 종일 바다와 육지와 하늘이 불꽃과 연기와 포탄과 낙하산으로 가득했고, 땅에는 부상당한 병사들과 피가 흘러넘쳤다. 나무들은 부러졌고, 소떼는 폐사했고, 사람들은 마지막 숨을 내쉬었다' 그러나 그날은 시작에 불과했다. 노르망디 상륙작전은 7월이 되어서야 성공적으로 끝났고, 파리는 마침내 자유를 얻게 되었다. 1944년 7월 25일, 피범벅이 된 노르망디의 상흔은 지배하고 점령하려는 자와 자유를 찾는 자의 서로 다른 목적이 만들어 낸 결과였다[미주4].

여러 가지 면에서 노르망디 작전은 이 땅에서의 마지막 전쟁을 축소하여 보여주고 있는 듯하다. 제2차세계대전 중 프랑스처럼 이 세상은 죽음과 파멸, 고통이라는 불의한 폭군의 폭정 아래 고통받고 있다. 또한 이 땅은 억압받던 프랑스 국민처럼 이 포악한 압제자로부터 자유로워지기를 바란다.

요한계시록 19장에서 확인할 수 있듯이 자유는 반드시 도래할 것이다. 우리에게는 전쟁에서 패배한 적이 없는 총사령관이 계시고, 그분은 하늘에서 내려와 이 세상의 적들을 영원히 무찌를 날만 기다리고 계신다. 더불어 그리스도는 '충성과 진실'이시기 때문에 우리는 그분이 약속처럼 승리하실 것을 확신할 수 있다. 대적에 대한 승리는 분명하다. 그러므로 우리는 마지막 나팔소리가 울려 퍼지고, 모든 사람이 그분 앞에 무릎을 꿇고 모든 혀가 고백하기를 "예수 같은 분은 없네. 유다의 사자가 이기셨네."[미주 5]라고 찬송하게 될 날을 간절히 고대한다.

9
chapter

왕

이야기 속으로

해가 거의 저물 무렵 에바는 발목이 잠길 정도의 강에서 두 살짜리 딸아이를 목욕시키고 있었다. 시커먼 강물은 썩은 내가 진동하고 거품이 둥둥 떠 있었다. 에바는 어린 딸 소피를 그런 물에 씻기고 싶지 않았지만 다른 방법이 없었다. 지난 칠 년 동안 모든 하천이 말라 버렸기 때문이다.

그 강은 에바와 그녀의 남편인 라이언, 그리고 스무 명 남짓한 도망자들이 은신하고 있던 숲속 오두막에서 가까웠다. 에바는 자신이 도망자 신세가 될 줄은 상상도 하지 못했다. 그녀와 오두막에 있는 사람들은 모두 회심한 유대인들로부터 복음을 듣고 그리스도인이 된 유대인이었다. 그런데 그들에게 복음을 전해 준 유대인들은 전 세계의 다른 그리스도인들과 함께 어느 날 갑자기 이 땅에서 사라져버렸다. 그 사건 이후 유럽 연합의 대통령 유다 크리스토퍼의 법령은 그리스도인을 점점 더 압박해 들어왔다.

급기야 세계 모든 시민이 크리스토퍼 정부가 발급하는 고유번호를 받아야 상거래가 가능하다는 법령이 발표되었다. 고유번호를 받는 데는 한 가지 조건이 있었는데, 그것은 유다 크리스토퍼 외에 어떤 신도 섬기지 않겠다는 맹세를 하는 것이었다.

에바가 소속되어 있던 가정교회에서도 많은 사람이 살아남기 위해 맹세를 하고 고유번호를 받았다. 그러나 에바와 라이언은 그 명령에 불복했다. 머지 않아 다른 도시들로부터 암울한 소식이 들려왔다. 그 표를 받지 않은 사람들은 재산을 몰수당하고 화물칸에 소떼처럼 실려 특정 장소로 보내질 거라는 소문이었다.

라이언과 에바는 다른 사십여 명의 그리스도인들과 함께 음식과 생필품을 챙겨 숲속 깊은 곳으로 달아났다. 그들은 호수 근처 숲속에 오두막을 세웠다. 그리고는 나무 뿌리나 도토리, 열매 등을 먹으며 하루하루를 연명했다.

생존을 위한 몸부림은 힘겨웠다. 세계의 다른 곳들처럼 이 숲도 화산폭발, 지진, 화재, 전염병 등과 같은 재앙으로 휘청거리고 있었다. 물과 공기는 심하게 오염되었고, 태양은 희뿌연 하늘 사이로 붉게 이글거리고 있었다. 비가 언제 내렸는지는 기억도 나지 않았다.

크리스토퍼 대통령은 모든 유대인과 그리스도인을 이 땅에서 없애버리겠다는 계획을 실행에 옮겼다. 그래서 도망자들은 항상 돌아가며 망을 보았고, 군인들이 포위망을 좁혀오면 은신처를 옮겨야 했다. 그러면서도 일요일마다 모여 예배를 드렸다. 그런데 어느 일요일, 숲속을 수색하던 군인들이 그들의 찬양 소리를 듣고 오두막을 급습해 왔다. 모임의 반은 맨발로 겨우 도망쳤지만, 나머지는 붙잡히고 말았다. 살아남은 사람들은 더 깊은 숲속으로 달아났다.

에바는 썩어서 냄새가 진동하는 물에서 즐겁게 장난을 치고 있는 어린 소피를 물끄러미 바라보며 '이 천진난만한 아이의 미래는 과연 어떨까? 우리는 얼마나 더 버틸 수 있을까?'라고 생각했다. 딸아이를 자신이 입고 있는 옷으로 닦아 주고 있을 때 갑자기 오두막에서 끔찍한 비명소리가 들려왔다. 에바는 얼른 딸아이의 귀를 막고는 넝쿨 뒤로 몸을 숨겼다. 실랑이를 벌이는 소리가 들리더니 뒤이어 총소리가 온 산에 울려 퍼졌다. 소란이 멈추었을 때 걸걸한 목소리가 들려왔다.

"이 반역자 놈들아! 저쪽으로 빨리빨리 움직여."

숲속은 적막에 사로잡혔다. 에바는 온 몸을 벌벌 떨면서 한동안 움크리고 있다가 어둠이 내려앉자 기어서 오두막으로 돌아왔다. 그곳은 이미 텅 비어 있었다.

"아빠는 어디 있어?" 소피가 물었다.

에바는 어떤 대답이라도 해주고 싶었지만, 아무 말도 나오지 않았다. 라이언이 돌아올 수 없다는 사실을 너무 잘 알고 있기 때문이었다. 그녀는 생필품만 챙겨 즉시 그 자리를 떠났다. 에바는 일주일 내내 소피를 안고 숲속을 방황했다. 소피가 아니었다면 벌써 쓰러져 목숨이 끊어지기만을 바랐을 것이다. 매일 밤 멀리서 늑대 울음소리가 들려왔다. 그 섬뜩한 울음소리가 들릴 때마다 에바는 어린 소피를 꼭 끌어안았다. 급기야 가지고 나온 물이 떨어져 버렸다. 에바는 더 버티지 못하고 넝쿨 그늘 아래 딸아이를 내려놓고는 울음을 터뜨렸다.

"가여운 내 딸, 제대로 살아볼 기회조차 주지 못한 엄마를 용서하렴. 하지만 머지않아 엄마랑 함께 하나님을 만날 수 있을 거야."

뜨거운 태양의 열기에 에바의 눈꺼풀은 점점 더 무거워졌다. 잠들기 전 에바가 마지막으로 들었던 소리는 멀리서 들려오는 늑대 울음소리였다.

눈을 떴을 때 모든 것이 완전히 변해 있었다. 시원한 바람이 그녀의 얼굴을 어루만져 주었다. 태양을 덮고 있던 구름도 평소 같지 않았다. 화산이나 소각장에서 뿜어져 나오는 재투성이의 탁한 구름이 아니라 시원한 비를 머금고 있는 상쾌한 구름이었다. 멀리서 천둥소리가 들리더니 비가 내리기 시작했다. 아름다운 빗줄기! 에바는 메마른 피부에 닿는 상쾌한 느낌이 좋아 어쩔 줄 몰라 했다. 그녀와 소피는 입을 크게 벌려 빗물을 받아 마셨다. 가나 혼인 잔치의 포도주도 이보다 달콤하진 않았을 것이다.

밤이 되기 전 에바는 동굴 하나를 발견하여 나뭇잎으로 침대를 만들었다. 오랜만에 깊은 잠을 잘 수 있었다. 그러다 까르르 웃는 소피의 웃음소리에 잠에서 깼다.

"멍멍이" 소피의 목소리에 몸을 일으킨 그녀는 깜짝 놀라 눈이 휘둥그레졌다. 소피가 커다란 늑대를 향해 걸어가고 있는 것이 아닌가! 게다가 다른 늑대 대여섯 마리도 동굴 안을 어슬렁거리고 있었다.

"안 돼, 소피!" 에바는 다급하게 소리를 질렀다. "어서 이리와!" 그녀는 딸아이를 향해 몸을 날렸다. 그런데 놀랍게도 늑대가 두 사람을 보며 꼬리를 흔드는 것이 아닌가. 그리고는 가까이 다가와 소피의 얼굴을 핥아주는 것이 아닌가. 그것이 좋은지 소피는 깔깔대며 웃었다.

"분명히 꿈을 꾸고 있는 거야." 에바는 혼자 중얼거렸다.

그렇지만 그것은 꿈이 아니었다. 에바가 아이를 안아 올리자 다른 늑대들까지 꼬리를 흔들며 그녀 주변으로 몰려들었다. 잠시 머뭇거리다가 그녀는 손을 내밀어 가장 가까이에 있는 녀석의 머리를 쓰다듬어 주었다.

에바는 먹을 것을 찾기 위해 동굴 밖으로 나갔다. 그리고 곧 피칸 나무를 발견해 주머니 한가득 열매를 땄다. 그런데 이상하게도 나무에 앉아있던 새들이 두 사람이 가까이 다가가도 달아나지 않았다. '참 이상한 일이야' 그녀는 생각했다.

"소피" 그녀는 딸에게 말했다. "여긴 꿈같은 세상인가 봐."

하늘은 사파이어만큼 푸르고 맑았다. 지난 칠 년 동안 에바가 본 하늘 중 가장 파란 하늘이었다. 그녀는 시원하고 상쾌한 공기를 크게 들이마셨다. 그 순간 '여기가 혹시 에덴동산이 아닐까'하는 생각이 들었다. 저녁 무렵 또 다시 비가 내렸다. 에바와 소피는 동굴로 돌아갔고 늑대들도 뒤따라 들어왔다. 동굴 안으로 들어온 늑대들은 편하게 자리를 잡더니 이내 잠이 들었다.

에바는 이사야 선지자의 예언이 떠올랐다. '동물과 사람이 두려움 없이 함께 뒹굴며 뛰어놀 수 있는 때가 지금이 아닐까'하는 생각이 들었다.

다음날 저녁, 어둠 저편에서 그녀가 가장 두려워하는 소리가 들려왔다. 분명 사람 목소리였다. 에바는 소피를 안고 도망치기 시작했다. 하지만 이내 궁지에 몰리고 말았나.

"저한테는 어떤 벌을 주셔도 좋아요. 하지만 제발 아이만은 나치지 않게 해주세요."

"왜 내가 딸을 다치게 하겠어?" 익숙한 목소리가 들려왔다.

에바는 고개를 들고 남편을 와락 끌어안았다. "나는 당신이 죽은 줄로만 알았어요!"

"정반대의 일이 일어났지. 배가 고플 테니 시내 식당으로 갑시다."

"라이언, 무슨 말이에요? 우리가 지금 지명수배 당하고 있다는 걸 잊은 건 아니겠죠? 게다가 우리는 고유번호가 없어서 식당에서 음식을 사먹을 수도 없잖아요."

"나를 믿고 마음을 편히 가져요." 라이언의 얼굴에서 미소가 피어올랐다.

식당에서 음식을 먹으면서 라이언은 모든 상황을 설명했다.

"군인들에게 붙잡혀 감옥에 갇힌 후 죽음을 기다리고 있었는데 유다 크리스토퍼와 그 일당이 전쟁에서 죽었다는 소식이 들려온 거야. 전 세계에서 그의 통치 시스템은 한순간에 붕괴됐고, 어찌할 바를 모르던 군인들이 모든 죄수를 석방시켰어."

"어떻게 그런 일이 일어날 수 있죠?" 에바는 놀라움을 금치 못했다.

"놀라지 말고 들어요. 크리스토퍼를 파멸시킨 분은 다름 아닌 예수 그리스도, 그분이야! 그분이 다시 오셨어! 그리스도는 대환난 시대의 순교자들과 구약 시대의 성도들과 들림 받은 사람들을 모두 부활시키셨어. 예루살렘에 보좌를 세우시고, 온 세상을 다스리는 유일한 통치자가 되셨지."

에바는 어안이 벙벙했다. 그 소식이 쉽게 믿어지지 않았다.

"어떻게 그 모든 일이 가능하죠?"

"그리스도는 부활한 성도들을 그분의 대리인, 내각, 주지사, 시장 등으로 파송하셔서 이 땅을 다스리게 하셨지."

"어떻게 그런 일들이 일사천리로 진행될 수 있죠?"

"부활한 사람들은 복음서에 나오는 부활하신 그리스도와 비슷해." 라이언이 말했다. "그들은 이 세상 어떤 곳이라도 순간적으로 이동할 수 있거든. 또 그들은 부활 전 자신이 했던 일을 바탕으로 임무가 정해진다고 하더군."

"그럼 지금부터 우린 뭘 해야 하죠?"

"그리스도는 우리에게도 특별한 임무를 맡겨 주실 거야. 교사, 목수, 기술자, 운전수, 예술가, 음악가, 컴퓨터 프로그래머 등등 실제적인 역할로 말이야." 에바는 어리둥절했지만 납득하기 위해 애를 쓰고 있었다.

"그리스도는 지난 칠 년 동안 파괴된 것들을 전부 새롭게 재건하실 거야."

"이해가 잘 안돼요. 어떻게 온 세상이 갑자기 변할 수 있죠?"

"그리스도가 사탄과 그의 악한 무리를 세상 밖으로 던지셨기 때문에 이제 세상이 올바른 방향으로 운행될 수 있게 된거지."

소피가 품에서 잠들자 에바는 남편의 어깨에 기대 깜빡 잠이 들었다. 몇 시간 쯤 지났을까, 자동차는 작지만 깔끔한 집 앞에 멈추었다.

"이제부터 우리가 살 집이야." 라이언이 말했다. "비상위원회가 도망자였던 그리스도인들의 집을 마련해 주었지."

드디어 편안히 쉴 곳을 찾게 된 에바는 하루 종일 잠을 잤다. 그리고 다음 날 아침, 식사를 마치고 뒷정리를 끝낼 무렵 초인종이 울렸다.

"안녕하세요, 에바." 어떤 젊은 여성이 현관문 앞에 서 있었다. "내 이름은 캐더린이에요. 오늘 당신과 함께 장을 보러갈 자원봉사자입니다."

에바는 그 아가씨를 응시했다. 아름다운 여성이었다. 얼굴과 신체에서 흠결을 찾을 수가 없을 정도였다. 더욱 놀라운 것은 에바가 그녀에게서 편안함을 느끼고 있다는 사실이었다. '왜 이렇게 친숙한 느낌이 들지?' 그녀는 의아하게 생각했다.

캐더린은 참으로 친절하고 많은 도움이 되는 사람이었다. 뿐만 아니라 소피에게 놀라울 만큼 다정했다. 에바는 '혹시 이 아가씨가 예전에 알고 지내던 사람은 아닐까' 하는 생각을 했다.

"캐더린" 마침내 에바는 그녀에게 물었다. "오전 내내 들었던 생각인데, 우리 전에 만난 적이 있나요?"

"물론이지." 캐더린의 따스한 웃음이 주변을 환하게 밝혀주는 것 같았다.

"에바, 엄마를 기억 못하겠니?"

"엄마라고요?" 에바는 놀란 마음을 다스릴 수가 없었다.

"그렇지만 우리 부모님은 삼 년 전에 순교를 당하셨어요. 그때 엄마 연세는 마흔네 살이셨고요. 지금 이렇게 젊은 모습일 수 없죠."

"맞아, 엄마는 순교를 당했지. 하지만 이렇게 완벽한 모습으로 부활했잖니!"

에바는 고개를 저었다. "나보다 젊은 부모님을 만난다는 것이 너무 이상해요. 당신이 엄마라면 왜 바로 얘기해 주시지 않았어요?"

캐더린은 미소를 지으며 말했다.

"네가 나를 알아보는 데 얼마나 걸리는지 알고 싶었을 뿐이야."

에바는 부활한 사람들을 쉽게 찾아볼 수 있었다. 그들은 젊고 아름다우며 건강할 뿐 아니라 지적이며 통찰력이 있었다. 그들은 잘못된 결정을 내리지 않았고, 항상 다른 사람을 존중했으며 그리스도의 사랑이 넘쳤다.

그리스도는 끔찍한 자연재해와 심판과 치열한 전쟁들로 인한 피해를 복구해나갔다. 시장은 라이언을 불러 새로운 건축물을 세우기 위한 준비 작업을 맡아 달라고 부탁했다. 그는 새천년 전보다 일하는 사람들을 대하기가 훨씬 용이하다는 사실을 깨달았다. 일꾼들은 불평하지 않았고, 자신이 맡은 임무에 모든 열의를 쏟아 부었다.

자연재해는 더 이상 일어나지 않았다. 제때 내리는 비로 인해 전에 사막이었던 모든 땅이, 심지어는 사하라 사막까지도 농사를 지을 수 있는 경작지가 되었다. 흉년도 없었고, 굶주림도 없었다. 핍박이나 압제도 사라졌다. 왕이신 그리스도의 영향력이 삶의 모든 면에서 느껴졌다.

사탄이 추방을 당했지만, 땅에 남아있던 사람들은 여전히 죄악 된 본성을 따라 살 수밖에 없었다. 그렇기 때문에 법을 위배하는 경우도 있었다. 하지만 더 이상 법원도, 재판도, 배심원도 필요하지 않았다. 모든 범죄자들은 자발적으로 그리스도 앞에 나아왔고, 그분은 왕의 역할뿐만 아니라 재판관의 역할까지 하셨다. 그분의 심판은 최종적인 것이었지만 완벽해서 합의나 항소가 필요 없었다.

에바와 라이언은 열 명의 아이들을 낳아 길렀는데, 그들은 에바가 새 생명을 잉태할 때마다 무척 기뻐했다. 그녀는 쉰 살이 넘었지만 이십대처럼 건강하고 아름다웠다. 새천년을 살아가는 시민들은 아주 천천히 나이 들어갔다. 게다가 부활한 사람들은 전혀 나이를 먹지 않았다. 에바는 이런 속도로 늙어간다면 팔백 살까지도 건강하게 살 수 있을 것 같다고 생각했다.

어느 날 저녁, 에바가 그녀의 아버지에게 물었다. "아빠와 엄마는 나이 들어가는 딸을 보는 기분이 어떠세요? 두 분은 가장 아름다운 나이에 머물러 계시잖아요."

"에바, 너도 우리처럼 완벽한 모습으로 부활할 날이 다가오고 있잖니. 알다시피 이 세상은 앞으로 몇 세기 밖에 남지 않았고, 그 이후로는 에넨동산에서처럼 하나님이 영원히 우리와 함께 사시게 될 거야. 그때는 영원하고 진실한 창조의 완전함을 경험하게 될 거야."

성경 속으로

황금시대, 낙원, 유토피아, 에덴, 이런 말들은 타락 이후 인류가 늘 꿈꾸어 왔던 이상향을 가리킨다. 그런데 성경에 희소식이 있다. 이 땅의 모든 문제와 불균형이 역사 속으로 사라질 시대가 오고 있다는 것이다.

사도 바울은 다가오는 그 시대가 아담의 죄(창 3장)로 인한 하나님의 저주가 반전되는 시간이라고 여겼다. 로마서를 통해 바울은 이렇게 말하고 있다. "피조물이 고대하는 바는 하나님의 아들들이 나타나는 것이니 피조물이 허무한 데 굴복하는 것은 자기 뜻이 아니요 오직 굴복하게 하시는 이로 말미암음이라 그 바라는 것은 피조물도 썩어짐의 종 노릇 한 데서 해방되어 하나님의 자녀들의 영광의 자유에 이르는 것이니라 피조물이 다 이제까지 함께 탄식하며 함께 고통을 겪고 있는 것을 우리가 아느니라"롬 8:19-22

모든 생명이 타락하기 전으로 회복될 그날, 곧 에덴이 재창조될 그날을 위해 지금 온 세상은 신음하고 있는 것이다. '그리스도가 통치하시게 될 천 년'이라고 불리는 그 날은 요한계시록 20장, 단 한 곳에만 언급되어 있다.

> 또 내가 보매 천사가 무저갱의 열쇠와 큰 쇠사슬을 그의 손에 가지고 하늘로부터 내려와서 용을 잡으니 곧 옛 뱀이요 마귀요 사탄이라 잡아서 천 년 동안 결박하여 무저갱에 던져 넣어 잠그고 그 위에 인봉하여 천 년이 차도록 다시는

만국을 미혹하지 못하게 하였는데 그 후에는 반드시 잠깐 놓이리라 또 내가 보좌들을 보니 거기에 앉은 자들이 있어 심판하는 권세를 받았더라 또 내가 보니 예수를 증언함과 하나님의 말씀 때문에 목 베임을 당한 자들의 영혼들과 또 짐승과 그의 우상에게 경배하지 아니하고 그들의 이마와 손에 그의 표를 받지 아니한 자들이 살아서 그리스도와 더불어 천 년 동안 왕 노릇 하니 (그 나머지 죽은 자들은 그 천 년이 차기까지 살지 못하더라) 이는 첫째 부활이라 이 첫째 부활에 참여하는 자들은 복이 있고 거룩하도다 둘째 사망이 그들을 다스리는 권세가 없고 도리어 그들이 하나님과 그리스도의 제사장이 되어 천 년 동안 그리스도와 더불어 왕 노릇 하리라(요한계시록 20:1-7)

위의 본문에는 '천 년'이라는 말이 여섯 번 나오고 있는데, 각각의 경우마다 독특한 특징이 있다.

2절 : 사탄이 결박되어 있는 기간

3절 : 만국이 사탄에 의해 미혹받지 않을 기간

4절 : 순교당한 성인들이 그리스도와 다스리게 될 기간

5절 : '그 나머지 죽은 자들'(구원 받지 못하고 죽은 자들)이 심판 받기 위해 부활할 때까지 기다리는 기간

6절 : 첫째 부활에 참여한 자들이 그리스도와 함께 다스리게 될 기간

7절 : 사탄이 무저갱에서 다시 풀려나기 전까지 걸리는 기간[미주1].

어떤 사람들은 천 년이라는 말이 신약성경 단 한 장에만 언급되어 있기 때문에, 이것을 문자적으로 해석하거나 성경적인 진리라고 여겨서는 안 된다고

끊임없이 주장한다. 예언서 학자인 르네 파쉐는 이러한 논쟁에 대해 이렇게 말한다. '천 년과 연관된 구약의 가르침이 너무 완벽해서 탈무드의 유대인들은 천 년의 의미를 하나의 개념으로 발전시켰다. …그들은 계시록이 기록되기 전부터 메시아 왕국이 천 년 동안 계속될 거라고 확신했다. 그러므로 성경에서 요한계시록 20장의 몇 구절을 제외시키고 천년왕국은 존재하지 않는다고 주장하는 일이 없어야 할 것이다'[미주2].

성경은 천 년이라는 시간을 여러 가지 표현으로 기록하고 있다. '천국'마 3:2, 8:11, '하나님 나라'막 1:15, '새롭게 되는 날'행 3:19, '만물을 회복하실 때'행 3:21, '그리스도 예수의 날'빌 1:6, '그리스도 안에서 통일되게 하려 하심'엡 1:10, '장차 올 세상'히 2:5. 그러나 이 시대는 천년왕국으로 가장 잘 알려져 있다.

천 년millenium이라는 말은 두 개의 라틴어로 구성되어 있는데 '밀레'mille는 '천'을 '안눔'annum은 '년'을 의미한다. 그러므로 이 말은 확실하게 천 년이라는 기간을 의미한다. 그러나 이 시간이 언제 도래할 것인지에 대해서는 여러 가지 학설이 있다. '천 년의 도래는 단계적으로 서서히 일어나는 과정이 아니라 초자연적으로 갑자기, 그러나 확실히 이 세상에 임할 것이다. 또한 그것은 전 세계에서 일어날 재앙, 즉 가뭄, 전쟁, 굶주림, 우주 질서의 파괴 등을 뒤이어 나타날 것이고 하나님과 예수 그리스도의 특별한 현현에 의해 펼쳐질 것이다. "모든 육체가 그것을 함께 보리라"'사 40:5[미주3].

이 신비한 시대의 특징에서 눈에 띄는 것은 그 시대에도 지금 이 땅에서 이루어지는 평범한 일상이 계속될 것이라는 사실이다. '사회의 기본적인 구조나 제도는 아마 계속될 것이다. 각자의 성격을 지닌 개개인의 생활방식도 계속 유지될 것이다. 사람들은 먹고, 자고, 일하고, 결혼하고, 아이를 낳고, 마지막에는 죽게 될 것이다. 뿐만 아니라 도시, 시골, 학교, 공장, 가게도 있을 것이다. 다른 점이 있다면 사람들과의 관계가 매우 즐거울 것이고, 하나님과의 관계는 더더욱 그러할 것이다. 의로움이 널리 퍼질 것이고, 사람들은 하나님에 대해 생각하며 하나님에 대해 이야기할 것이다'[미주4].

천년왕국에 대한 예언서의 기록들을 살펴보면 열두 가지의 특징이 나타난다.

천년왕국에 대한 기대

> 내가 나의 왕을 내 거룩한 산 시온에 세웠다 하시리로다 내가 여호와의 명령을 전하노라 여호와께서 내게 이르시되 너는 내 아들이라 오늘 내가 너를 낳았도다 내게 구하라 내가 이방 나라를 네 유업으로 주리니 네 소유가 땅 끝까지 이르리로다 네가 철장으로 그들을 깨뜨림이여 질그릇 같이 부수리라 하시도다 (시편 2:6-9)

구약의 예언서는 천년왕국에 대해 우리에게 많은 사실들을 이야기해 준다. 심지어 이사야서는 전체를 할애하여 천년왕국에 대해 이야기하고 있다. 이사야 전에 다윗은 시편 2편을 통해 예언적인 시를 기록했는데, 이는 하나님께서 그분의 아들 예수 그리스도에게 왕국을 유업으로 주셨다는 내용이다.

천년왕국에 대한 가장 확실한 예언은 다니엘서에서 발견된다. 다니엘서 2장은 이방 왕 느부갓네살의 꿈을 통해 장차 나타날 나라들을 상징적으로 보여준다. 그 꿈에 엄청나게 큰 사람 모양의 신상이 등장하는데, 그 신상은 금으로 만들어진 머리부터 흙으로 만들어진 발까지 각각의 신체부위가 점점 더 질이 낮은 재료로 구성되어 있다. 이것은 뒤이어 나타날 제국들을 상징하고 있다. 그런데 환상은 '손대지 아니한 돌이 나와서' 신상을 산산조각 내고단 2:34, 그 돌이 온 세상을 가득 채울 때까지 점점 커지는 것으로 끝이 난다. 이 환상에 대한 다니엘의 설명은 이러하다. "이 여러 왕들의 시대에 하늘의 하나님이 한 나라를 세우시리니 이것은 영원히 망하지도 아니할 것이요 그 국권이 다른 백성에게로 돌아가지도 아니할 것이요 도리어 이 모든 나라를 쳐서 멸망시키고 영원히 설 것이라"단 2:44.

다음 환상에서 다니엘은 어떤 왕이 자신의 왕국을 받는 모습을 보게 된다. "내가 또 밤 환상 중에 보니 인자 같은 이가 하늘 구름을 타고 와서 옛적부터 항상 계신 이에게 나아가 그 앞으로 인도되매 그에게 권세와 영광과 나라를 주고 모든 백성과 나라들과 다른 언어를 말하는 모든 자들이 그를 섬기게 하였으니 그의 권세는 소멸되지 아니하는 영원한 권세요 그의 나라는 멸망하지 아니할 것이니라"단 7:13-14.

왕이 오신다는 유명한 예언은 이사야서에서 찾아볼 수 있다. "이는 한 아기가 우리에게 났고 한 아들을 우리에게 주신 바 되었는데 그의 어깨에는 정사를 메었고 그의 이름은 기묘자라, 모사라, 전능하신 하나님이라, 영존하시는 아버지라, 평강의 왕이라 할 것임이라 그 정사와 평강의 더함이 무궁하며 또 다윗의 왕좌와 그의 나라에 군림하여 그 나라를 굳게 세우고 지금 이후로 영원히 정의와 공의로 그것을 보존하실 것이라 만군의 여호와의 열심이 이를 이루시리라"사 9:6-7.

요한계시록에는 일곱 번째 나팔이 울리고 그리스도의 왕국이 시작되는 내용이 기록되어 있다. "일곱째 천사가 나팔을 불매 하늘에 큰 음성들이 나서 이르되 세상 나라가 우리 주와 그의 그리스도의 나라가 되어 그가 세세토록 왕 노릇 하시리로다 하니"계 11:15.

왕의 대관식

그의 입에서 예리한 검이 나오니 그것으로 만국을 치겠고 친히 그들을 철장으로 다스리며 또 친히 하나님 곧 전능하신 이의 맹렬한 진노의 포도주 틀을 밟겠고 그 옷과 그 다리에 이름을 쓴 것이 있으니 만왕의 왕이요 만주의 주라 하였더라(요한계시록 19:15-16)

위의 본문 말씀을 통해 요한은 왕이 어떻게 그분의 통치를 시작하시는지를 우리에게 말해준다. 왕은 만국을 되찾기 위해 정복자로 오실 것이다. 구약의 예언서들이 가르쳐 주듯이 아마겟돈 전투에서 주님이 승리하시는 것과 만국을 다스리시는 왕의 통치 사이에는 밀접한 관계가 있다. "그 때에 여호와께서 나가사 그 이방 나라들을 치시되 이왕의 전쟁 날에 싸운 것 같이 하시리라… 여호와께서 천하의 왕이 되시리니 그 날에는 여호와께서 홀로 한 분이실 것이요 그의 이름이 홀로 하나이실 것이라"슥 14:3, 9. 그리스도는 그분의 다스림을 확고히 하시기 전에 사악한 약탈자를 이 땅에서 쫓아내 버리실 것이다.

천년왕국에서는 사탄이 더 이상 세상의 왕이 아니다. 그의 시간은 끝이 났고, 그리스도가 의로움과 기쁨, 번영과 평화로 영원히 다스리실 것이다. 그리스도의 영광은 빛나고 우주 만물은 의로움으로 통치될 것이다.

천사 가브리엘이 마리아에게 전한 소식도 동일하다. 가브리엘은 그녀의 아들 예수가 이 세상의 통치자가 될 것임을 예언했다. "그가 큰 자가 되고 지극히 높으신 이의 아들이라 일컬어질 것이요 주 하나님께서 그 조상 다윗의 왕위를 그에게 주시리니 영원히 야곱의 집을 왕으로 다스리실 것이며 그 나라가 무궁하리라"눅 1:32-33.

그레이스 신학교의 설립자 알바 맥클레인은 그리스도의 왕위에 대해 이렇게 설명한다. '언젠가 도래할 그날은 예수님이 말씀하셨듯이 그분의 능력과 권위를 즉각적으로 실현함으로써 막이 오를 것이다. 그리스도가 재림하실 때 그분은 자신의 권능을 최대한 사용하실 것이다. 믿지 않는 자들이 비웃었던, 하나님의 긴 침묵의 시대는 심판의 이행과 왕의 나타나심과 천 년이라고 결정지어진 그분의 왕국에 의해 깨어질 것이다. …그 기간 동안 구약의 예언서들에 기록된 그 나라에 대한 묘사들이 이 땅에서 실현될 것이고, 이 땅에 진정한 황금시대가 열리게 될 것이다. 또 아이들은 계속 태어나고, 생명이 연장되고, 사람들은 가장 완벽한 조건에서 일하고 쉬게 될 것이다'[미주5].

사탄의 감금

또 내가 보매 천사가 무저갱의 열쇠와 큰 쇠사슬을 그의 손에 가지고 하늘로부터 내려와서 용을 잡으니 곧 옛 뱀이요 마귀요 사탄이라 잡아서 천 년 동안 결박하여 무저갱에 던져 넣어 잠그고 그 위에 인봉하여 천 년이 차도록 다시는 만국을 미혹하지 못하게 하였는데 그 후에는 반드시 잠깐 놓이리라(요한계시록 20:1-3)

요한은 자신이 본 환상을 통해 천 년 동안 사탄과 관계된 일들이 일단락 될 것이라는 사실을 깨달았다. 또한 천 년이라는 기간은 사탄이 깊은 수렁에 감금될 때 시작되고, 그가 놓임 받을 때 끝나게 될 것이다. 헨리 모리스 박사는 원수가 갇힐 장소를 아주 인상적으로 묘사했다. '가장 깊숙한 곳, 이 땅의 가장 중심부 어딘가에 무저갱이 존재하는데, 그곳은 오랫동안 비어있던 감옥으로, 천 년 동안 가능한 한 인간과 멀리 사탄을 감금해 둘 장소이다. 사탄은 이 땅 한가운데 던져질 뿐만 아니라 입구가 단단히 봉해진 감옥에 갇혀서 일정 기간 동안 자신의 마귀들조차 접할 수 없게 될 것이다'미주6.

천 년 동안 사탄은 무력해질 것이다. 사탄은 어느 것 하나, 어느 한 사람에게도 힘을 발휘할 수 없게 될 것이다. 반면 그의 부재로 인해 세상은 큰 번영과 평화와 기쁨을 누리게 될 것이다.

다윗의 행정부

그들은 그들의 하나님 여호와를 섬기며 내가 그들을 위하여 세울 그들의 왕 다윗을 섬기리라(예레미야 30:9)

우리 주 예수 그리스도는 최고의 왕이 되실 것이다. 그러나 그분은 부활한 다윗 왕을 왕의 대리인으로 삼아 다스리실 것이다. 예레미야의 예언은 다윗이 죽은 지 사백 년 후에 기록되었기 때문에, 이 예언이 다윗 왕에 대한 역사적인 기록은 아닐 것이다. 선지자 에스겔과 호세아 역시 천 년 동안 다윗이 왕으로서 다스릴 것에 동의하고 있다겔 34:23-24, 37:24-25, 호 3:5.

존 워부르드 박사는 천 년 동안 다윗이 행정적인 역할을 감당할 것에 대해 이렇게 설명하고 있다. '그리스도와 함께 성도들이 이 땅을 다스리게 될 것이라고 명시하고 있는 많은 예언서들에 비추어 볼 때, 그리스도가 다스리시는 천 년 동안 죽은 자들 가운데서 살아난 다윗이 통치권을 위임 받게 될 것이라는 해석이 합당해 보인다. 요한계시록 19장 16절에 기록되어 있듯이 그리스도는 "만왕의 왕이요 만주의 주"이시다. 이 말은 다른 왕이 분명 존재할 것이라는 의미를 내포하고 있다'[미주7].

성도들의 참여

> 또 내가 보좌들을 보니 거기에 앉은 자들이 있어 심판하는 권세를 받았더라 또 내가 보니 예수를 증언함과 하나님의 말씀 때문에 목 베임을 당한 자들의 영혼들과 또 짐승과 그의 우상에게 경배하지 아니하고 그들의 이마와 손에 그의 표를 받지 아니한 자들이 살아서 그리스도와 더불어 천 년 동안 왕 노릇 하니... 이 첫째 부활에 참여하는 자들은 복이 있고 거룩하도다 둘째 사망이 그들을 다스리는 권세가 없고 도리어 그들이 하나님과 그리스도의 제사장이 되어 천 년 동안 그리스도와 더불어 왕 노릇 하리라(요한계시록 20:4, 6)

다니엘은 성도들이 그리스도와 함께 다스릴 순간을 고대하고 있었다. "지극히 높으신 이의 성도들이 나라를 얻으리니 그 누림이 영원하고 영원하고 영원하리라… 나라와 권세와 온 천하 나라들의 위세가 지극히 높으신 이의 거룩한 백성에게 붙인 바 되리니"단 7:18, 27.

천년왕국에도 통치와 심판을 위한 체계가 존재할 것이다. 앞에서도 언급했듯이 다윗이 높은 지위에서 다스릴 것이고, 성도들은 그보다 낮은 지위의 역할을 맡게 될 것이다. 그 두 지위 사이에 열두 사도가 있는데, 그들은 이스라엘을 심판할 목적으로 각자 정해진 보좌에 앉게 될 것이다마 19:28.

그렇다면 그리스도와 함께 다스리게 될 다른 성도들은 누구인가? 헨리 모리스 박사는 '그리스도가 이 땅에 다시 오실 때 그분의 군대로 함께했던 깨끗한 세마포를 입은 성도들이 바로 주님과 함께 다스리게 될 성도일 것이다계

19:8, 14, 19. 즉, 그분의 피로 구원받은 자들과 무덤에서 살아난 자들과 그리스도가 계신 곳으로 들림 받은 자들과 그리스도의 심판의 자리에서 상급을 받게 될 자들, 모두가 권위와 심판의 보좌를 맡게 될 것이 분명하다'미주8.

사도 바울은 이 성도들이 그리스도와 함께 이 땅을 다스리게 될 것이라는 사실을 당연한 것으로 받아들이고 있다. "성도가 세상을 판단할 것을 너희가 알지 못하느냐"고전 6:2.

전쟁이 사라짐

각 사람이 자기 포도나무 아래와 자기 무화과나무 아래에 앉을 것이라 그들을 두렵게 할 자가 없으리니(미가 4:4)

이사야는 인류 역사상 전례가 없던 시대를 이렇게 묘사하고 있다. "그가 열방 사이에 판단하시며 많은 백성을 판결하시리니 무리가 그들의 칼을 쳐서 보습을 만들고 그들의 창을 쳐서 낫을 만들 것이며 이 나라와 저 나라가 다시는 칼을 들고 서로 치지 아니하며 다시는 전쟁을 연습하지 아니하리라"사 2:4.

이사야는 이 평화로운 시기에 대해 매우 놀라운 장면을 예로 들어 설명한다. "그 날에 애굽에서 앗수르로 통하는 대로가 있어 앗수르 사람은 애굽으로 가겠고 애굽 사람은 앗수르로 갈 것이며 애굽 사람이 앗수르 사람과 함께 경배하리라 그 날에 이스라엘이 애굽 및 앗수르와 더불어 셋이 세계 중에 복이 되리니 이는 만군의 여호와께서 복 주시며 이르시되 내 백성 애굽이여, 내 손으로 지은 앗수르여, 나의 기업 이스라엘이여, 복이 있을지어다 하실 것임이라"사 19:23-25.

한편 W.A.크리스웰은 이에 대해 이렇게 적고 있다. '이스마엘과 이삭이 서로를 미워했던 세월을 생각해 보라. 그때부터 지금까지 이스라엘과 아랍에 전쟁이 없었던 적이 있었던가? 그러나 주님이 그들 모두에게 복을 내리실 날이 다가오고 있다… 구원받은 유대인과 구원받은 이방인 모두 우리 주님의 영원한 나라에서 함께 살게 될 것이다'[미주9].

적대감이 사라지는 일은 동물 세계에서도 일어난다. "그 때에 이리가 어린 양과 함께 살며 표범이 어린 염소와 함께 누우며 송아지와 어린 사자와 살진 짐승이 함께 있어 어린 아이에게 끌리며 암소와 곰이 함께 먹으며 그것들의 새끼가 함께 엎드리며 사자가 소처럼 풀을 먹을 것이며 젖 먹는 아이가 독사의 구멍에서 장난하며 젖 뗀 어린 아이가 독사의 굴에 손을 넣을 것이라 내 거룩한 산 모든 곳에서 해 됨도 없고 상함도 없을 것이니 이는 물이 바다를 덮음 같이 여호와를 아는 지식이 세상에 충만할 것임이니라"사 11:6-9, 65:25, 호 2:18 참고.

크리스웰은 이 평화로운 시기에 하나님의 원래 창조 목적이 완전하게 실현될 것이라고 강조하고 있다. '하나님은 동물들이 서로를 잡아먹고, 피 흘리고, 죽이는 세상을 결코 의도하지 않으셨다. 이는 죄의 흔적이다. 하나님은 사람들이 서로 죽이고, 한 나라가 다른 나라를 정복하여 수많은 인명을 살상하는 세상을 결코 의도하지 않으셨다. 주님은 그분의 창조 세계가 빛과 선, 영광과 거룩함, 사랑과 행복으로 가득 차게 만드셨다. 이처럼 우리가 잃어버린 에덴의 모든 것을 하나님이 새로운 창조를 통해 우리에게 되돌려 주실 것이다. 늑대와 어린 양이, 표범과 어린아이가, 사자와 사슴이 함께 뒹굴며 뛰어노는 날을 생각해 보라! 사납고 포악한 사자가 초식동물이 되는 날! 사자는 소처럼 풀을 뜯게 될 것이다. 하나님이 준비하신 그날의 장면이다'[미주10].

번영이 실현되다

그의 날에 의인이 흥왕하여 평강의 풍성함이 달이 다할 때까지 이르리로다 (시편 72:7)

천년왕국 시대에는 환경과 생태계의 변화로 인해 경제적인 번영을 누리게 될 것이다. 부족함이 없을 것이고, 모든 사람이 원하는 것을 가질 수 있게 될 것이며, 그 전과는 견줄 수 없는 번영의 시대를 맞이하게 될 것이다. "광야와 메마른 땅이 기뻐하며 사막이 백합화 같이 피어 즐거워하며"사 35:1.

요엘 선지자는 생태계의 변화가 이러한 풍성함에 큰 공헌을 하게 될 것이라고 기록하고 있다.

들짐승들아 두려워하지 말지어다 들의 풀이 싹이 나며 나무가 열매를 맺으며 무화과나무와 포도나무가 다 힘을 내는도다 시온의 자녀들아 너희는 너희 하나님 여호와로 말미암아 기뻐하며 즐거워할지어다 그가 너희를 위하여 비를 내리시되 이른 비를 너희에게 적당하게 주시리니 이른 비와 늦은 비가 예전과 같을 것이라 마당에는 밀이 가득하고 독에는 새 포도주와 기름이 넘치리로다... 너희는 먹되 풍족히 먹고 너희에게 놀라운 일을 행하신 너희 하나님 여호와의 이름을 찬송할 것이라 내 백성이 영원히 수치를 당하지 아니하리로다 (요엘 2:22-24, 26)

마크 히치콕은 이에 대해 이렇게 말하고 있다. '천년왕국은 구호나 복지, 자선단체가 필요 없게 될 것이다. 세상은 하늘 왕의 손길 아래 번성하게 될 것이다'[미주11].

거룩한 나라

시온에 남아 있는 자, 예루살렘에 머물러 있는 자 곧 예루살렘 안에 생존한 자 중 기록된 모든 사람은 거룩하다 칭함을 얻으리니(이사야 4:3)

천년왕국은 거룩한 나라가 될 것이다. 왕이 거룩할 뿐만 아니라 땅, 도시, 성전까지도 거룩해질 것이다. 왕이신 예수님이 다스리시는 동안 거룩함은 삶의 모든 면에서 드러날 것이다. "여호와가 이같이 말하노라 내가 시온에 돌아와 예루살렘 가운데에 거하리니 예루살렘은 진리의 성읍이라 일컫겠고 만군의 여호와의 산은 성산이라 일컫게 되리라"슥 8:3.

여기서 거룩함이란 삶을 무시한 공허한 신앙심이 아니라, 하나님을 닮아가고 그분께 순종하는 것을 의미한다. 참된 거룩함은 우리의 머리와 손, 마음이 하나님께 속하고, 우리의 모든 소원이 그분의 일이 되는 것을 말한다. 그 나라가 도래함으로써 우리가 꿈꾸던 이상이 보편적 현실이 되는 것이다.

생명이 연장되다

그 때에 맹인의 눈이 밝을 것이며 못 듣는 사람의 귀가 열릴 것이며 그 때에 저는 자는 사슴 같이 뛸 것이며 말 못하는 자의 혀는 노래하리니 이는 광야에서 물이 솟겠고 사막에서 시내가 흐를 것임이라(이사야 35:5-6)

천 년 동안 질병과 죽음은 부활한 성도들에게 존재하지 않을 것이다. 또한 대환난에서 살아남은 사람들에게도 질병과 죽음은 거의 일어나지 않을 것이다 "내가 너의 상처로부터 새 살이 돋아나게 하여 너를 고쳐 주리라"렘 30:17.

천 년 동안 인간의 수명은 구백 년 이상을 살았던 노아의 홍수 이전 시대처럼 길어질 것이다. "거기는 날 수가 많지 못하여 죽는 어린이와 수한이 차지 못한 노인이 다시는 없을 것이라"사 65:20.

수명이 연장될 뿐만 아니라 대환난에서 살아남은 사람들에게서 자녀가 태어남으로써 출생률이 현저하게 늘어날 것이다. "그들에게서 감사하는 소리가 나오고 즐거워하는 자들의 소리가 나오리라 내가 그들을 번성하게 하리니 그들의 수가 줄어들지 아니하겠고 내가 그들을 존귀하게 하리니 그들은 비천하여지지 아니하리라"렘 30:19-20.

알바 J.맥크레인은 이렇게 쓰고 있다. '질병이 사라질 것이다. …죽음의 위험은 그 나라의 법을 거역하는 구제불능인 자들에게만 나타날 것이다. 육체적인 생명의 위험요소들은 바람과 파도까지도 순종했던 그분의 직접적인 통제 아래 있게 될 것이다'[미주12].

기쁨으로 찬양하다

여호와의 속량함을 받은 자들이 돌아오되 노래하며 시온에 이르러 그들의 머리 위에 영영한 희락을 띠고 기쁨과 즐거움을 얻으리니 슬픔과 탄식이 사라지리로다(이사야 35:10)

3세기 전, 영국의 찬양 작가 아이삭 와츠는 '세상에 대한 기쁨'이라는 곡을 썼을 때, 그 노래가 크리스마스 캐롤이 될 것이라고 생각지 못했을 것이다. 노래 가사는 그리스도의 재림과 그 나라를 다스리시는 그리스도의 통치에 관한 것으로, 그리스도의 영원한 다스림에 대한 기쁨을 표현하고 있다.

온 세상의 기쁨! 주님이 오시네.
세상은 왕을 영접하네.
죄와 슬픔은 더 이상 없고
그분은 진리와 은혜로 세상을 다스리시네.

이것은 새천년에 관한 노래이다[미주13]. 이사야 역시 새천년의 기쁨을 노래했다.

추수하는 즐거움과 탈취물을 나눌 때의 즐거움 같이 그들이 주 앞에서 즐거워하오니(사 9:3)

그러므로 너희가 기쁨으로 구원의 우물들에서 물을 길으리로다(사 12:3)

우리가 그를 기다렸으니 우리는 그의 구원을 기뻐하며 즐거워하리라 할 것이며(사 25:9)

너희가 거룩한 절기를 지키는 밤에 하듯이 노래할 것이며(사 30:29)

항해하는 자들과 바다 가운데의 만물과 섬들과 거기에 사는 사람들아 여호와

께 새 노래로 노래하며 땅 끝에서부터 찬송하라(사 42:10)

기쁜 소리를 내어 함께 노래할지어다(사 52:9)

내가 여호와로 말미암아 크게 기뻐하며 내 영혼이 나의 하나님으로 말미암아 즐거워하리니(사 61:10)

예루살렘을 사랑하는 자들이여 다 그 성읍과 함께 기뻐하라 다 그 성읍과 함께 즐거워하라(사 66:10)

이 말씀들은 천 년의 기쁨을 표현한 몇 개의 예일 뿐이다. 예레미야와 스가랴, 스바냐 같은 다른 예언서에도 천 년을 기념하고 기뻐하는 내용들이 많이 있다. 분명한 것은 천 년은 말할 수 없는 기쁨의 시간일 것이라는 사실이다.

예배에 집중하다

말일에 여호와의 전의 산이 모든 산 꼭대기에 굳게 설 것이요 모든 작은 산 위에 뛰어나리니 만방이 그리로 모여들 것이라(이사야 2:2; 미가 4:1 참고).

천 년 동안 예루살렘은 전 세계 예배의 중심이 될 것이다. 천 년 동안 하나님을 예배하는 일이 에덴동산 이후 그 어떤 때보다 빈번하고 순전할 것이다. 주님은 이에 대해 이렇게 말씀하셨다. "매월 초하루와 매 안식일에 모든 혈육이 내 앞에 나아와 예배하리라"사 66:23.

이사야는 예루살렘 성 문이 밤이나 낮이나 닫히지 않고 항상 열려있을 것이라고 말한다. 모든 나라가 주님을 섬길 것이고, 그렇지 않은 사람들은 멸하여 없어질 것이다사 60:11-12. 그날에 모든 사람이 하나님이 한 분뿐임을 알게 되고 그분을 섬길 것이다. "많은 백성이 가며 이르기를 오라 우리가 여호와의 산에 오르며 야곱의 하나님의 전에 이르자 그가 그의 길을 우리에게 가르치실 것이라 우리가 그 길로 행하리라 하리니 이는 율법이 시온에서부터 나올 것이요 여호와의 말씀이 예루살렘에서부터 나올 것임이니라"사 2:3

스가랴 선지자는 천 년 동안 유대인들이 얼마나 다른 삶을 살게 될 것인지를 묘사하고 있는데, 그들은 핍박을 받는 것이 아니라 왕이신 예수님으로 인해 높임을 받게 될 것이다. "만군의 여호와가 이와 같이 말하노라 그 날에는 말이 다른 이방 백성 열 명이 유다 사람 하나의 옷자락을 잡을 것이라 곧 잡고 말하기를 하나님이 너희와 함께 하심을 들었나니 우리가 너희와 함께 가려 하노라 하리라 하시니라"슥 8:23.

그 나라의 연속성

그 후에는 마지막이니 그가 모든 통치와 모든 권세와 능력을 멸하시고 나라를 아버지 하나님께 바칠 때라(고린도전서 15:24)

천년왕국은 일시적으로 존재하는 것이 아니다. 그리스도가 예루살렘을 다스리실 때 이 땅의 나라는 천 년 동안 지속될 것이지만, 그 기간이 지나면 하나님의 영원한 통치로 합병될 것이다.

다니엘은 그리스도가 다스리는 나라가 영원하고 멸망하지 아니할 것이라고 말했다단 7:14. 존 워부르드 박사는 천 년의 모든 특징들에 대해 이렇게 적고 있다. "전체적으로 볼 때 천년왕국의 사회, 경제적 상황은 사회개혁론자들이 수세기에 걸쳐 꿈꾸던 황금시대의 실현이라고 볼 수 있을 것이다. 그런데 이것은 인간의 노력에 의해서가 아니라 그리스도의 재림과 하나님의 능력과 권위로 성취된 것이다"[미주14].

천년왕국이 완성된 후에 그리스도의 나라는 하늘이 땅으로 내려온 것처럼 끝없이 지속될 것이다.

아서 왕의 이야기는 문학작품 중에서 가장 널리 알려져 있는 이야기 가운데 하나이다. 젊은 왕이 정의와 순수함, 용기와 청렴함의 이념으로 세워진 그 나라를 잘 다스려보겠다는 소망을 갖고 통치하기 시작했다. 그러나 그 나라는 탐욕과 배신이라는 인간의 사악함으로 끝내 무너지고 만다.

아서 왕의 이야기가 어디까지 사실이고, 어디까지 전설인지는 아무도 모른다. 그렇지만 우리가 알 수 있는 두 가지 사실이 있다. 첫 번째는 완벽한 이상에 대한 갈망이 모든 인간의 마음에 존재한다는 사실이고, 두 번째는 타락한 인간들은 그러한 이상을 실현하거나 지속시킬 수 없다는 사실이다. 모든 나라는 인간에 의해 통치되지만, 그 시작이 아무리 찬란할지라도 다른 정복자에 의해서든 내적인 약점이나 연약함에 의해서든 결국 무너지고 만다.

우리는 요한계시록 20장과 구약의 예언서, 신약의 서신서와 복음서를 통해 완전하고 이상적인 국가는 헛될 망상일 뿐임을 깨닫게 된다. 그러나 하나님은 우리에게 실현 불가능한 소망을 주는 분이 아니시다. 그날이 오면 완전한 나라에 대한 갈망이 완벽하게 현실로 성취될 것이다. 하나님의 나라는 인간의 나라들처럼 멸망하지 않을 것이다. 왜냐하면 그 나라는 하나님의 아들, 곧 부활하신 예수 그리스도의 완전함으로 다스려질 것이기 때문이다.

10
chapter

심판

Agents of the Apocalypse

이야기 속으로

모건 윌슨은 4피트 정도 되는 직선거리 퍼팅을 아주 완벽하게 해냈다. 그런데 홀에 들어간 골프공을 가지러 가는 순간 가슴을 움켜쥔 채 그린 위에 쓰러지고 말았다. 놀란 친구들의 목소리가 점점 더 멀어지며 길고 어두운 터널을 지나가고 있는 듯한 느낌을 받았다. 그는 지금까지 경험해 본 적이 없는 곳에 와 있었다. 그곳은 심판의 날을 기다리는 악한 자들의 거처인 '하데스'였다.

점점 더 많은 영들이 모여들고 있었다. 그들의 몸은 희미하고 실체가 없는 듯 했지만 모든 감각은 여전히 살아있었다. 커다란 문 안쪽에 너무 밝아서 차마 눈을 뜨고 바라볼 수 없는 사람 모양의 한 존재가 서 있었다.

"제가 죽은 후에 얼마나 많은 세월이 흐른 겁니까?" 모건은 그 사람에게 물었다. "천 년 이상 지났을 것이오." 문지기가 대답했다.

"겨우 천 년이라고요? 이 끔찍한 곳에서 백만 년은 보낸 것 같습니다. 도대체 제가 있는 이곳은 어디입니까?"

"그리스도께서 사탄과 그의 무리들을 단번에, 영원히 멸하셔서 불못에 던지셨소. 이제 그분은 다른 영들에 대해서도 마지막 심판을 시작하실 것이오. 당신은 여기에서 당신 차례를 기다리시오."

한 사람씩 영들이 문으로 불려 나갔다. 차례가 되어 문 밖으로 나간 모건은 자기 앞에 펼쳐진 장면으로 인해 숨이 막히는 듯했다. 그의 눈은 내세의 아름다움과 웅장함으로 휘둥그레졌다. 바로 앞에는 희고 커다란 보좌가 놓여 있었다. 그는 보좌에 앉으신 분의 얼굴을 바라보았는데, 그분의 얼굴은 순결한 사랑과 무한한 탄식을 드러내고 있었다. 그 순간 모건은 이 모든 일이 현실임을 깨닫게 되었다.

그분의 손에는 뭔가 날카로운 것에 찔린 듯한 흉터가 있었다. 그것을 보는 순간 두려움이 일시에 몰려왔다. 모건은 그분이 예수 그리스도이심을 깨달았다. 그리스도께서 자신의 인생을 들추어 보신다고 생각하니 마음이 혼란스러워졌다. 그러나 그리스도는 자비로운 분이라는 말이 뇌리를 스쳐 지나갔다. 그는 자신이 무저갱에 빠지지 않기 위해 흔들리는 밧줄에 간신히 매달려 있는 것 같다는 생각이 들었다.

맑고 우렁찬 음성으로 그리스도가 모건의 이름을 부르셨다. 모건은 자력에 끌리듯 앞으로 나갔다. 먼저 그는 보좌 옆 책상에 올려 져 있는 여섯 권의 책을 발견했다. 그리스도가 첫 번째 책을 꺼내셨을 때 모건은 그 책의 제목을 흘낏 쳐다보았다. 율법책. 그리스도는 무릎 위에 올려놓으신 그 책을 펼치셨다.

"모건 윌슨, 네 삶에 대해 어떻게 생각하느냐?"

강렬한 전율에도 불구하고 모건은 침착하게 대답하려고 노력했다. "저는… 하나님의 율법을 지키려고 최선을 다했습니다. 다른 사람들도 저에 대해 괜찮은 사람이라고 평가할 것입니다."

"선한 행실로 구원받을 수 있다고 기대하고 있으니 얼마나 율법을 잘 지켰는지 살펴보자." 그리스도는 율법의 각 항목들을 다시 한 번 확인시켜 주시며 모건에게 말씀하셨다. "이 모든 율법들을 지켰다고 생각하느냐?"

"물론 완벽하게는 아닙니다. 하지만 나쁜 일보다는 착한 일을 더 많이 한 것 같습니다." 그리스도가 말씀하셨다. "율법이 네 구원의 근거가 되려면 너는 모든 율법을 완벽하게 지켰어야 한다."

"그렇지만 그런 기준이라면 구원받을 수 있는 사람은 아무도 없어요." 모건이 반박했다. "그 말이 맞다. 내가 너를 위해 죽은 이유가 바로 그것 때문이지. 나는 죄가 없지만 너를 그 죄에서 자유롭게 해주기 위해 형벌을 받은 거야."

그리스도는 율법책을 닫으시고 다음 책을 꺼내셨다. 모건 윌슨의 행위에 관한 책. 그리스도께서 그 책을 펼치시자 모건의 마음은 한결 편해졌다. 그는 좋은 일을 많이 했기 때문에 좋은 인상을 줄 수 있을 거라고 확신했다.

"교회를 건축하는 데 천 달러를 기부했다고 쓰여 있구나."

"게다가 처음으로 헌금을 해서 모든 교인들의 본이 되었습니다."

"그렇군. 그런데 이 책에는 네가 그 헌금을 한 이유도 적혀 있단다. 그 헌금은 교회를 위해서가 아니라 사람들에게 칭찬을 받기 위해 낸 것이지."

"아닙니다. 저는…그저…." 모건은 곧 그리스도께 반박하는 것이 부질없는 행동임을 깨닫고는 말을 멈추었다. "하지만 다른 착한 일도 많이 했어요. 저는 집사로서 주일학교 교사로 봉사했고요, 예배에 빠진 적도 없어요. 가끔 설교시간에 졸기는 했지만 수요예배까지 꼭 참석했다니까요."

"그래, 모든 내용이 여기 기록되어 있다. 그렇지만 그 모든 행동이 사람들에게 보이기 위함이라는 사실도 함께 적혀 있구나."

"이 책에는 네가 진심으로 나의 영광을 위해 한 일은 아무것도 없다고 적혀 있다. 모든 영광은 네 자신이 받았지."

갑자기 모든 사실들이 폭로되자 모건은 변명거리를 찾을 수 없었다.

그리스도는 이어서 계속 말씀하셨다. "그런 행동들로 사람들은 너에게 신실하고 훌륭하다는 칭찬을 아끼지 않았지. 그게 바로 네가 받고 싶었던 보상이었고, 너는 그것을 받았으니 나한테 상을 요구할 필요가 없지 않니? 너는 나를 사랑해서 그런 일들을 한 게 아니야. 오히려 나를 이용했지. 나에 대한 너의 행실은 공허한 쇼에 지나지 않았어. 너는 내게 한 번도 마음을 준 적이 없으니까."

그리스도는 그 책을 덮으시고는 다음 책을 꺼내셨다. 모건 윌슨의 비밀에 관한 책이었다. 그분이 책을 펼치자 모건의 근심은 점점 더 커져갔다. 그 책에서는 어떤 일들이 드러나게 될지 몸이 오싹해졌다.

"이 책에는 너에 대한 세세한 내용들이 많구나." 그리스도가 말씀하셨다.

"네가 남몰래 한 일들을 살펴보자."

"네 회사 고객들이 현금으로 결제했는데 너는 그것을 국세청에 신고하지 않았구나. 또 사업적인 손실을 허위보고 했고, 기부금에 대해서는 부풀려 신고했다. 이 기록에 따르면 넌 매년 탈세를 했구나."

"하지만 세금이 터무니없이 많았어요."

"내 신실한 종 바울이 그 나라의 법을 지키라고 가르치지 않았느냐?"

"오, 주님!" 모건은 간청하듯 말했다.

"많은 사람들이 그렇게 하고 있다고요."

"대수롭지 않게 여길지 모르지만 아무도 안 본다고 생각할 때, 옳은 것이 아니라 원하는 것을 하는 것, 그것이 바로 죄를 짓게 하는 자기중심적인 생각이지. 사람마다 정도의 차이만 있을 뿐이야."

"너는 인터넷으로 포르노를 즐겨 보고, 교회의 한 여성과 장기간 부적절한 관계를 유지했었구나. 들키지 않았기 때문에 아무 일도 일어나지 않았지. 그래서 너는 그것을 한 번도 회개한 적이 없구나."

"그렇지만 그 일은 정말로 누군가에게 피해를 준 일이 아니지 않습니까?"

"네가 포르노를 보고 다른 여자와 부정을 저지를 때, 네 결혼생활이 망가지지 않았니? 그런 행동들은 결국 너 자신에게도 해가 되었단다. 또 너는 네 중심으로 살면서 점점 더 나에게서 멀어져 갔지. 그러다가 이젠 양심까지 무뎌진 거야."

"하지만 주님, 아무리 훌륭한 사람이라도 숨기고 싶은 일은 있을 거예요."

"너는 고백과 참회로 그 악한 행위들을 내 앞에서 드러냈어야 했다."

모건은 부끄러워 고개를 들지 못했다. 그때 그리스도는 모건 윌슨의 비밀에 관한 책을 넣으시고, 다음 책을 꺼내셨다. 모건 윌슨의 말에 관한 책.

그리스도는 고개를 흔들면서 그 책을 넣으시고 다음 책을 꺼내셨다. 모건의 양심에 관한 책. 그 책을 펼치자 모건의 마음에서 희망이 사라졌다. 그 책에는 어떤 내용이 적혀있을지 두렵기만 했다. 두 책을 읽고 나자 모건의 눈에서 눈물이 쏟아졌다.

완전히 탄식에 빠진 모건은 마지막 소망의 끈을 붙들었다. 그는 은혜를 생각했다. 하나님은 모든 죄를 덮어주실 만큼 너그러운 분이기 때문에 그분의 은혜에 호소해야겠다고 생각했다. 아마 마지막 책은 엄청나게 방대할 거야. 은혜의 책일 테니까.

"주님, 책이 한 권 더 남아있는 것 같은데요."

예수님은 가장 두꺼운 마지막 책을 꺼내셨다. "이것은 생명책이다. 이 땅에 태어난 모든 사람의 이름이 여기에 수록되어 있지. 그렇지만 불행히도 많은 이름이 여기에서 사라졌을 거야. 그 이름들은 완전히 지워졌지."

모건은 호소했다. "부디 그 책을 펼쳐서 제 이름이 있는지 확인해 주세요."

예수님은 한 장 한 장을 자세히 살피면서 천천히 책장을 넘기셨다. 그러나 마지막 장을 넘기며 슬픈 표정으로 모건을 바라보셨다. "미안하구나. 너의 이름은 여기 없다. 너는 내 백성이 아니구나. 내가 있는 곳으로부터 너를 영원히 추방해야겠다."

"그렇지만 주님!" 모건은 울부짖었다.

"그렇지만 은혜는요?" 모건은 울고 또 울었다.

"제게 은혜를 베푸시면 안 될까요?"

"내 은혜는 항상 너와 함께 있었단다. 너는 나를 믿고 나를 네 삶의 주인으로 삼았어야 했다. 네가 그렇게 했다면 내 은혜가 너의 죄와 실수를 아무런 대가 없이 덮어주었을 거야. 하지만 너는 결코 자복하지 않았고, 내가 네 마음에 들어갈 수 있도록 한 번도 허락하지 않았다. 네가 나를 알지 못했던 것처럼, 나도 너를 알지 못한다."

"주님, 제발!" 모건의 목소리에서 고통이 솟구쳤다. "저는 죄를 지었지만, 주님은 구원자이십니다. 제발 제게 한 번만 더 기회를 주십시오."

밝은 존재들 가운데 하나가 모건을 데리고 나갔다. 그는 이것이 영원한 기쁨 되시는 그분의 현존을 마주할 수 있는 마지막 기회일 거라는 생각에 비통하게 울부짖었다. 하지만 쓰디쓴 후회도 결과를 바꿀 수 없었다.

천사는 그를 이끌고 다른 방으로 갔다. 어둡고 음침한 곳이었다. 거기서 그는 어둠속으로 떠밀렸다. 그 뒤로 문이 닫혔고, 모건은 아무것도 볼 수 없었다. 해도 달도 별도 어떤 불빛도 보이지 않았다. 그는 손으로 더듬어 발을 내디뎌 보았다. 하지만 그곳에는 아무것도 없었다. 어둠 속으로 떨어지는 감각만 느낄 수 있었다. 그는 암흑을 향해 소리를 질렀다. 그러나 그의 목소리는 삼켜지는 것 같았다. 자신의 끔찍한 울음소리 외에는 아무것도 들을 수 없었다. 그는 영원히 고립되어 있을 것이다. 평생 자기 자신만을 위해 살았던 그는 이제 죽어서 자신이 가장 사랑했던 자기 자신 외에는 영원히 아무도 곁에 없을 것이다. 영겁의 시간이 흘러도 모건 윌슨은 영원 영원히 불못에서 온몸을 비틀게 될 것이고, 고통은 멈추지 않을 것이다. 그는 결코 아무것도 되돌리지 못할 것이다. 그에게는 이제 소망이 없다.

성경 속으로

요한계시록 20장 11-15절의 크고 흰 보좌에 대한 묘사는 성경에서 가장 정신이 번쩍 들게 하는 장면이다. 그것은 이 땅에서 살았던 사람들의 마지막 심판에 관한 이야기인데, 다음 문장은 가슴을 서늘하게 만든다. "누구든지 생명책에 기록되지 못한 자는 불못에 던져지더라"

대부분의 그리스도인은 하나님 앞에 서서 받을 미래의 심판에 대해 한 번쯤 생각한다. 그 중 가장 일반적인 생각은 주님이 선한 일과 악한 일로 우리의 삶을 계수하실 것이라는 믿음이다. 그러나 고등학생처럼 삶에 대한 성적표로 천국에 들어갈 사람과 그렇지 않은 사람이 구별될 것이라는 생각은 잘못된 것이다. 심판에 대한 하나님의 계획은 그것보다 훨씬 멋지다.

마지막 심판은 반드시 올 것이다. "한 번 죽는 것은 사람에게 정해진 것이요 그 후에는 심판이 있으리니"히 9:27. 그러나 많은 그리스도인이 심판이 한 번이 아니라 두 번이라는 사실을 잘 모르고 있다. 첫 번째는 그리스도의 심판이고, 두 번째는 크고 흰 보좌의 심판이다. 그리스도와 우리의 관계에 따라 우리가 어떤 심판의 자리에 설 것인지가 결정된다.

그리스도인은 휴거가 일어난 후에 곧바로 그리스도의 심판을 받을 것이다. "이는 우리가 다 반드시 그리스도의 심판대 앞에 나타나게 되어 각각 선악간에 그 몸으로 행한 것을 따라 받으려 함이라"고후 5:10. 이 법정에 선 사람은 누구도 저주를 받지 아니할 것이다. 그 법정에 선 사람은 모두 그리스도께 자신의 삶을 드린 그리스도의 제자이기 때문에, 이 심판의 목적은 지상에서의 일을 평가하여 신실한 성도에게 상을 주는 것이다.

그러나 크고 흰 보좌의 심판에서는 믿지 않는 사람들과 모건 윌슨처럼 믿는 척했던 그리스도인들이 하나님 앞에 설 것이다. 그 자리에서 그들은 예수 그리스도를 외면했던 결과를 직면하게 될 것이다. 그 자리는 공의에 의해 심판받는 마지막 법정이 될 것이며, 거기에는 상대평가가 없을 것이다. 즉 피고인은 절대적인 진리에 의해 심판받게 될 것이다. '크고 흰 보좌의 심판은 현대 법정의 재판과 같지 않을 것이다. 크고 흰 보좌 앞에서는 재판관은 있지만 배심원은 없고, 검사는 있지만 변론이 없고, 선고는 있지만 항소는 없다. 어느 누구도 자기 자신을 변호하거나 하나님이 공정하지 못하다고 항변할 수 없을 것이다'[미주1]. 그 자리에는 오직 최종 판결의 엄중함만 있을 것이다.

이 두 가지 심판은 성경의 두 가지 부활과 연관되어 있는데, 다니엘서는 다음과 같이 적고 있다. "땅의 티끌 가운데에서 자는 자 중에서 많은 사람이 깨어나 영생을 받는 자도 있겠고 수치를 당하여서 영원히 부끄러움을 당할 자도 있을 것이며"단 12:2. 또 예수님은 이렇게 말씀하셨다. "이를 놀랍게 여기지 말라 무덤 속에 있는 자가 다 그의 음성을 들을 때가 오나니 선한 일을 행한 자는 생명의 부활로, 악한 일을 행한 자는 심판의 부활로 나오리라"요 5:28-29.

많은 사람이 의로운 자만 부활하고 악한 자는 멸망당할 거라고 믿고 있다. 그러나 성경은 분명하게 남자든 여자든, 아이든 어른이든, 모든 사람이 영원히 어딘가에서 살게 될 거라고 말한다. 즉 이 땅에 태어났던 모든 사람은 구원을 받든 받지 못했든 상관없이 부활하게 될 것이다.

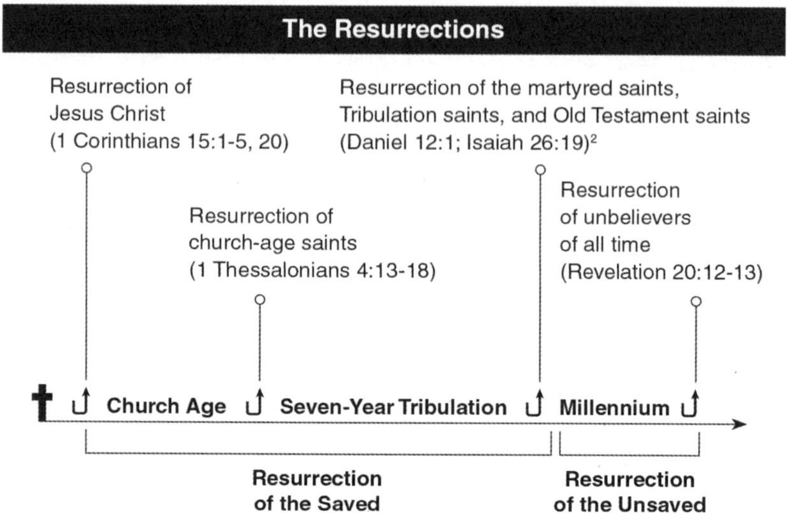

미주2

이천 년 전, 그리스도는 죽은 자들 가운데서 다시 살아나셨다. 현재 시대에 구원받은 사람 역시 죽은 자들 가운데서 다시 살아날 것이다. 대환난이 있는 칠 년 동안 순교당한 성도들과 구약의 성도들도 함께 죽은 자들 가운데서 다시 살아날 것이다단 12:1-2, 사 26:19. 이는 첫 번째 부활로 성경에서 '생명의 부활'요 5:29, 곧 영생으로 일컫는다. 그리스도가 새천년 동안 다스리시기 위해 이 땅에 오실 때, 아담으로부터 나온 모든 성도들은 한 사람도 무덤 안에 남아있지 않을 것이다. 이것이 첫 번째 부활이다.

요한계시록 20장에서 우리는 두 번째 부활에 대해 알게 되는데, 성경은 이를 '심판의 부활' 또는 심판이라고 부른다요 5:29. 이는 믿지 않고 죽은 자 혹은 회심하지 않고 죽은 자들의 부활을 말하는데 그들은 영원한 죽음 안에서 살게 될 것이다.

(그 나머지 죽은 자들은 그 천 년이 차기까지 살지 못하더라) 이는 첫째 부활이라…또 내가 보니 죽은 자들이 큰 자나 작은 자나 그 보좌 앞에 서 있는데 책들이 펴 있고 또 다른 책이 펴졌으니 곧 생명책이라 죽은 자들이 자기 행위를 따라 책들에 기록된 대로 심판을 받으니 바다가 그 가운데에서 죽은 자들을 내주고 또 사망과 음부도 그 가운데에서 죽은 자들을 내주매 각 사람이 자기의 행위대로 심판을 받고 사망과 음부도 불못에 던져지니 이것은 둘째 사망 곧 불못이라 누구든지 생명책에 기록되지 못한 자는 불못에 던져지더라(요한계시록 20:5, 12-15)

이 부활은 대환난이 끝난 후 새천년에 일어날 것인데, 창조부터 새천년까지 구원받지 않은 자들을 전부 포함할 것이다. 즉, 그때에 모든 영들은 영원한 삶이나 영원한 죽음으로 부활하게 될 것이다.

크고 흰 보좌가 있는 곳

또 내가 크고 흰 보좌와 그 위에 앉으신 이를 보니 땅과 하늘이 그 앞에서 피하여 간 데 없더라(요한계시록 20:11)

크고 흰 보좌의 심판이 어디에서 있을 것인지는 성경에서 명확하게 알 수 없지만, 그곳은 분명히 천국도, 이 땅도 아닐 것이다. 요한계시록 20장 11절에 "땅과 하늘이 그 앞에서 피하여 간 데 없더라"는 표현을 보면 보좌가 있는 곳은 이 땅이 아니다. 그리고 죄인들은 하나님의 현존에 들어갈 수 없으므로 천국도 아니다. 크고 흰 보좌의 심판은 천국과 이 땅 사이 어딘가에서 이루어질 것이다.

어떤 작가는 상상력을 발휘하여 이렇게 적고 있다. '그 심판은 우리가 살고 있는 우주에서 일어나지 않을 수도 있다. 태양계에 있는 행성 중에는 마땅한 곳이 없어 보이기 때문이다. 어쩌면 타락한 천사의 영향을 받은 적이 없는 우주 너머의 어떤 공간일 수도 있을 것이다'[미주3].

사실 보좌의 이름이 보좌가 있는 장소보다 훨씬 더 중요하다. '크고 흰 보좌'에서 '크다'는 심판자이신 영원한 한 분을 말하고, '희다'는 거룩함과 정결과 공의를 의미한다. 그리고 '보좌'는 피조물의 운명을 결정할 권리를 가지신 그분의 왕권을 상징한다.

크고 흰 보좌에 앉은 사람

또 내가 크고 흰 보좌와 그 위에 앉으신 이를 보니 땅과 하늘이 그 앞에서 피하여 간 데 없더라 또 내가 보니 죽은 자들이 큰 자나 작은 자나 그 보좌 앞에 서 있는데(요한계시록 20:11-12)

크고 흰 보좌에 계신 재판관은 예수 그리스도이시다. 우리는 이 사실을 예수님의 말씀을 통해 알 수 있다. "아버지께서 아무도 심판하지 아니하시고 심판을 다 아들에게 맡기셨으니… 또 인자됨으로 말미암아 심판하는 권한을 주셨느니라"요 5:22, 27.

바울 역시 로마서에서 이렇게 적고 있다. "하나님이 예수 그리스도로 말미암아 사람들의 은밀한 것을 심판하시는 그 날이라"롬 2:16. 또한 사도행전에서 바울은 이렇게 선포하고 있다. "하나님이 살아 있는 자와 죽은 자의 재판장으로 정하신 자가 곧 이 사람인 것을 증언하게 하셨고"롬 10:42. 그리스도는 그리스도의 심판 자리에서 영적으로 살아있는 자들을 심판하시고, 크고 흰 보좌에서 영적으로 죽은 자들을 심판하실 것이다. '예수 그리스도께서 직접 심판하실 것이며, 그분만큼 재판관으로서 적합한 자격을 갖춘 분은 없다. 그리스도는 우리를 용서하시기 위해 그분이 할 수 있는 모든 일을 하셨다. 그러므로 그리스도를 거역하는 자는 그분께 심판을 받는 것이 마땅하다'[미주4].

크고 흰 보좌 앞에 있는 사람들

> 또 내가 보니 죽은 자들이 큰 자나 작은 자나 그 보좌 앞에 서 있는데 책들이 펴 있고 또 다른 책이 펴졌으니 곧 생명책이라 죽은 자들이 자기 행위를 따라 책들에 기록된 대로 심판을 받으니 바다가 그 가운데에서 죽은 자들을 내주고 또 사망과 음부도 그 가운데에서 죽은 자들을 내주매 각 사람이 자기의 행위대로 심판을 받고(요한계시록 20:12-13)

요한은 크고 흰 보좌 앞에 예수 그리스도와 연합하지 않은 죽은 자들이 있는 것을 보았다. 이 땅의 모든 이들을 심판하시는 재판관 앞에 서기 위해 그들의 육체는 무덤과 바다로부터, 그들의 영은 죽음과 지옥으로부터 소환되었다.

요한은 이 무리가 '큰 자'와 '작은 자'로 이루어져 있다고 하는데, 이것은 구약에 자주 나오는 표현으로 요한계시록에도 다섯 번 등장한다계 11:18, 13:16, 19:5, 18, 20:12. 이 말의 의미는 심판이 모든 계급, 즉 교회의 직분이나 세상적인 지위를 총망라한다는 뜻이다.

크고 흰 보좌 앞에는 자선사업가, 설교자, 기적을 행했던 자, 평신도까지 많은 종교인들이 서 있을 것이다. 복음주의 신학자인 어윈 루처는 이렇게 쓰고 있다. '이 무리는 불교, 이슬람교, 힌두교, 개신교, 가톨릭 등 다양한 종교를 갖고 있을 것이다. 다시 말해, 유일신이신 하나님을 믿는 사람과 많은 신들을 믿는 사람, 어떤 신도 믿기를 거부하는 사람, 명상을 통해 구원받을 수 있다고 믿는 사람, 선행을 통해 영원한 생명을 얻을 수 있다고 믿는 사람, 도덕적인 사람과 비도덕적인 사람, 신부와 목사, 승려와 선교사까지 다양한 사람들이 있을 것이다'[미주5].

이처럼 종교적인 사람들은 크고 흰 보좌 앞에서 어떤 심판을 받게 될까? 예수님은 이렇게 말씀하신다. "그 날에 많은 사람이 나더러 이르되 주여 주여 우리가 주의 이름으로 선지자 노릇 하며 주의 이름으로 귀신을 쫓아 내며 주의 이름으로 많은 권능을 행하지 아니하였나이까 하리니 그 때에 내가 그들에게 밝히 말하되 내가 너희를 도무지 알지 못하니 불법을 행하는 자들아 내게서 떠나가라 하리라"마 7:22-23. 인간 스스로 선택한 '진리'를 믿는 것은 인간을 진리로 인도하지 못한다. 유일한 진리는 예수 그리스도시다. 그분을 믿지 않는 사람들은 멸망당할 수밖에 없다.

사회적 지위는 크고 흰 보좌 앞에서 아무런 의미가 없다. '이 땅에서 큰 자나 작은 자나 모두 그곳에 있을 것이다. 억만장자와 가난한 자, 정치가, 과학자, 법률가, 의사, 교수, 작가, 수리공, 주부, 농부, 죄수 등 이 땅에서는 지위가 다르지만 그리스도 앞에서는 그렇지 않을 것이다. 또한 군중 가운데 서 있다 할지라도 그들은 모두 개별적으로 심판 받게 될 것이다'[미주6].

부유하든 가난하든, 유명하든 무명이든, 강하든 약하든, 지적이든 아니든, 종교적이든 아니든 상관없이 크고 흰 보좌 앞에 서 있는 사람들에게는 한 가지 공통점이 있는데, 그것은 그리스도 없이 죽었다면 그들에게 아무런 소망이 없다는 것이다. 도날드 그레이 반하우스는 이에 대해 이렇게 적고 있다. '그 심판에서 오직 한 종류의 무리만 가려질 것이다. 죽은 자들…, 곧 영적으로 죽은 자들이다'[미주7].

크고 흰 보좌의 목적

> 또 내가 보니 죽은 자들이 큰 자나 작은 자나 그 보좌 앞에 서 있는데 책들이 펴 있고 또 다른 책이 펴졌으니 곧 생명책이라 죽은 자들이 자기 행위를 따라 책들에 기록된 대로 심판을 받으니(요한계시록 20:12)

위의 말씀은 하나님의 보좌 앞에 '책들이 펴 있다'는 사실을 알려준다. 다시 말해 우리의 악한 일들이 낱낱이 드러날 것이다. 모든 사람들은 생명책과 다른 책들에 의해 심판을 받을 것이다. 다른 책들이 무엇인지는 구체적으로 알 수 없지만, 우리는 성경을 통해 그 책들이 크고 흰 보좌 앞에서 죄인들을 심판하는 데 어떻게 사용될 것인지에 대해 몇 가지 정보를 얻을 수 있다.

율법책

유대인 지도자들은 율법을 지킴으로써 구원을 얻을 수 있다고 생각했고, 오늘날 많은 그리스도인들도 같은 실수를 범하고 있다. 바울이 지적했듯이 율법을 완벽하게 지키지 못하면 구원을 받을 수 없고, 타락한 인간은 율법을 완벽하게 지킬 수 없는 존재이다. "그러므로 율법의 행위로 그의 앞에 의롭다 하심을 얻을 육체가 없나니… 모든 사람이 죄를 범하였으매 하나님의 영광에 이르지 못하더니"롬 3:20, 23. 그러면서 바울은 오직 은혜로만 구원에 이를 수 있다고 말한다. 즉 그리스도 예수 안에 있는 자에게만 '정죄함'이 없다롬 8:1. 재판관이신 그리스도 앞에 서서 율법으로 깨끗함을 받았다고 주장하는 사람은 그 누구라도 율법에 의해 저주를 받게 될 것이다. 오직 그리스도 안에 있는 자만이 율법의 눈으로 정죄 받지 않을 것이다.

행위에 관한 책

요한계시록 20장 13절은 죄인들이 '자기의 행위대로 심판을 받고'라고 말한다. 바울 역시 '그들의 마지막은 그 행위대로 되리라'고 말한다고후 11:15. 예수님도 "인자가 아버지의 영광으로 그 천사들과 함께 오리니 그 때에 각 사람이 행한 대로 갚으리라"마 16:27고 말씀하셨다.

하나님은 모든 인생의 모든 순간에 관한 기록을 갖고 계실 것이다. 거기에는 우리가 공적으로 행한 것뿐 아니라 은밀하게 행한 일들까지 완벽하게 기록되어 있을 것이다. 당신이 행한 일들이 당신이 누구인지를 입증해 줄 것이다. 자신들의 선한 업적으로 천국에 갈 수 있을 거라고 믿는 자들은 자신들의 업적에 따라 심판을 받고 저주를 받을 것이다.

구원받은 자들이 서 있을 그리스도의 심판과 크고 흰 보좌의 심판 사이에는 중요한 차이점이 있다. 구원받지 못한 자들은 자신의 죄에 대한 처분을 스스로 감당해야하지만, 구원받은 자들은 구원자이신 예수 그리스도를 믿는 믿음으로 말미암아 죄에 대한 부채가 완전히 탕감될 것이다. 이러한 진리는 성경을 통해 확인할 수 있다.

이기는 자는 이와 같이 흰 옷을 입을 것이요 내가 그 이름을 생명책에서 결코

지우지 아니하고 그 이름을 내 아버지 앞과 그의 천사들 앞에서 시인하리라 (계 3:4)

내가 진실로 진실로 너희에게 이르노니 내 말을 듣고 또 나 보내신 이를 믿는 자는 영생을 얻었고 심판에 이르지 아니하나니 사망에서 생명으로 옮겼느니라 (요 5:24)

그러므로 이제 그리스도 예수 안에 있는 자에게는 결코 정죄함이 없나니 (롬 8:1)

비밀에 관한 책

성경은 사람들 앞에서는 숨길 수 있을지 몰라도 하나님 앞에서는 아무것도 숨길 수 없다고 분명히 말한다. 예수님은 이에 대해 이렇게 말씀하셨다. “숨은 것이 장차 드러나지 아니할 것이 없고 감추인 것이 장차 알려지고 나타나지 않을 것이 없느니라”눅 8:17. 사도 바울 역시 이렇게 적고 있다. “하나님이 예수 그리스도로 말미암아 사람들의 은밀한 것을 심판하시는 그 날이라”롬 2:16. 또 솔로몬은 이렇게 고백한다. “하나님은 모든 행위와 모든 은밀한 일을 선악 간에 심판하시리라”전 12:14.

유명한 복음주의자인 D.L.무디는 사람의 마음을 찍는 카메라를 누군가 발명한다면 그 사람은 굶어 죽게 될 것이라고 말했다. 아무도 그 카메라를 사고 싶어 하지 않기 때문이다. 자신의 비밀이 드러나는 것을 원하는 사람은 아무도 없다. 구원받지 못한 자들이 안전하게 감추었다고 생각했던 비밀들이 크고 흰 보좌 앞에서 증거들로 제시될 것이다.

말에 관한 책

과학자들은 우리가 내뱉는 모든 말이 영원히 사라지지 않고, 음파로 무한히 공중을 떠돌다가 미래의 어느 순간에 다시 되돌아올 수 있다고 말한다. 또한 성경은 입 밖으로 나간 말들이 크고 흰 보좌 앞에서 구원받지 못한 자들을 참소할 것이라고 말한다. "내가 너희에게 이르노니 사람이 무슨 무익한 말을 하든지 심판 날에 이에 대하여 심문을 받으리니 네 말로 의롭다 함을 받고 네 말로 정죄함을 받으리라"마 12:36-37.

사람들의 변명이 쏟아지기 시작할 때, 말에 관한 책이 펼쳐질 것이다. 그리고 그들은 자신이 내뱉은 말로 인해 주님 앞에서 저주를 받게 될 것이다.

양심에 관한 책

로마서에서 바울은 사람들의 양심에 대하여 '그 양심이 증거가 되어'라고 적고 있다. 사람들의 양심은 스스로를 고발하고 찔리게 하는 역할을 한다롬 2:15. 이 말씀은 믿지 않는 자들을 심판하실 때 인간의 양심이 중요한 역할을 할지도 모른다는 주장을 뒷받침해 준다. 구원받은 자든 구원받지 못한 자든 누구나 양심을 거슬러 행동한 적이 있을 것이다. 양심이 옳고 그름에 대한 명확한 잣대가 될 수도 없다. 그러나 죄에 대한 양심의 찔림마저 무뎌진다면 그것은 장차 받을 저주의 증거가 될 것이다.

생명책

성경은 생명책에 대해 여러 번 언급하고 있다출 32:32-33, 시 69:28, 단 12:1, 빌 4:3, 계 3:5, 13:8, 17:8, 21:27, 22:19. 1세기의 문화적 배경을 살펴보면 생명책의 성격을 이해하는 데 도움이 될 것이다.

요한이 살던 시대의 도시에는 모든 시민의 이름이 적힌 명부가 있었다. 그런데 어떤 사람이 죄를 짓거나 도시의 명예를 더럽히는 일을 하면, 그 사람은 공청회에서 자신의 이름이 도시 명부에서 지워지는 벌을 선고받기도 했다. 문자 그대로 명부에서 삭제되는 것이다. 그러면 그 사람은 더 이상 그 도시의 시민으로 인정받지 못하기 때문에 다른 도시에서 살아야만 했다.

성경에 나오는 생명책은 당시의 이러한 개념이 내재되어 있다. 즉 하나님의 생명책에는 이 땅에서 태어난 모든 사람의 이름이 들어있지만, 그 이름들은 지워질 수도 있는 것이다.

어떤 사람은 각 사람의 이름 옆에 그리스도를 구주로 믿어 회심한 날짜가 기록되어 있을 것이라고 추측한다. 그리고 죽을 때까지 이름 옆에 그 날짜가 기록되지 않은 사람은 이름이 생명책에서 지워질 것이라고 말한다계 3:5. 이는 그가 불못으로 던져질 가장 확실하고 결정적인 증거가 될 것이다[미주8].

크고 흰 보좌에서의 형벌

사망과 음부도 불못에 던져지니 이것은 둘째 사망 곧 불못이라 누구든지 생명책에 기록되지 못한 자는 불못에 던져지더라(요한계시록 20:14-15)

죽음과 하데스가 불못으로 던져질 때 인류의 최종적인 운명은 결정되었다. 이 세상에서의 삶이 중단될 때, 우리는 그것을 죽음이라고 부른다. 죽음의 의미는 '분리'라는 뜻으로, 첫 번째 죽음은 육체에서 영혼이 분리되는 것을 말한다. 죽음으로 인해 육체는 무덤으로 가고, 영혼은 마지막 심판을 기다리는 중간 단계인 하데스로 간다. 죽음과 하데스가 지옥으로 보내질 때 무덤에서 부활한 육체도, 하데스에 있던 영도 불못에 던져져 하나님과 영원히 분리될 것이다. 요한의 말에 따르면 이것이 두 번째 죽음이다. 아이삭 마세이 홀드맨 박사는 이에 대해 이렇게 적고 있다. '두 번째 죽음부터는 부활이 없다… 저주 받은 자들은 망망한 우주, 곧 바깥 어둠으로 영원히 쫓겨날 것이다. 그들은 버려진 것처럼 칠흑 같은 어둠을 영원히 떠돌아다닐 것이다. 또한 하나님과 연합하지 못한 영들은 끝없이 광활한 바다로 던져질 것이다'미주9.

요한계시록과 마태복음은 지옥에서 받을 영원한 형벌에 대해 가르쳐 준다. 예수님은 천국에 대해서 말씀하셨듯이, 지옥에 대해서도 말씀하셨다. "또 왼편에 있는 자들에게 이르시되 저주를 받은 자들아 나를 떠나 마귀와 그 사자들을 위하여 예비된 영원한 불에 들어가라… 그들은 영벌에, 의인들은 영생에 들어가리라 하시니라"마 25:41, 46. 또 바울은 이렇게 적고 있다. "우리는 우리 자신이 사형 선고를 받은 줄 알았으니 이는 우리로 자기를 의지하지 말고 오직 죽은 자를 다시 살리시는 하나님만 의지하게 하심이라"살후 1:9.

성경에서 지옥에 대한 가장 생생한 묘사는 대환난 동안 짐승의 표를 받은 자들의 운명을 설명할 때 나타난다. "하나님의 진노의 포도주를 마시리니 그 진노의 잔에 섞인 것이 없이 부은 포도주라 거룩한 천사들 앞과 어린 양 앞에서 불과 유황으로 고난을 받으리니 그 고난의 연기가 세세토록 올라가리로다 짐승과 그의 우상에게 경배하고 그의 이름 표를 받는 자는 누구든지 밤낮 쉼을 얻지 못하리라 하더라"계 14:10-11.

그밖에도 성경은 지옥의 모습을 묘사하고 있는데, 그곳은 고통과 불길만이 존재하는 곳이요눅 16:20-28, 슬피 울며 이를 가는 곳이요마 13:42, 구더기도 죽지 않고 불도 꺼지지 아니하는 곳이요막 9:48, '불과 유황'으로 고통받는 곳이다계 14:10-11, 12:8.

요한계시록 19장은 짐승과 거짓 선지자가 잡혀서 '이 둘이 산 채로 유황불 붙는 못에 던져'질 것이라고 말한다계 19:20. 또한 사탄도 짐승과 거짓 선지자와 함께 지옥에 던져질 것이다. "또 그들을 미혹하는 마귀가 불과 유황 못에 던져지니 거기는 그 짐승과 거짓 선지자도 있어 세세토록 밤낮 괴로움을 받으리라"계 20:10. 결론적으로 '누구든지 생명책에 기록되지 못한 자'는 불못에 던져질 것이다계 20:15.

그리스도의 심판을 받는 성도가 자신의 선한 행실로 상을 받듯이, 크고 흰 보좌의 심판을 받는 불신자는 자신의 죄악 된 행실로 불못에 던져지는 형벌을 받게 될 것이다. 모든 사람의 형벌이 가혹하겠지만, 모두가 같은 형벌을 받는 것은 아닐 것이다. 신약성경의 많은 말씀들이 이 진리를 뒷받침해 준다. 예수님도 주인과 두 종을 비유로 들어 이에 대해 설명해 주셨다. "주인의 뜻을 알고도 준비하지 아니하고 그 뜻대로 행하지 아니한 종은 많이 맞을 것이요 알지 못하고 맞을 일을 행한 종은 적게 맞으리라 무릇 많이 받은 자에게는 많이 요구할 것이요 많이 맡은 자에게는 많이 달라 할 것이니라"눅 12:47-48.

마태복음 11장 20-24절에서 예수님은 고라신과 벳새다와 가버나움에서 권능을 많이 행하셨지만, 세 도시는 전혀 회개하지 않았다. 그들이 기회를 버렸기 때문에 예수님은 심판 날 그들의 형벌이 두로와 시돈, 소돔보다 더 가혹할 것이라고 말씀하셨다. 그들은 많은 것을 받았지만 어둠을 선택했기 때문이다.

헨리 모리스 박사는 형벌이 단계적으로 시행되는 방법에 대해 이렇게 주장하고 있다. '두 번째 부활이 일어날 때 믿지 않는 자들에게 주어지는 부활의 육체는 감각을 느끼는 신경조직이 살아있을 것이고, 각자에게 주어지는 합당한 형벌을 주기 위해 그 신경조직의 감각은 서로 다를 것이다. 그래서 지옥의 실제적인 고통은 각 개인마다 매우 다르게 느껴질 것이다. …하나님은 각 개인에게 적합한, 완전한 공의의 형벌을 실현할 수 있는 분이시다'[미주10]. 더불어 위에서 설명했듯이 복음이 널리 전파되어 있는 나라에서 믿지 않은 사람들의 형벌은 더 클 것이다.

요한계시록 21장 8절에서 요한은 어떤 사람이 불못으로 떨어지는지 자세히 가르쳐 준다. "두려워하는 자들과 믿지 아니하는 자들과 흉악한 자들과 살인자들과 음행하는 자들과 점술가들과 우상 숭배자들과 거짓말하는 모든 자들은 불과 유황으로 타는 못에 던져지리니 이것이 둘째 사망이라"계 21:8. 불못에 던져지기 위해서는 큰 죄인이 될 필요가 없다. 그저 믿지 않는 죄만 범하면 되는 것이다.

이 장을 읽고 있는 당신은 예수 그리스도를 자신의 구주로 믿을 수 있는 시간이 충분히 있다. 나는 당신이 요한이 전하는 복음을 읽으면서 예수 그리스도를 믿기로 결단하기를 간절히 바란다. "그를 믿는 자는 심판을 받지 아니하는 것이요 믿지 아니하는 자는 하나님의 독생자의 이름을 믿지 아니하므로 벌써 심판을 받은 것이니라… 내가 진실로 진실로 너희에게 이르노니 내 말을 듣고 또 나 보내신 이를 믿는 자는 영생을 얻었고 심판에 이르지 아니하나니 사망에서 생명으로 옮겼느니라"요 3:18, 5:24. 구원의 문이 활짝 열려있는 오늘, 믿으라!

에필로그

승리자들

이기는 자는 이것들을 상속으로 받으리라 나는 그의 하나님이 되고 그는 내 아들이 되리라 (요한계시록 21:7)

요한계시록 20장에 기록된, 크고 흰 보좌에 관한 이야기로 계시록이 마무리 되지 않는다는 사실에 감사하다. 더구나 이 장의 마지막 문장은 매우 엄중하다. "누구든지 생명책에 기록되지 못한 자는 불못에 던져지더라"15절. 이 문장은 바로 앞 장까지 가득 찬 멸망의 끔찍한 장면들과 아주 잘 어울리는 최종 선고의 메시지이다.

그러나 요한계시록 21장에서는 무거운 심판의 구름이 걷히고, 성경에서 가장 거룩한 환상이 드러난다. 21장에서는 하나님이 친히 자기 백성을 위해 마련해 놓으신 완벽한 본향을 엿볼 수 있다. 즉, 21장은 믿는 자들이 승리와 영광의 결말을 맞이하는 장면을 보여준다.

마지막 장에서 요한은 천국으로 향하는 문을 열고 하나님과 영원히 거하게 될 본향을 보여주는데, 그 천국의 모습은 우리의 기대를 훨씬 뛰어넘는다. 고통도, 눈물도, 죽음도 없는 곳. 하나님은 창세부터 그러한 천국을 마음에 두고 계셨다. 아담과 하와가 타락하여 죄를 하나님의 완전한 세상에 가져왔을 때 사탄은 일시적으로 승리를 거둔 것처럼 보였다. 그러나 하나님은 스스로 좋았더라고 선포하신 창조물이 망가지는 것을 허락지 않으셨다. 곧 모든 창조물은 탄식을 멈추고 처음의 완전함을 회복하게 될 것이다.

새 하늘과 새 땅

> 또 내가 새 하늘과 새 땅을 보니 처음 하늘과 처음 땅이 없어졌고 바다도 다시 있지 않더라… 보좌에 앉으신 이가 이르시되 보라 내가 만물을 새롭게 하노라 하시고 또 이르시되 이 말은 신실하고 참되니 기록하라 하시고(요한계시록 21:1,5)

요한계시록 21장은 크고 흰 보좌의 심판 이후 새천년이 끝나갈 때 하나님이 모든 것을 새롭게 하실 거라고 말한다. 요한은 우리에게 새 하늘과 새 땅에 대해 조금의 암시만 주고 있다. 그는 새 땅에는 바다가 다시 있지 않을 것이라고 말하고 있는데, 그것이 무엇을 뜻인지에 대해서는 어떤 단서도 제공하지 않는다. 아마도 오늘날 인류에게 경계선이 되는 바다가 사라지는 대신 대지를 가로지르는 맑은 강의 수많은 물줄기와 호수가 있을 것이다.

우리는 성경의 다른 곳에서도 새 하늘과 새 땅에 대한 기록을 찾아볼 수 있다. 베드로는 새 하늘과 새 땅에 의가 거한다고 말하고 있다벧후 3:13. 다시 말해 그곳에는 죄와 악이 존재하지 않는다는 뜻이다. 또 이사야서 66장 22절에서는 새 하늘과 새 땅이 하나님 앞에 있을 것이라고 말한다. 뿐만 아니라 그곳은 완전하고 영원할 것이라고 말한다.

그렇다면 하나님은 어떻게 새 하늘과 새 땅을 만드실까? 어떤 사람들은 베드로후서 3장 10-12절을 언급하며 기존 하늘과 땅이 뜨거운 불과 강한 열로 풀어지고 녹아진 후 새롭게 창조하실 것이라고 주장한다. 핵전쟁이 일어나서 세상이 산산조각 나고 불바다가 되는 끔찍한 장면을 상상하면서 말이다. 그러나 나는 하나님이 지구를 그런 식으로 새롭게 만드실 거라고는 생각하지 않는다. 오히려 조경사가 오랫동안 방치해 놓은 정원의 잡초와 관목들을 제거하고 잔디를 손질하듯, 하나님은 세상을 새롭게 하실 것이다. 뿐만 아니라 조경사가 제거한 잡초를 태워버리듯 하나님은 세상을 깨끗하게 하실 것이다. 그리고 그곳이 우리의 영원 영원한 본향이 될 것이다.

새 예루살렘

> 또 내가 보매 거룩한 성 새 예루살렘이 하나님께로부터 하늘에서 내려오니 그 준비한 것이 신부가 남편을 위하여 단장한 것 같더라 내가 들으니 보좌에서 큰 음성이 나서 이르되 보라 하나님의 장막이 사람들과 함께 있으매 하나님이 그들과 함께 계시리니 그들은 하나님의 백성이 되고 하나님은 친히 그들과 함께 계셔서 모든 눈물을 그 눈에서 닦아 주시니 다시는 사망이 없고 애통하는 것이나 곡하는 것이나 아픈 것이 다시 있지 아니하리니 처음 것들이 다 지나갔음이러라(요한계시록 21:2-4)

히브리서를 통해 우리는 장막을 떠나는 아브라함에게 주신 하나님의 약속을 확인할 수 있다. "이는 그가 하나님이 계획하시고 지으실 터가 있는 성을 바랐음이라"히 11:10. 이 땅의 모든 성도는 이 땅 너머의 삶을 갈망하지만, 요한계시록 21-22장에 가서야 비로소 그 간절한 소망이 이루어지는 장면을 보게 된다.

하나님의 성

새로운 성의 규모에 대해 이야기하기에 앞서 창세 이후 얼마나 많은 사람들이 구원 받게 될는지를 가늠해 보아야 할 것이다. 그들 모두를 수용하려면 새로운 도시는 엄청나게 어마어마한 규모여야 할 것이다. 성경은 각 면이 2,400킬로미터 정도 되는 정육면체를 기본 모형으로 제시하고 있다계 21:15-16. 길이와 높이와 넓이가 각각 2,400킬로미터인 네모 상자를 생각해 보라. 어떤 작가는 그 성의 면적이 프랑스나 독일 영토의 10배, 영국 영토의 40배 정도일 것이라고 계산했다. 하지만 그 도시의 구체적인 모습에 관한 단서는 얻을 수 없다. 다만 예수님이 우리를 위해 예비해 놓으신 그곳은 기쁨으로 가득 차 있을 것이다요 14:2-3.

1. 거룩한 성

요한계시록 21장 2절에서 요한은 새 예루살렘을 거룩하며 새 신부처럼 정결하다고 표현한다. 오늘날 지구상의 도시들은 죄로 인해 쓰레기, 범죄, 가난, 질병, 분노, 혼란으로 얼룩져 있다. 그러나 새 예루살렘은 그렇지 않을 것이다. 왜 그럴까? 그곳에 거하는 모든 사람이 하나님의 은혜로 거룩하여졌기 때문이다. 그 성에 거하는 하나님과 모든 사람이 거룩하기 때문에 그 성 또한 거룩해질 것이다.

2. 진주 문

진주 문은 천국으로 향하는 문이다. "그 열두 문은 열두 진주니 각 문마다 한 개의 진주로 되어 있고 성의 길은 맑은 유리 같은 정금이더라"계 21:21. 어떤 주석가들은 이 말을 문자 그대로 받아들이지 않는지 않는다. 그러나 하나님의 창조에는 제한이나 불가능이 없다. 은하를 창조하신 하나님이 어떤 크기의 진주라도 만들어 내실 수 있다. 진주 문에는 이스라엘 열두 지파의 이름이 새겨져 있을 것이다. 또한 예루살렘 성을 둘러싸고 있는 네 개의 성곽은 벽옥으로 만들어질 것이다. 그 성곽의 목적은 사람들의 출입을 막기 위함이 아니라 도시의 경계를 표시하기 위함이다. 사실 모든 적과 원수들이 제거되었기 때문에 방어가 필요치 않기 때문이다. 그러므로 성문은 늘 개방되어 있을 것이다.

3. 보석으로 이루어진 기초석

성곽의 기초석은 열두 개의 귀한 보석으로 구성되어 있다계 21:19-20. 자수정, 다이아몬드, 에메랄드, 오팔처럼 우리가 알고 있는 빈투명의 보석들이 여러 층으로 쌓여있는 모습으로 상상하면 될 것이다. 그 성곽은 사방에서 찬란한 색깔의 빛으로 빛날 것이다.

4. 금으로 만든 길

요한은 예루살렘의 길이 정금으로 만들어졌는데, "맑은 유리 같더라"계 21:18, 21고 기록하고 있다. 사실 오늘날의 순금은 불투명하기 때문에 유리처럼 맑을 수 없다. 그러나 거룩한 성의 정금은 너무나 정결해서 빛을 반사하지 않고 오히려 흡수해서 그 성을 빛으로 휩싸이게 할 것이다. 나는 그 모습을 스테인드글라스의 황금색 판유리로 상상한다. 하나님이 창조하신 모든 것이 그러하듯 우리의 예상과 달리 정금 또한 하나님의 아름다움을 비추는 반사체 역할을 할지도 모른다.

5. 예루살렘 성의 빛

성경에서 빛은 하나님의 현존과 연관되어 있다. 그 성에서 빛은 해나 달의 빛과는 다른 하나님의 영광이 비치는 것이다계 21:23. 그 빛은 모세가 본 불타는 떨기나무에서 뿜어내는 빛과 매우 유사할 것이다. 하나님의 빛은 열에 의한 불꽃이 아니라 영광의 빛이다.

6. 생명나무

요한계시록 22장 1-2절에서 우리는 거룩한 성에 대한 마지막 묘사를 볼 수 있는데, 그것은 생명나무에 관한 묘사이다. 수정같이 맑은 생명수 강이 하나님의 보좌에서 흘러나오고, 그 강의 좌우에 생명나무가 자라고 있다. 이 나무는 태초에 에덴동산에도 있었지만 아담과 하와가 타락했을 때, 그들이 생명을 주는 실과를 먹고 타락한 세상에서 영원히 살게 될 것을 염려하신 하나님이 그 나무로 향하는 길을 차단하셨다. 그러나 거룩한 성에서 그 나무로 가는 길은 복원될 것이고, 부활한 자들은 자유롭게 그 열매를 먹으며 새롭고 완전한 세상에서 영원한 생명을 누리게 될 것이다.

마지막 초대

> 성령과 신부가 말씀하시기를 오라 하시는도다 듣는 자도 오라 할 것이요 목마른 자도 올 것이요 또 원하는 자는 값없이 생명수를 받으라 하시더라(요한계시록 22:17)

왜 사람들은 그리스도께 나아가는가? 목이 마르기 때문이다! 모든 인간은 생명수로만 채워질 수 있는 공허함을 지닌 채 이 땅에 태어난다(계 22:17). 대부분의 사람들은 쾌락과 성취, 소유와 인간관계 등으로 채워보려고 애를 쓰지만, 어느 순간 그런 것들로는 결코 채워질 수 없음을 깨닫게 된다. 세상의 온갖 부귀와 영광, 권력과 성적 쾌락을 누린 솔로몬 역시 모든 것이 헛되다고 고백한 바 있다.

사람들은 이 땅의 어떤 것으로도 자신의 욕구가 충족될 수 없음을 깨달을 때 비로소 자신의 영적 갈증을 인식하게 되는데, 그때에야 그리스도께로 나아오게 된다. 모든 인간이 갈망하는 생명수는 바로 예수님 자신이시다. 즉, 우리의 공허함을 채워주실 분은 예수 그리스도 한 분뿐이시다. 파스칼은 이에 대해 이렇게 적고 있다. '모든 인간의 마음에는 하나님 외에 어떤 피조물로도 채울 수 없는 공간이 있다. 그것은 오식 창조주 하나님에 의해, 예수님을 통해서만 채워질 것이다.' 그리스도께로 가는 길은 모두에게 열려있다. 요한은 '원하는 자'라고 말한다. 즉 자신의 갈증을 영원히 채우기 원하는 자는 누구든지 가능하다. 우리가 그리스도 앞에서 "저의 죄를 용서하시고, 영원한 생명을 주시는 분이 주님뿐임을 제가 믿습니다."라고 고백하기만 하면 구원을 얻게 된다.

한편 영원한 생명은 영원히 산다는 의미이다. 그렇다면 영원이라는 것은 얼마나 긴 시간일까? 찰스 스윈돌은 이에 대해 기발한 예를 들어 설명한다. '만일 당신이 지구만한 크기의, 단단한 쇠로 만들어진 공을 갖고 백만 년마다 작은 참새 한 마리가 그 쇠공의 표면에 자신의 부리를 갈고는 날아가 백만 년 후에 다시 돌아온다면, 그 참새가 쇠공을 콩알 크기만큼 만드는 때가 영원이 시작되는 시점이다'[미주1].

요한계시록을 마무리하면서 이제 당신에게 중요한 한 가지 질문을 하려고 한다. '당신은 요한계시록을 당신의 삶에 어떻게 적용하겠는가?' 나는 당신의 이 책을 통해 하나님이 주시는 생명수를 받아들여 구원을 얻고, 결과적으로 영원한 최후 승리자가 되기를 바란다. 요한계시록으로 말미암아 당신은 다시 목마르지 않게 될 것이다.

"누구든지 주의 이름을 부르는 자는 구원을 받으리라"롬 10:13. 아멘.

미주

서문

1. C. S. Lewis, Surprised by Joy (New York: Harcourt, Brace and Company, 1955), 181.
2. C. S. Lewis, The Collected Letters of C. S. Lewis, vol. 2 (New York: HarperOne, 2004), 1.
3. C. S. Lewis, "Bluspels and Flalansferes: A Semantic Nightmare" in Selected Literary Essays (London: Cambridge University Press, 1969), 265.

CHAPTER 1. 유배

1. John R. W. Stott, What Christ Thinks of the Church (Grand Rapids: Eerdmans, 1958), 12.
2. Eugene H. Peterson, Reversed Thunder: The Revelation of John and the Praying Imagination (New York: HarperCollins, 1988), xi–xii.
3. Ethelbert Stauffer, Christ and the Caesars (Philadelphia: Westminster Press, 1955), 150.
4. Martyn Lloyd-Jones, True Happiness (Wheaton, IL: Crossway, 2001), 88.
5. Louis T. Talbot, The Revelation of Jesus Christ (Grand Rapids: Eerdmans, 1937), 15.
6. Justin Martyr, The First Apology of Justin, the Martyr, Christian Classics Ethereal Library, www.ccel.org/ccel/richardson/fathers.x.ii.iii.html.
7. William E. Blackstone, Jesus Is Coming (Grand Rapids: Kregel, 1989; originally published in 1908), 14, 18.
8. Denis Lyle, Countdown to Apocalypse (Belfast: Ambassador Books, 1999), 21.
9. Vernard Eller, The Most Revealing Book of the Bible: Making Sense out of Revelation (Grand Rapids: Eerdmans, 1974), 48.
10. Roni Caryn Rabin, "A Glut of Antidepressants," New York Times, August 12, 2013, http://well.blogs.nytimes.com/2013/08/12/a-glut-of-antidepressants/?_php=true&_type=blogs&_r=0.
11. Walter B. Knight, Three Thousand Illustrations for Christian Service (Grand Rapids: Eerdmans, 1947), 602, 605.
12. Phil Moore, Straight to the Heart of Revelation (Oxford, UK: Monarch Books, 2010), 17.

CHAPTER 2. 순교자

1. "Jewish Population of Europe in 1945," Holocaust Encyclopedia, www .ushmm.org/wlc/en/article.php?ModuleId=10005687.
2. Jacob Presser, Ashes in the Wind: The Destruction of Dutch Jewry (New York: Dutton, 1969), 336.
3. Henry M. Morris, The Revelation Record: A Scientific and Devotional Commentary on the Prophetic Book of the End Times (Carol Stream, IL: Tyndale, 1983), 119.

4. Richard Bauckham, Climax of Prophecy: Studies in the Book of Revelation (Edinburgh: T. & T. Clark, 1993), 424–25.
5. W. A. Criswell, Expository Sermons on Revelation, vol. 3 (Grand Rapids: Zondervan, 1962), 106–7.
6. Ibid., 105.
7. Louis T. Talbot, The Revelation of Jesus Christ (Grand Rapids: Eerdmans, 1937), 99.
8. Donald Grey Barnhouse, Revelation: An Expositional Commentary (Grand Rapids: Zondervan, 1971), 133–134.
9. John F. Walvoord, The Revelation of Jesus Christ (Chicago: Moody Press, 1966), 134–35.
10. Adapted from "Death of a Martyr: 203 AD" on the website Eyewitness to History.com (2004), www.eyewitnesstohistory.com/martyr.htm, accessed May 15, 2014.
11. Adapted from Angie Bring, "Modern Martyrs," Worldwide Challenge, November 1, 2005, http://worldwidechallenge.org/content/modern-martyrs.
12. "World Watch List," Open Doors, www.worldwatchlist.us/world-watch-list-countries.

CHAPTER 3. 144,000

1. J. A. Seiss, The Apocalypse: An Exposition of the Book of Revelation (Grand Rapids: Zondervan, 1865), 161.
2. Mark Hitchcock, The End: A Complete Overview of Bible Prophecy and the End of Days (Carol Stream, IL: Tyndale, 2012), 291.
3. Jonathan Edwards, The Great Awakening, The Works of Jonathan Edwards series, vol. 4 (New Haven, CT: Yale University Press, 1972), 118.
4. Jeremy Begbie, "The Sense of an Ending," October 27, 2001, http://veritas.org/talks/sense-ending/?view=presenters&speaker_id=1955.

CHAPTER 4. 두 증인

1. See John C. Whitcomb, "The Two Witnesses of Revelation 11," www.pre-trib.org/data/pdf/Whitcomb-TheTwoWitnessesFirst.pdf.
2. For more on this topic, see David Jeremiah, Escape the Coming Night (Nashville: Thomas Nelson, 2001), 122.
3. Timothy J. Demy and John C. Whitcomb, "Witnesses, Two," in The Popular Encyclopedia of Bible Prophecy, ed. Tim LaHaye and Ed Hindson (Eugene, OR: Harvest, 2004), 402–3.
4. William R. Newell, Revelation: Chapter-by-Chapter (Chicago: Moody Press, 1935), 152–53.
5. Henry M. Morris, The Revelation Record: A Scientific and Devotional Commentary on the Prophetic Book of the End Times (Carol Stream, IL: Tyndale, 1983), 201.
6. Tim LaHaye, Revelation Unveiled (Grand Rapids: Zondervan, 1999), 188.
7. Newell, Revelation, 155.
8. Morris, Revelation Record, 204.
9. J. A. Seiss, The Apocalypse: An Exposition of the Book of Revelation (Grand Rapids: Kregel, 1969), 266.
10. John Phillips, Exploring Revelation (Grand Rapids: Kregel, 2001), 150.

CHAPTER 5. 용

1. Adapted from W. A. Criswell, Expository Sermons on Revelation, vol. 4 (Grand Rapids: Zondervan, 1966), 85–87.
2. Donald Grey Barnhouse, Revelation: An Expository Commentary (Grand Rapids: Zondervan, 1971), 229.
3. Carolyn Arends, "Satan's a Goner," Christianity Today, March 25, 2011, www.christianitytoday.com/ct/2011/february/satansagoner.html.

CHAPTER 6. 바다에서 온 짐승

1. Quoted in Robert Glenn Gromacki, Are These the Last Days? (Old Tappan, NJ: Revell, 1970), 110.
2. Arthur W. Pink, The Antichrist (1923; repr., Grand Rapids: Kregel, 1988), 8.
3. Henry M. Morris, The Revelation Record: A Scientific and Devotional Commentary on the Prophetic Book of the End Times (Carol Stream, IL: Tyndale, 1983), 241.
4. Mark Hitchcock, The End: A Complete Overview of Bible Prophecy and the End of Days (Carol Stream, IL: Tyndale, 2012), 262.
5. Solomon Zeitlin, The Rise and Fall of the Judean State, vol. 1 (Philadelphia: Jewish Publication Society, 1962), 92.
6. Quoted in Gromacki, Are These the Last Days?, 117.
7. Pink, The Antichrist, 119–20.

CHAPTER 7. 땅에서 나온 짐승

1. John Phillips, Exploring Revelation (Grand Rapids: Kregel, 2001), 171.
2. Donald Grey Barnhouse, Revelation: An Expository Commentary (Grand Rapids: Zondervan, 1971), 240.
3. Robert H. Mounce, The Book of Revelation: The New International Commentary on the New Testament, rev. ed. (Grand Rapids: Eerdmans, 1998), 255.
4. W. A. Criswell, Expository Sermons on Revelation, vol. 4 (Grand Rapids: Zondervan, 1962), 115.
5. Craig S. Keener, The NIV Application Commentary: Revelation (Grand Rapids: Zondervan, 2009), 357.
6. J. A. Seiss, The Apocalypse: A Series of Special Lectures on the Revelation of Jesus Christ, rev. ed. (New York: Charles C. Cook, 1901), 345.
7. Henry M. Morris, The Revelation Record: A Scientific and Devotional Commentary on the Prophetic Book of the End Times (Carol Stream, IL: Tyndale, 1983), 251.
8. Ibid.
9. David Jeremiah, The Coming Economic Armageddon (New York: FaithWords, 2010), 145.
10. Mark Hitchcock, The End: A Complete Overview of Bible Prophecy and the End of Days (Carol Stream, IL: Tyndale, 2012), 275.
11. Fredk A. Tatford, Prophecy's Last Word: An Exposition of the Revelation (London: Pickering & Ingles, 1947), 154.
12. Barnhouse, Revelation, 250.

CHAPTER 8. 승리자

1. Adapted from Matt Woodley, "The Grieving Heart of God," PreachingToday.com, accessed June 12, 2014, http://www.preachingtoday.com/sermons/sermons/2007/july/gospelingenesis4.html.
2. N. T. Wright, Surprised by Hope (New York: HarperCollins, 2008), 137.
3. David Jeremiah, What in the World Is Going On? (Nashville: Thomas Nelson, 2008), 224.
4. James M. Kushiner, "Onward Christian Soldiers," The Fellowship of St. James, accessed June 6, 2014, http://campaign.r20.constantcontact.com/render?ca=fa215191-1d64-43db-8712-3e2c19d97687&c=a9340410-417e -11e3-b22b-d4ae527557ea&ch=aa4489b0-417e-11e3-b32d-d4ae527557ea.
5. Ibid.

CHAPTER 9. 왕

1. Adapted from Leon Wood, The Bible and Future Events (Grand Rapids: Zondervan, 1973), 166.
2. René Pache, The Return of Jesus Christ (Chicago: Moody Press, 1955), 380.AGENTS OF THE APOCALYPSE
3. Adapted from unpublished notes by Alva J. McClain, Grace Theological Seminary, Winona Lake, Indiana.
4. Wood, The Bible and Future Events, 161.
5. From unpublished notes by Alva J. McClain, Grace Theological Seminary, Winona Lake, Indiana.
6. Henry M. Morris, The Revelation Record: A Scientific and Devotional Commentary on the Prophetic Book of the End Times (Carol Stream, IL: Tyndale, 1983), 408.
7. John F. Walvoord, The Millennial Kingdom (Findlay, OH: Dunham, 1963), 300–301.
8. Morris, The Revelation Record, 412.
9. W. A. Criswell, Expository Sermons on Revelation, vol. 5 (Dallas, TX: Criswell Publishing, 1995), 79.
10. Ibid., 80.
11. Mark Hitchcock, The End: A Complete Overview of Bible Prophecy and the End of Days (Carol Stream, IL: Tyndale, 2012), 428.
12. From unpublished notes by Alva J. McClain, Grace Theological Seminary, Winona Lake, Indiana.
13. David Jeremiah, Escape the Coming Night (Dallas, TX: Word Publishing, 1990), 229–30.
14. Walvoord, The Millennial Kingdom, 319.

CHAPTER 10. 심판

1. Warren Wiersbe, Be Victorious: In Christ You Are an Overcomer (Colorado Springs: David C. Cook, 2010), 176.
2. "The Scriptures are silent on how God will deal with saints living on earth at the end of the Millennium or saints who have died in the Millennium. . . . It is probable that the righteous who die in the Millennium will be resurrected, much as the church will be at the Rapture, and that living saints will be given bodies suited for eternity like those living church saints receive." John Walvoord, End Times (Nashville: Word Publishing, 1998), 178.

3. Quoted in Robert Glenn Gromacki, Are These the Last Days? (Old Tappan, NJ: Revell, 1970), 175.
4. David Jeremiah, Escape the Coming Night (Dallas: Word, 1997), 236.
5. Erwin Lutzer, Your Eternal Reward (Chicago: Moody Press, 1998), 166.
6. Gromacki, Are These the Last Days?, 178.
7. Donald Grey Barnhouse, Revelation: An Expository Commentary (Grand Rapids: Zondervan, 1971), 390.
8. Henry M. Morris, The Revelation Record: A Scientific and Devotional Commentary on the Prohetic Book of the End Times (Carol Stream, IL: Tyndale, 1983), 433.
9. Isaac Massey Haldeman, Ten Sermons on the Second Coming of Our Lord Jesus Christ (New York: Revell, 1917), 739.
10. Morris, The Revelation Record, 433.

에필로그

1. Charles R. Swindoll, The Tale of the Tardy Oxcart and 1501 Other Stories (Dallas, TX: Word, 1998), 183.

터치북스는 이렇게 만듭니다.

1. 마음과 영혼을 울리는 책을 만듭니다.
2. 경건한 독자들의 지성과 성품에 어울리는 책을 만듭니다.
3. 세월이 흘러도 간직하고 싶은 책을 만듭니다.
4. 영혼의 성장에 꼭 필요한 책을 만듭니다.
5. 출판으로 교회와 독자들을 섬기겠습니다.

마지막 비밀요원

초판 1쇄 펴낸 날 | 2017년 2월 10일

지은이 | 데이비드 제레마이어
옮긴이 | 윤혜란

펴낸이 | 우수명
펴낸곳 | 도서출판 터치북스
편집장 | 이강임
디자인 | **표지** 홍시_송민기
내지 김한희
등록번호 | 제 129-81-80357호(2005.1.12)
주　소 | 서울시 강남구 테헤란로 25길 30 4층
편집부 | **전화** 02-538-3959 **팩스** 02-566-7754
이메일 | editor5@asiacoach.co.kr

ISBN 979-11-85098-29-6(03230)
■ 책값은 뒤표지에 있습니다.
■ 잘못된 책은 구입하신 서점에서 교환해 드립니다.